THE FOREFRONT OF JUSTICE

THE LATEST CASES AND MATERIALS
OF BEIJING COURTS

审判前沿

新类型案件审判实务

总第64辑

北京市高级人民法院研究室/编

法律出版社
LAW PRESS·CHINA
北京

图书在版编目(CIP)数据

审判前沿：新类型案件审判实务. 总第64辑 / 北京市高级人民法院研究室编. -- 北京：法律出版社，2023
ISBN 978-7-5197-7990-0

Ⅰ. ①审… Ⅱ. ①北… Ⅲ. ①审判－研究－中国－丛刊 Ⅳ. ①D925.04-55

中国国家版本馆CIP数据核字(2023)第101662号

审判前沿——新类型案件审判实务·总第64辑
SHENPAN QIANYAN—XINLEIXING ANJIAN SHENPAN SHIWU·ZONG DI-64 JI

北京市高级人民法院研究室 编

责任编辑 朱轶佳
装帧设计 李 瞻

出版发行 法律出版社
编辑统筹 司法实务出版分社
责任校对 裴 黎
责任印制 胡晓雅
经 销 新华书店

开本 710毫米×1000毫米 1/16
印张 17.75 字数 382千
版本 2023年9月第1版
印次 2023年9月第1次印刷
印刷 永清县金鑫印刷有限公司

地址：北京市丰台区莲花池西里7号(100073)
网址：www.lawpress.com.cn
投稿邮箱：info@lawpress.com.cn
举报盗版邮箱：jbwq@lawpress.com.cn
销售电话：010-83938349
客服电话：010-83938350
咨询电话：010-63939796

书号：ISBN 978-7-5197-7990-0
定价：68.00元
凡购买本社图书，如有印装错误，我社负责退换。电话：010-83938349

编 辑 部

主　编：孙玲玲

副主编：胡嘉荣

编　辑：王　凯　刘晓虹　项利军　张新平　王　晨
　　　　阚道祥　张濡元　彭　春　何　琴

目 录

案例研究

疑案探讨

案例分析

观点争鸣

参阅案例

热点问题聚焦

法律文书之窗

【案例研究】

自首认定、死缓限制减刑和认罪认罚从宽制度的适用
——曹某故意杀人、放火抗诉案相关法律问题研究

吴小军*

裁判要旨

1. 自首中的“主要犯罪事实”,是指对认定行为性质具有决定性意义的事实、情节(定罪事实)以及对量刑有重大影响的事实、情节(重大量刑事实)。被告人自动投案后未能及时如实供述主要犯罪事实,在公安机关已经掌握其主要犯罪事实的情况下,被告人仍未如实供述的,不能认定为自首。

2. 上诉权是被告人的基本诉权,不得以任何借口加以剥夺,保障被告人的上诉权是司法机关的法定职责。适用认罪认罚从宽制度审理的一审案件宣判后,被告人有权提出上诉,不能以抗诉限制或变相剥夺认罪认罚被告人的上诉权。如果原判认定事实和适用法律正确、量刑适当的,应当裁定驳回上诉,维持原判;不能仅因为被告人上诉、检察机关就此抗诉,就认为一审判决确有错误、量刑不当而改判加重刑罚。

3. 因劳资纠纷而迁怒于被害人的故意杀人案件,被告人不顾他人劝阻,犯意坚决,性质恶劣,且有抢劫等多次前科劣迹,论罪应判处死刑,但被告人具有自动投案、认罪认罚等情节,同时被害人亲属要求严惩的,法院根据案件性质、犯罪情节、危害后果和被害人的主观恶性及人身危险性,从化解社会矛盾的角度考虑,可以判处被告人死刑,缓期2年执行,同时决定限制减刑。

---

* 吴小军,北京市高级人民法院刑事审判二庭副庭长,中国政法大学法学博士。

一、据以研究的案例

(一)相关事实

1.故意杀人事实

2020年1月23日11时许,在北京市密云区巨各庄镇八家庄村中铁二十二局集拌站内,被告人曹某因讨要工资与集拌站值班员被害人高某发生争执,遂持酒瓶多次击打高某头部、持刀多次扎刺高某胸腹部,致高某当场死亡。经鉴定,被害人高某符合被他人用单刃锐器多次扎刺胸腹部,伤及心脏及肝脏,致失血性休克死亡。

2.放火事实

2020年1月23日11时许,在北京市密云区巨各庄镇八家庄村中铁二十二局集拌站内,被告人曹某因讨要工资未果,为发泄不满情绪,遂将衣物沾满柴油后搭在集拌站简易房附近的绿化洒水车(水罐及油箱内装柴油)上并引燃,致使洒水车燃烧,造成房屋烧毁、人员伤亡的现实危险。

曹某作案后逃离现场,接到民警电话后于2020年1月23日12时许向公安机关投案。

(二)审理结果

一审法院判决:被告人曹某犯故意杀人罪,判处死刑,缓期2年执行,剥夺政治权利终身;犯放火罪,判处有期徒刑3年;决定执行死刑,缓期2年执行,剥夺政治权利终身。对被告人曹某限制减刑。涉案财物分别予以没收或留档备查。

宣判后,曹某提出上诉,认为其具有自首情节,原判量刑过重。

检察院提出抗诉,抗诉理由为:曹某在审查起诉阶段签署认罪认罚具结书,同意检察机关提出的死刑量刑建议。曹某在证据没有发生变化的情况下,以判决认定的事实及罪名有误、量刑过重为由提起上诉,应属于以认罪认罚形式换取较轻刑罚,再利用上诉不加刑原则提出上诉。本案不应再适用认罪认罚从宽制度。

上级检察院支持抗诉意见及出庭意见为:原判未认定自首错误,超出认罪认罚协议内容;曹某接民警电话后返回现场,如实供述故意杀人的主要犯罪事实,应认定为自首;曹某在一审及二审期间,均表示认罪认罚;本案系劳资纠纷引发,曹某的犯罪行为是因其为争取正常利益诉求双方矛盾升级导致临时起意的激情犯罪,其犯罪的社会危害程度有所降低,原判对其限制减刑不当。曹某撤回上诉不影响对其自首的认定,建议二审法院依法认定曹某构成自首,并对其依法从轻处罚,撤销对其限制减刑的判决。

曹某在上诉期满后申请撤回上诉。

二审法院经审理认为:曹某故意非法剥夺他人生命,致一人死亡,其行为构成故意杀人罪;曹某实施放火行为,危及公共安全,尚未造成严重后果,其行为又构成放火罪;应对其所犯故意杀人罪与放火罪进行并罚。曹某的故意杀人行为不构成自首。曹某故意杀人罪行极其严重,论罪应当判处死刑;但鉴于本案系因劳资纠纷引发,曹某具有自动投案、认罪认罚等情节,故对其判处死刑,可不立即执行;考虑其曾因犯抢劫罪、盗窃罪多次被判处刑罚,此次刑满释放后1年多又实施放火、故意杀人犯罪,犯意坚决,性质恶劣,主观恶性深,人身危险性大;且本案被害人没有过错,被害人亲属不予谅解,要求依法从严惩处,为有效化解社会矛盾,原审判处曹某死刑,缓期2年执行,同时决定限制减刑并无不当。上诉权是被告人的基本诉权,保障被告人的上诉权是司法机关的法定职责。适用认罪认罚从宽制度审理的一审案件宣判后,被告人有权提出上诉。本案系死刑案件,曹某在审查起诉阶段认可公诉机关的死刑量刑建议(包括死刑立即执行、死缓、死缓限制减刑),签署了认罪认罚具结书。二审期间,曹某仍表示认罪认罚,并自愿申请撤回上诉。综上,检察机关所提相关抗诉理由、支持抗诉意见及出庭意见,依据不足,不予采纳;曹某的辩护人所提相关辩护意见,理由不充分,不予采纳;曹某在上诉期满后申请撤回上诉,符合法律规定,应予准许。故裁定驳回检察院抗诉,准许上诉人曹某撤回上诉。核准一审法院以故意杀人罪、放火罪判处曹某死刑,缓期2年执行,剥夺政治权利终身,并对曹某限制减刑的刑事判决。

二、相关法律问题研究

本案是一起适用认罪认罚从宽制度的死刑案件,一审法院对被告人判处死缓限制减刑,宣判后被告人以量刑过重为由提起上诉,原审检察机关以本案不应再适用认罪认罚从宽制度为由提起抗诉("抗轻")。二审期间,曹某撤回上诉。一审法院、检察院均未认定曹某所犯故意杀人罪系自首,二审检察院认定曹某故意杀人犯罪构成自首,支持抗诉,但认为原判限制减刑不当,建议撤销限制减刑("抗重")。本案的争议焦点归纳如下:

(一)自首中"主要犯罪事实"的认定

根据《最高人民法院关于处理自首和立功具体应用法律若干问题的解释》第1条第2项中的规定,犯罪嫌疑人自动投案后,如实交代自己的主要犯罪事实的,属于"如实供述自己的罪行"。司法实践中,"主要犯罪事实"一般是指对行为性质认定有决定意义的事实、情节(定罪事实)以及对量刑有重大影响的事实、情节(重大量刑事实)等,具体包括:(1)在具体案件的各种事实、情节中,能够决定行为人的行为是否构成犯罪、构成此罪还是彼罪的定罪事实。(2)决定着对行为人应适用的法定刑档次是否升格的情节,以及在总体危害程度上比其他部分事实、情节更重的情节。①

本案中,曹某接民警电话后主动返回案发现场,置于民警控制之下,其属于自动投案各方均无异议。曹某到案后在侦查阶段关于故意杀人行为先后有 6 次口供,其中前 5 次均供称刀来自高某,系高某先拿刀划了其左手一下,其用右手把刀夺下来扎了高某两三下。直至最后一次(2020 年 7 月 13 日)方供述高某没有持刀,"其右手从腰间把刀拿出来,高某跟我抢刀,我俩抢刀时,刀割我手腕了,后我趁高某不注意,拿刀扎了高某的肚子两三下"。

一审法院认为,曹某在视为自动投案的情况下,未及时如实供述主要犯罪事实,在公安机关已经掌握曹某主要犯罪事实的情况下,其前期仍未如实供述,故不能认定为自首。二审检察院认为,曹某接民警电话后返回现场,如实供述杀人的主要犯罪事实;其关于高某先持刀扎其,其从高某手中夺刀的辩解,不影响对其如实供述主要犯罪事实的认定,可以认定自首。

经查,曹某投案后即对其持刀扎刺高某的事实予以供认,但辩称刀来自高某、高某先持刀划伤其左手,后其夺刀扎刺高某。案发现场监控录像(2020 年 1 月 23 日从冯某处调取)清晰地显示:曹某系从自己身上掏出折叠刀,弹出刀刃;目击证人张某证明其没看到被害人动手打曹某,曹某所提辩解与查明事实不符。本案中,如果认可曹某关于被害人先持刀划伤其左手的供述,则意味着曹某的行为性质由故意杀人转为带有防卫性质的行为,由主动积极的恶性杀人行为转为临时的应急行为,对曹某行为性质恶性程度的评价将发生由重至轻的重大变化。显然,被害人是否先持刀划伤曹某,将对曹某刑事责任的大小和应获刑罚的轻重产生重大影响。因此,被害人是否先持刀划伤曹某,系影响曹某定罪量刑的重要情节。事实上,公安机关当天调取的现场监控录像显示:曹某系从自己身上掏出折叠刀,弹出刀刃;证人张某亦证明其没看到被害人动手打曹某。因此,曹某所提辩解与在案查明的事实不符,应当认定其在侦查阶段前期没有如实交代主要犯罪事实。

根据《最高人民法院关于处理自首和立功若干具体问题的意见》的规定,犯罪嫌疑人自动投案时虽然没有交代自己的主要犯罪事实,但在司法机关掌握其主要犯罪事实之前主动交代的,应认定为如实供述自己的罪行。本案中,曹某在自动投案时没有如实交代自己的主要犯罪事实,在公安机关掌握其主要犯罪事实之后,其才主动交代,不能认定为如实供述自己的罪行,故其故意杀人行为不构成自首。

---

① 参见高憬宏、杨万明主编:《基层人民法院法官培训教材(实务卷·刑事审判篇)》,人民法院出版社 2005 年版,第 53~54 页。

(二)死缓限制减刑的适用

我国《刑法》第50条第2款对死缓限制减刑的适用对象作了明确规定,即适用于被判处死刑缓期执行的累犯以及因故意杀人、强奸、抢劫、绑架、放火、爆炸、投放危险物质或者有组织的暴力性犯罪被判处死刑缓期执行的犯罪分子。从立法目的来看,对判处死刑缓期执行的被告人限制减刑,并不是为了单纯加重死缓的严厉性,而是为严格执行死刑政策、限制死刑立即执行提供更为科学的立法依据,创造更为有利的社会条件。亦即,通过延长部分死缓犯的实际服刑期,充分体现死缓的严厉性,改变过去"死刑过重、生刑过轻"的刑罚执行不平衡现象。判处死缓并限制减刑虽不是独立的刑种,但实际上已成为介于死刑立即执行与单纯死刑缓期执行之间的过渡刑罚,是为无须判处死刑立即执行设置的替代措施,其适用对象实质是那些罪行极其严重,论罪本应判处死刑立即执行,因具有法定或者酌定从宽处罚情节,判处死刑立即执行偏重,但判处普通死刑缓期执行又偏轻的罪犯。《刑法》和司法解释明确规定了死刑缓期执行限制减刑的范围和适用根据,在司法适用中须严格遵循。第一,坚持罪责刑相适应原则,注意防止两方面的适用不当。一方面,对于应当判处死刑立即执行的,仍要坚持依法判处,对于虽系民间矛盾激化引发的故意杀人案件,但如果犯罪后果特别严重的,如杀害多人或者"灭门"案等,应当根据法律明确规定和具体案情判处死刑立即执行,而不是判处死刑缓期执行并限制减刑。另一方面,对于通过依法审理,缓和矛盾,并取得了被害方谅解的严重犯罪,判处死刑缓期执行能够做到罚当其罪的,也不能简单地适用限制减刑,以免造成限制减刑的滥用。第二,应当根据被告人的犯罪情节、人身危险性等情况,综合评判决定。在司法实践中,一些案件被告人往往同时具有法定、酌定的从严和从宽处罚的情节。根据宽严相济刑事政策的要求,在全面考察犯罪的性质、情节和对社会危害程度的基础上,综合考虑犯罪的性质,犯罪的起因、动机、目的、手段等情节,犯罪危害后果,结合被告人的主观恶性和人身危险性等因素,决定总体上从严,或者总体上从宽,依法作出罚当其罪的裁判。同时,要考虑情节本身的特点,如对同样被判处死缓的累犯,要注意对特殊累犯、同种犯罪累犯特别是暴力性犯罪的累犯应充分考虑适用限制减刑,因为其人身危险性更大。①

二审检察院支持抗诉意见提出:本案系劳资纠纷引发,曹某的犯罪行为是因其为争取正常利益诉求双方矛盾升级导致的激情犯罪,其犯罪的社会危害程度

① 参见《宽严相济 罚当其罪 依法准确适用死缓限制减刑——最高人民法院研究室负责人就死缓限制减刑指导性案例答记者问》,载最高人民法院网2012年9月26日,http://court.gov.cn/zixun/xiangqing/4484.html。

有所降低;曹某具有自首、认罪认罚情节,原判对曹某判处限制减刑不当。

经查,本案被害人不存在过错。案发当天,曹某前往工地向老板冯某讨要工资,冯某不在;后工地铲车队队长高某回来帮助曹某联系冯某,向冯某反映曹某讨要工资事宜。冯某答应先支付 2000 元,余款等过完年再支付。曹某不同意,为发泄不满,在工地洒水车上放火;后不顾他人劝阻,到办公室拿酒瓶击打被害人,在被害人保持克制的情况下,曹某又掏出事先准备的尖刀扎刺被害人,行为没有节制,作案后逃离现场。冯某等人均证明工资发放与高某无关,工资是由公司统一发放;冯某证明由于曹某个人原因(没有银行卡),所以曹某的工资由高某去公司领取现金,然后发给曹某;曹某亦供述拖欠工资与高某无关。曹某与冯某存在劳资纠纷,高某虽系冯某外甥、铲车队队长,经手现金,但其并无发放工资的职责,与曹某亦不存在劳资纠纷;其回到工地后联系冯某,帮助曹某解决工资事宜,劝阻曹某并报警,在整个事件中被害人始终保持克制,行为亦无不当,不存在过错。本案中,曹某因对老板拖欠其工资,心生不满,先在工地纵火,后又迁怒于被害人,持酒瓶砸击被害人,后又持事先准备的尖刀扎刺被害人,行为逐步升级,性质愈加严重。曹某的行为已构成放火罪、故意杀人罪,且故意杀人罪行极其严重,论罪应判处死刑。但鉴于本案因劳资纠纷引发,曹某具有自动投案等情节,故对其判处死刑,可不立即执行。同时考虑曹某之前有多次前科劣迹,曾因犯抢劫罪、盗窃罪被判处刑罚,此次不顾他人劝阻又实施放火、故意杀人行为,犯意坚决,性质恶劣,后果严重,虽不构成累犯,但其前罪有抢劫暴力犯罪,反映其主观恶性深、人身危险性大。现被害人亲属未获经济赔偿,对曹某亦不予谅解,并要求依法从严惩处。为有效化解社会矛盾,一审法院判处曹某死刑,缓期 2 年执行,同时决定对其限制减刑,量刑并无不当。

(三)认罪认罚从宽制度与上诉、抗诉的关系

上诉权是被告人的基本诉权。《刑事诉讼法》第 3 条第 2 款规定:“人民法院、人民检察院和公安机关进行刑事诉讼,必须严格遵守本法和其他法律的有关规定。”第 10 条规定:“人民法院审判案件,实行两审终审制。”第 227 条第 3 款又强调:“对被告人的上诉权,不得以任何借口加以剥夺。”因此,两审终审制是法院必须遵守的基本原则,保障被告人的上诉权是司法机关的职责,不得以任何理由违背。2018 年修正的《刑事诉讼法》第 15 条新增了认罪认罚从宽制度,但在审级上并未突破两审终审制。在现行法律制度下,适用认罪认罚从宽制度审理的一审案件宣判后,被告人仍可提出上诉。① 司法实践中,尤其需要关注重罪认

① 2019 年 10 月发布的《最高人民法院、最高人民检察院、公安部、国家安全部、司法部印发〈关于适用认罪认罚从宽制度的指导意见〉的通知》规定了“速裁案件的二审程序”和“认罪认罚的反悔和撤回”,意味着认罪认罚案件被告人可以行使上诉权。

罪认罚案件中以“抗诉”对抗“上诉”的现象，[①]即认罪认罚案件中法院采纳量刑意见对被告人作出一审判决，被告人以认定事实、罪名有误或量刑过重为由提出上诉，检察机关认为被告人推翻了原来的认罪认罚，遂启动抗诉程序以期增加被告人刑期。进入二审程序后，上诉人得知检察机关抗诉后，通常会向二审法院申请撤诉，而二审检察机关据此情况亦可能不支持抗诉，最终导致“被告人上诉——一审检察机关抗诉—上诉人撤回上诉—二审检察机关不支持抗诉(撤回抗诉)”的程序倒流。此系以抗诉权压制上诉权。上诉权系被告人的基本权利，关系到我国二审终审基本审判制度的设置。无论何种类型的刑事案件，均不应限制或剥夺被告人的上诉权。出现认罪认罚被告人上诉现象的原因较为复杂：第一，被告人签署具结书，是否理解认罪认罚的法律意义和法律后果，办案机关是否充分履行告知和释法义务，保障了其真实性和自愿性，被告人是否得到了律师的尽职帮助。第二，在检察机关提出幅度型量刑建议的案件中，被告人有理由期待获得量刑建议中线以下的较低刑罚，在法院判处量刑建议中线以上的刑罚时，被告人未达预期而上诉，不能说上诉动机不纯，这种情况实践中较为常见。第三，法律设置二审制度旨在发挥对一审裁判的救济和纠错功能，如果检察机关动辄以抗诉对抗被告人上诉，则会压制被告人上诉的积极性，使其“不敢”上诉，长此以往，无疑会削弱甚至架空二审上诉制度的功能。因此，对于被告人的上诉权，应持宽容开放的态度，防范以公权力压制私权利，避免因诉权滥用而导致程序空转，浪费司法资源。

本案中，曹某在审查起诉阶段表示认罪认罚，认可公诉机关的量刑建议，签署了认罪认罚具结书；检察机关量刑建议是死刑(公诉人当庭明确包括死刑立即执行，死刑、缓期2年执行，死刑、缓期2年执行、限制减刑)。一审法院判决曹某死缓，限制减刑。宣判后，曹某提出上诉，二审期间又提出撤诉。原审检察机关(抗诉机关)认为曹某在证据没有发生变化的情况下，以判决认定的事实及罪名有误、量刑过重为由提起上诉，属于以认罪认罚换取较轻刑罚，再利用上诉不加刑原则提出上诉，不应再适用认罪认罚从宽制度。

笔者认为，被告人虽然签署了认罪认罚具结书，但量刑建议是死刑(根据执行方式的不同，分为死刑立即执行、死缓和死缓限制减刑)，一审宣判后又以量刑过重为由提出上诉，确实有违之前认罪认罚承诺，但死刑的三种执行方式存在重大差别，被告人也有理由期待获取最宽缓的死缓判决。根据法律规定，被告人不服一审判决仍可以提出上诉。被告人利用上诉不加刑原则提出上诉，是被告

---

① 参见胡云腾：《正确把握认罪认罚从宽　保证严格公正高效司法》，载《人民法院报》2019年10月24日，第5版。

人的法定权利,不能因为其签署认罪认罚具结书就予以剥夺或限制。最高人民检察院2021年12月出台的《人民检察院办理认罪认罚案件开展量刑建议工作的指导意见》第39条规定:"认罪认罚案件中,人民法院采纳人民检察院提出的量刑建议作出判决、裁定,被告人仅以量刑过重为由提出上诉,因被告人反悔不再认罪认罚致从宽量刑明显不当的,人民检察院应当依法提出抗诉。"据此,检察院提出抗诉的前提条件是"因被告人反悔不再认罪认罚致从宽量刑明显不当",如果原判认定事实和适用法律正确、量刑适当的,应当裁定驳回上诉、维持原判,不能仅因为被告人上诉、检察机关就此抗诉,就认为一审判决确有错误、量刑不当而改判加重刑罚。

此外,本案还涉及二审检察机关与原公诉(抗诉)机关意见不一致应如何处理的问题。我国《宪法》规定,①上下级检察院之间是领导与被领导的关系。刑事诉讼实行检察一体原则,检察长统一领导检察院的工作,上级检察院对下级检察院作出的决定,有权予以撤销或者变更;发现下级检察院办理的案件有错误的,有权指令下级检察院予以纠正。上级检察院对下级检察院按照第二审程序提出抗诉的案件,支持或者部分支持抗诉意见的,可以变更、补充抗诉理由,及时制作支持刑事抗诉意见书,阐明支持或者部分支持抗诉的意见和理由;不支持抗诉的,应当制作撤回抗诉决定书。②

本案中,原审检察机关(抗诉机关)认为曹某不应再适用认罪认罚从宽制度,即应判处死刑立即执行。二审检察机关则认为曹某具有自首情节,应撤销限制减刑,实际上没有支持抗诉机关的意见,而是提出了独立的支持抗诉意见。我国刑事审判二审程序实行全面审查原则,即二审法院审理上诉、抗诉案件,就第一审判决、裁定认定的事实和适用法律进行全面的实质审查,不受上诉、抗诉范围的限制。故二审判决对原公诉机关提出的抗诉意见、二审检察机关的支持抗诉意见,在裁判文书中注重释法说理,一并予以回应。

(责任编辑:张新平)

---

① 《宪法》第137条规定:"最高人民检察院是最高检察机关。最高人民检察院领导地方各级人民检察院和专门人民检察院的工作,上级人民检察院领导下级人民检察院的工作。"

② 参见2014年11月26日发布的《最高人民检察院关于加强和改进刑事抗诉工作的意见》的相关规定。

侵害英雄烈士名誉、荣誉之法益认定及刑民责任衔接

——许某侵害英雄烈士名誉、荣誉犯罪相关法律问题研究

石　魏[*]　罗　兰[**]　江珞伊[***]

裁判要旨

对侵害英雄烈士名誉、荣誉罪所保护的法益的考察,应包括三个层面:一是英雄烈士的名誉、荣誉;二是英雄烈士名誉、荣誉的保护制度;三是英雄烈士精神背后承载的民族共同记忆、民族精神。侵害英雄烈士名誉、荣誉之"情节严重"的认定,需从传播内容、传播方式、传播效果三个方面综合考量。刑事附带民事公益诉讼之刑民责任承担需加强责任设置、责任形式、证据转化、赔偿范围及认罪认罚等方面的衔接配合。

一、据以研究的案例

英雄烈士董存瑞,河北省怀来县人。1948 年 5 月 25 日在解放隆化城的战斗中,董存瑞毅然托起炸药包炸毁敌军碉堡,壮烈牺牲,年仅 19 岁。1950 年全国战斗英雄和劳动模范代表会议上,董存瑞被追授为全国战斗英雄。2009 年 9 月 10 日,董存瑞被评为"100 位为新中国成立作出突出贡献的英雄模范人物"。被告人许某使用其名为"YvonnAlmond"的新浪微博账户(粉丝数 24. 8 万余人),先后于 2021 年 3 月 24 日 20 时 58 分、25 日 12 时 16 分发布 2 条包含侮辱英雄

---

* 石魏,北京市东城区人民法院刑事审判庭法官,北京师范大学刑法学硕士。

** 罗兰,北京市东城区人民法院刑事审判庭副庭长,中国政法大学商法学硕士。

*** 江珞伊,北京市第四中级人民法院刑事审判庭法官助理,北京师范大学刑法学博士。

烈士董存瑞内容的微博。微博发布后迅速、广泛传播，阅读次数分别达 39 506 次和 50 744 次，引发广大人民群众的强烈愤慨，造成恶劣社会影响，严重侵害了英雄烈士的名誉、荣誉和社会公共利益。2021 年 3 月 25 日，被告人许某被民警抓获。

公诉机关认为，被告人许某侮辱英雄烈士的名誉、荣誉，损害社会公共利益，情节严重，同时具有如实供述、认罪认罚的量刑情节，建议以侵害英雄烈士名誉、荣誉罪判处被告人许某有期徒刑 6 个月至 8 个月。

附带民事公益诉讼起诉人提出诉讼请求认为，许某应当对其侵害英雄烈士名誉、荣誉和社会公共利益的行为承担民事责任，请求法院判令许某在国内主要门户网站及全国性媒体公开赔礼道歉、消除影响。

被告人许某对公诉机关指控的事实、罪名及量刑建议没有异议且签字具结，在开庭审理过程中亦认罪认罚，并同意附带民事公益诉讼起诉人的诉讼请求。辩护人及委托诉讼代理人的意见为，许某认罪态度较好，到案后能如实供述自己的罪行，认罪认罚；犯罪情节相对较轻，在发表微博后及时采取补救措施；系初犯、偶犯，愿意在国内主要门户网站及全国性媒体公开赔礼道歉，消除影响，建议对许某从轻处罚。

一审法院经审理认为，英雄烈士是中华民族的脊梁，英雄烈士事迹和精神是中华民族的共同历史记忆和社会主义核心价值观的重要体现，是社会公共利益的重要组成部分。作为中华人民共和国的公民，应崇尚、学习、捍卫英雄烈士，永远尊崇、铭记英雄烈士为国家、人民和民族做出的牺牲和贡献。任何对英雄烈士的事迹和精神的歪曲、丑化、亵渎、否定，都是对社会公共利益的损害。董存瑞是国家追认的英雄烈士，长期以来，他为国献身的英雄事迹为我国人民群众广泛熟知，他为国牺牲的伟大精神为我国人民群众所敬仰。

被告人许某在互联网上发布的 2 条包含侮辱英雄烈士董存瑞内容的微博，歪曲、丑化、亵渎了英雄烈士的事迹和精神，浏览次数共计达 9 万余次，被告人许某的行为侮辱了英雄烈士的名誉、荣誉，损害了社会公共利益，情节严重，已构成侵害英雄烈士名誉、荣誉罪，依法应予刑罚处罚。公诉机关指控的事实清楚，证据确实、充分，指控罪名成立。被告人许某到案后能够如实供述所犯罪行，自愿认罪认罚，依法可予以从轻处罚，公诉机关量刑建议适当，予以采纳。辩护人所提合理辩护意见，亦予以采纳。被告人许某的行为造成了恶劣的社会影响，侵害了社会公共利益，还应承担相应的民事责任。公诉机关及附带民事公益诉讼起诉人提起附带民事公益诉讼请求事实清楚，证据确实、充分，被告人许某及其委托诉讼代理人对公益诉讼请求表示认可，同意在国内主要门户网站及全国性媒体公开赔礼道歉、消除影响，对刑事附带民事公益诉讼请求予以支持。综上所述，根据被告人许某犯罪的事实、犯罪的性质、情节和对社会的危害程度，判决被告人许某犯侵害英雄烈士名誉、荣誉罪，判处有期徒刑7个月；被告人许某于本判决生效之日起10日内在国内主要门户网站及全国性媒体公开赔礼道歉、消除影响（赔礼道歉内容须经法院审核），相应费用由被告人许某负担。

一审宣判后，被告人许某未提出上诉，公诉机关未提出抗诉，判决现已生效。

二、相关法律问题研究

《刑法修正案（十一）》增设了侵害英雄烈士名誉、荣誉罪。本案系北京市首例侵害英雄烈士名誉、荣誉案，公诉机关同时提起了附带民事公益诉讼，案件宣判后经媒体报道，2日内浏览量高达1.1亿次，社会关注度极高。本案审判中的核心与难点在于刑事责任的准确认定和刑民责任的衔接。

（一）侵害英雄烈士名誉、荣誉刑事责任的准确认定

把握此类案件罪与非罪的标准，首先应判断行为是否具有法益侵害性，在具有法益侵害性的基础上应判断侵害程度是否达到“情节严重”。

1. 法益的准确认定

侵害英雄烈士名誉、荣誉罪的保护法益具有个人法益和社会法益的双重性，个人法益上保护的是英雄烈士的名誉和荣誉一般无争议；但对于本罪中社会法益的具体内涵，实践中争议较大，存在“维系社会共同体不可或缺的文化价值观念”①“以公共利益为内涵的社会公共秩序”②“社会公众的历史记忆、共同情感和民族精神，以及由此组成的社会主义核心价值观”③“国民共同的价值认同及民族尊严”④等多种观点。笔者认为以上观点均值得商榷：

首先，上述观点的内容只是新罪名设立的动机，而非保护对象或法益。“刑法以现有给定的法律秩序和社会秩序为先决条件，其本身并不创设由它保护的法益，保护特定的利益只是国家设置刑法的规范动机。”⑤为了保护特定的法益，立法者须通过刑罚强化民众的规范意识，规范民众举止，维护规范的有效性。因此，相对于立法动机，刑法所保护的法益便体现出更强烈的外在性、规范性与具

① 王钢：《刑法新增罪名的合宪性审查——以侵害英雄烈士名誉、荣誉罪为例》，载《比较法研究》2021年第4期。

② 刘艳红：《法秩序统一原理下侵害英雄烈士名誉、荣誉罪的保护对象研究》，载《法律科学（西北政法大学学报）》2021年第5期。

③ 王政勋：《论侵害英雄烈士名誉、荣誉罪的保护法益》，载《法治现代化研究》2021年第5期。

④ 庄艾凡：《侵害英雄烈士名誉、荣誉罪的三维考察》，载赵秉志等主编：《〈刑法修正案（十一）〉的理论与实务问题研究》（下卷），中国人民公安大学出版社2021年版，第1146页。

⑤ 赵书鸿：《犯罪化的正当性：法益保护？》，载《中国刑事法杂志》2019年第3期。

体性,公众以刑法为基准衡量自身行为的规范性,进而达到法规范确证的目的。“文化价值观念”“历史记忆”“民族尊严”等显然属于立法的保护对象或动机,若要维护规范的有效性,应确保法益能够为民众所预期及认知,进而主动调整自己的举止。

其次,上述观点中法益过于抽象化。抽象的法益貌似扩大危害后果范围,实则导致危害后果泛化、抽象,不仅不利于对重点行为的惩治,还可能导致法益的罪名区分功能被削弱。若将法益表述为“民族精神”“民族尊严”等,本罪与侮辱国旗、国徽、国歌罪相混同;若将法益表述为“公共秩序”,本罪与《刑法》分则第六章第一节的诸多罪名相混同;若将法益表述为“共同情感”“价值认同”“价值观念”,本罪与聚众淫乱罪,盗窃、侮辱、故意毁坏尸体、尸骨、骨灰罪等相混同。

最后,上述观点中的法益过于精神化。法益过于精神化,可能导致个体以单一心理层面的感受作为入罪指针,趋向于“心情刑法”或“道德刑法”。尽管立法动机在于保护某种精神或“安全感”,作为入罪指针的法益依然应尽可能地具体明确。事实上,社会法益必须具备可被损害性与具体现实性,它是一种真实的生活利益,可以为人们所利用,而非生活利益被保护后所呈现的一种表象状态,如公共秩序、公共安全等。[①] 社会法益的具体现实性对危险犯而言意义重大,本罪为危险犯,行为的危险性由立法者拟制,若法律拟制与事实情况不符,且有客观证据证明不存在任何风险,依然可能以破坏精神法益为由将形式上符合构成要件但无实质危险的行为作为犯罪。

笔者认为,基于《英雄烈士保护法》第1条的规定,本罪的社会法益可以从两个层面上来理解。第一,形式上,本罪法益是以维护公共秩序为基础的保护英雄烈士名誉、荣誉的制度性利益,即“英雄烈士名誉、荣誉的保护制度”。这一保护制度具体通过《英雄烈士保护法》《军人抚恤优待条例》等一系列规范性文件得以建构,这也符合法定犯行政违法与刑事违法的双重属性。第二,实质上,英雄烈士的事迹和精神是中华民族的共同历史记忆和社会主义核心价值观的重要体现。侵害英雄烈士名誉、荣誉侵犯的不仅是英雄烈士个人的名誉、荣誉,更是英雄烈士名誉及荣誉背后所蕴含的民族共同记忆与民族精神,相关记忆和精神实际上已成为国家的集体情感与集体意识,关系到国家的稳定、价值观的塑造。对于英雄烈士名誉、荣誉的损害,不但妨害国家秩序的正常运行,而且破坏民族根基与国家稳定,最终必然损害公民个人利益。因此,本罪法益是英雄烈士及其精神背后所承载的民族共同记忆、民族精神,是社会公共利益、社会主义核心价

① 参见李志恒:《集体法益的刑法保护原理及其实践展开》,载《法制与社会发展》2021年第6期。

值观的体现。这要求行为人的侵害行为必须“公然”挑战道德底线和社会良知，实施了对英雄烈士的名誉、荣誉进行侮辱、诽谤等行为。

本案中，被告人许某在互联网上公开发布的2条包含侮辱英雄烈士董存瑞内容的微博，歪曲、丑化、亵渎了英雄烈士的事迹和精神，不但侵害了英雄烈士董存瑞的名誉、荣誉，违反了英雄烈士名誉、荣誉的保护制度，而且侵害了英雄烈士董存瑞所代表的自我牺牲、奉献为民的民族精神，符合侵害英雄烈士名誉、荣誉罪保护的法益。

2.“情节严重”的准确认定

2022年1月发布的《最高人民法院、最高人民检察院、公安部关于依法惩治侵害英雄烈士名誉、荣誉违法犯罪的意见》规定，本罪中“情节严重”应当结合行为方式，涉及英雄烈士的人数，相关信息的数量、传播方式、传播范围、传播持续时间，相关信息实际被点击、浏览、转发次数，引发的社会影响、危害后果以及行为人前科情况等综合判断。但未规定具体的立案追诉标准，仅规定必要时可以参照适用《最高人民法院、最高人民检察院关于办理利用信息网络实施诽谤等刑事案件适用法律若干问题的解释》(法释〔2013〕21号，以下简称《网络诽谤解释》)的规定。《网络诽谤解释》规定，利用信息网络诽谤他人的同一诽谤信息实际被点击、浏览次数达到5000次以上，或者被转发次数达到500次以上的，认定为“情节严重”。一方面，侵害英雄烈士名誉、荣誉行为相较于普通网络诽谤行为的侵害性更大；另一方面，《网络诽谤解释》发布时，网络还没有像现在这么普及，犯罪行为的覆盖面、影响力相对较小，因而参照该规定时入罪门槛应当适当提高，并结合案件情况进行具体认定。具体而言，可以从传播内容、传播方式、传播效果三个方面综合考量：

其一，传播内容。结合侮辱、诽谤的具体方式、对英雄烈士事迹和精神的歪曲、否定、丑化和亵渎程度，被侵害英雄烈士的知名度及热度综合判断。侵害方式既包括直接的侮辱、诽谤，也包括“以其他方式”，如将英雄烈士与反面人物进行类比，以所谓“还原历史”“探究细节”的名义歪曲、否定、丑化、亵渎英雄烈士或非法披露涉及英雄烈士隐私的信息，以及公开发布对英雄烈士具有侮辱性的绘画、在烈士陵园等标志性地点以侮辱性姿势、符号拍照等。

其二，传播方式。一方面，区分媒介和场域，如传播平台是报刊等传统媒体还是网络等新型媒体，是在主流社交网络平台发表言论，还是通过朋友圈或私信进行传播，不仅可以判断被告人的主观恶性大小，还可预判不当言论的传播范围，进而判断对法益的侵害程度。一般而言，通过网络发布侮辱性言论传播速度快、传播领域广、接触人员多，一经发出，公众即可浏览、回复、转发，并可对言论进行加工、删减，且网络具有储存功能，难以彻底清除，可能造成较大负面影响。

另一方面,是否向特殊群体传播,从而造成恶劣影响,如向未成年人传播或向境外传播等,在入罪及量刑时应酌情考量。值得注意的是,此类案件附带民事公益诉讼部分的常规判项包括被告人赔礼道歉、消除影响,其中致歉平台的选择应参照被告人的传播方式,视涉案言论的传播范围确定,一般应遵循传统媒体与新型媒体结合、省级以上致歉平台发布声明的原则,选择报刊方式致歉的字体应略大于通稿字体大小、网站方式致歉的可设置致歉专栏。

其三,传播效果。包括量化效果和社会评价效果。量化效果可参照《网络诽谤解释》的标准,同一信息实际被点击、浏览次数达到5000次以上,或者被转发次数达到500次以上即可入罪。社会评价效果可结合犯罪言论的传播时间长短、范围,通过社会公众对传播内容的反响,如点评内容、转载注解、是否报案,以及英雄烈士及其近亲属因侵害行为所造成的精神和物质损害加以判断。需要指出的是,虽民法学中名誉权与荣誉权有明确概念区分,但刑事司法实践中如无明确证据证实仅侵害了一种权利,宜将二者合并诉判,即认定被告人构成侵害英雄烈士名誉、荣誉罪,不再选择适用罪名,更利于体现本罪立法价值导向,也便于社会公众理解和接受。

本案中,被告人许某在主流媒体针对社会公众熟知和敬仰的英雄烈士董存瑞发表侮辱言论,阅读次数高达9万余次,远远超过5000次,综合考量传播内容、方式及效果,许某对法益的侵害程度已达到了“情节严重”,应当以侵害英雄烈士名誉、荣誉罪追究刑事责任。

(二)侵害英雄烈士名誉、荣誉行为刑民责任衔接问题

根据法律规定,对于侵害英雄烈士名誉、荣誉的行为,检察机关可以代表国家提起公益诉讼,行为达到犯罪程度的,可以一并提起刑事附带民事公益诉讼。英雄烈士的名誉和荣誉具有“私益”和“公益”双重属性,通过附带民事公益诉讼的方式,在裁判文书中责令其公开赔礼道歉,是恢复英雄烈士名誉、消除恶劣影响和维护社会公共利益的最佳途径。在案件办理中,应关注刑民责任的衔接问题。

1. 刑事附带民事公益诉讼之刑民责任范围衔接

其一,责任设置上,刑事责任是指犯罪行为应当承担的法律责任,通过对罪犯施加刑罚以实现特别预防和一般预防的功能。具体而言,特别预防方面包括限制或剥夺罪犯再犯能力、对罪犯进行教育改造,一般预防方面包括对潜在犯罪人进行警戒和威慑,对被害人(及其家属)进行安抚。而民事责任是指民事主体不履行或者不完全履行民事义务应当依法承担的不利后果,是救济民事权利损害的必要措施,也是保护民事权利的直接手段。刑事责任与民事责任在产生原因、适用规范、责任形式、追责形式等方面均存在不同。相较于高门槛(入罪标

准高、证明标准高)、重打击的刑事责任,民事责任具有适用门槛低、调整范围广、责任方式多等优点,更加侧重对损害利益的弥补、对不良影响的消除。通过网络侵害英雄烈士名誉、荣誉的行为的危害具有扩展性、不特定性、快捷性,对于情节严重的罪犯,除适用刑罚外,民事责任上不仅要停止侵害,最重要的是消除影响,对其行为予以反思、对社会有一个正确的交代,通过惩治以儆效尤,并对该行为通过宣传、教育等形式加以矫正,充分发挥刑罚及民事责任承担的双重效用。

其二,责任形式上,刑事责任承担方式包括适用主刑、附加刑等刑罚和予以训诫或者责令具结悔过、赔礼道歉、赔偿损失等非刑罚性处置措施。根据《民法典》第 179 条的规定,民事责任承担方式包括停止侵害,排除妨碍,消除危险,返还财产,恢复原状,修理、重作、更换,继续履行,赔偿损失,支付违约金,消除影响、恢复名誉,赔礼道歉,责任负担方式更加灵活多样,可有效弥补刑事诉讼仅限于物质赔偿的片面性和局限性,对民众形成更好的教育、宣传效果。在案件审理中,应当灵活运用、组合刑事、民事责任。侵害英雄烈士名誉、荣誉案件中,民事责任一般为通过媒体赔礼道歉、消除影响,如果英雄烈士家属提出赔偿要求的,可能涉及承担相应的赔偿责任。目前检察机关在英雄烈士保护公益诉讼中未提出过赔偿损失的诉讼请求,这与现阶段我国并未建立英雄烈士保护领域的惩罚性赔偿机制相关。笔者认为,今后可探索公益诉讼中检察机关提出惩罚性赔偿的诉讼请求。一方面,侵害英雄烈士名誉、荣誉行为不仅是对作出伟大贡献的英雄烈士的人格利益的侵害,更是对英雄烈士身上所体现的社会主义核心价值观的轻视和否定,如果不采用一定的经济惩罚,则侵害英雄烈士权益的违法成本较低、责任威慑力较弱。另一方面,在部分案件中行为人通过侵权行为直接或间接牟利,检察机关对其采取包含经济内容的惩罚措施具有正当性和必要性。

其三,证据标准上,刑事附带民事公益诉讼属于民事公益诉讼的延伸及在刑事领域附带民事责任的扩展,但其本质上仍属于对民事责任承担而开展的诉讼活动,只不过其借助刑事审判力度加强民事公益诉讼的执行力度及审判进程,从而合理推进。承担刑事责任须达到排除合理怀疑的证明标准,而民事责任的证明程度达到高度盖然性标准即可。刑事责任与民事责任不仅在横向上通过责任方式进行互补,亦在纵向上通过证明标准形成阶梯性的责任体系。因此,在侵害英雄烈士名誉、荣誉案件中,证明标准、情节程度达到入罪标准的侵权人,应同时负担刑事责任和民事责任;证明标准、情节程度未达到入罪标准的侵权人,可以单独负担民事责任,通过刑民责任的衔接与结合,织密法网,同时实现更好的打击和教育效果。

2. 刑事附带民事公益诉讼之程序设置衔接

刑事附带民事公益诉讼作为刑事诉讼与民事公益诉讼的复合之诉，与单独提起的民事公益诉讼存在较大区别。

其一，诉讼提起上，根据《最高人民法院、最高人民检察院关于检察公益诉讼案件适用法律若干问题的解释》和《最高人民法院、最高人民检察院关于人民检察院提起刑事附带民事公益诉讼应否履行诉前公告程序问题的批复》的规定，在民事公益诉讼和刑事附带民事公益诉讼中，检察院拟提起公益诉讼前应当公告。设置公告程序的原因在于法律设计检察机关的民事公益诉讼的诉权属于补充性质，目的在于维护民事公益诉讼主体之间的平等地位，只是从提高诉讼效率、节约司法资源的角度由检察机关履行提起公益诉讼的职责。[①] 笔者认为，侵害英雄烈士名誉、荣誉的行为与破坏环境资源等其他公益诉讼案由不同，其在“私益”领域一般仅涉及特定英雄烈士家属的利益，[②]因而仅联系家属即可达到上述程序设置目的，且与单独提起民事诉讼不同，刑事附带民事公益诉讼与刑事诉讼一并诉至法院，同时经过了前期的侦查起诉程序，因而对于可以联系到家属的以侵害英雄烈士名誉、荣誉为案由提起的刑事附带民事公益诉讼，可不以公告程序为诉讼提起的前提。本案中，公诉机关已经进行诉前公告，并已征询董存瑞唯一近亲属董存梅的意见，董存梅表示不提民事诉讼，支持公诉机关提起公益诉讼。

其二，量刑影响上，若单独提起民事公益诉讼，鉴于其与刑事案件审判是相互独立的程序，在民事公益诉讼审判在后的情况下，将难以直接对被告人的量刑施加影响；而刑事附带民事公益诉讼中被告人的民事责任履行成效直接影响量刑评价。因此，在刑事附带民事公益案件办理中，应注重刑事量刑与侵权责任承担关联性的整体评价，既要充分发挥民事责任履行对量刑的正向效应，同时应当避免民事责任过度影响刑事责任。

其三，赔偿范围上，单独提起民事公益诉讼，可要求被告承担惩罚性赔偿、消除影响、恢复名誉等民事责任；但对于并处罚金的刑事案件，若侵权人已在民事公益诉讼中承担了惩罚性赔偿责任，如果需要再对违法者实施刑罚，笔者认为可以酌减其承担刑事罚金的数额和责任。同样，如果违法者已被科以刑事罚金，在民事公益诉讼中提出惩罚性赔偿金时，可以考虑酌情降低惩罚金的数额，防止过度处罚，违背惩罚性赔偿制度设立的初衷。实践中还存在对同一违法者已经提

---

① 参见胡巧绒、舒平安：《刑事附带民事公益诉讼运行实证观察》，载《犯罪研究》2020 年第 3 期。

② 参见李勇、董砺欧：《侵害英雄烈士名誉、荣誉罪的基本构造及司法适用》，载《中国检察官》2022 年第 10 期。

起了民事公益诉讼,并且已经判决其承担惩罚性赔偿责任后,被侵权的个人又对其提起民事私益诉讼的情况,法院不宜再判决让其承担惩罚性赔偿责任,后诉的民事赔偿可以从前诉已判决的惩罚性赔偿金中支付或扣减。

本案中,被告人许某在主流媒体对董存瑞烈士发表侮辱言论,阅读次数高达9万余次,结合其传播内容、传播方式、传播效果,对法益的侵害已达到"情节严重"之危害程度,法院以侵害英雄烈士名誉、荣誉罪追究其刑事责任认定准确。在责任承担方面,充分发挥刑民责任的衔接配合:刑事方面,考虑其行为性质、危害后果及自愿认罪认罚的从宽情节,法院对其判处有期徒刑7个月;民事责任承担方面,充分考虑其行为对社会造成的负面影响,要求其在国内主要门户网站及全国性媒体公开赔礼道歉、消除影响,通过刑民责任结合,在严惩犯罪的同时,积极恢复其损害的社会关系及对英雄烈士造成的负面影响。

(责任编辑:张新平)

行刑证据衔接路径探析
——朱某非法买卖枪支案相关法律问题研究

段沛宜*

裁判要旨

行政机关在行使权力过程中收集的证据，应遵循如下路径与刑事诉讼相衔接：第一步，符合条件的物证、书证、视听资料、电子数据可作为定案根据直接在刑事诉讼中使用；第二步，上述四类证据以外的证据材料原则上不得直接转化为刑事证据使用；第三步，上述四类证据以外的证据材料在符合"四要件"的条件下可以例外地转化为刑事证据使用。

一、据以研究的案例

公诉机关指控，2020年7月16日，民警在被告人朱某处查获12支枪状物。经鉴定，上述物品为枪支。其中，1887型等10支枪支系朱某于2019年10月至2020年6月，通过互联网等方式从他人处非法购买，AR步枪及G34 TTI型等2支枪支系被告人朱某非法制造。2020年1月至7月，朱某向靳某(另案处理)非法出售3支枪状物，经鉴定均为枪支。

一审法院判决被告人朱某犯非法买卖枪支罪，判处有期徒刑4年6个月。

一审宣判后，公诉机关提出抗诉，朱某提出上诉。抗诉机关的抗诉理由为，原判未认定朱某非法制造2支枪支、非法购买10支枪支的犯罪事实，且原判以相关鉴定意见、检查笔录等证据不符合《刑事诉讼法》关于刑事证据的相关规定为由未予采纳，属认定事实错误、适用法律不当。上诉人及辩护人辩称，检察机关的抗诉意见不能成立。

---

* 段沛宜，北京市第二中级人民法院刑事审判第一庭法官助理，外交学院法律硕士。

二审法院认为：本案的争议焦点为，公诉机关指控朱某从他人处购买过10支"枪"，并非法制造过2支"枪"，但证明该起事实的检查笔录、枪支鉴定书等证据均是公安机关依据《治安管理处罚法》在行政执法中取得，且部分证据本身亦存在瑕疵，不符合刑事诉讼证据的法定要求，不能作为刑事诉讼证据予以采信。具体分析如下：

1. 行政机关在行政执法和查办案件中收集的鉴定意见、检查笔录原则上不能直接作为刑事案件的证据

我国《刑事诉讼法》第54条及《最高人民法院关于适用〈中华人民共和国刑事诉讼法〉的解释》（以下简称《刑事诉讼法解释》）第75条虽然都在证据种类的后面加了"等"，但最高人民法院出版社出版的、刑事诉讼法解释起草小组编著的《关于适用〈中华人民共和国刑事诉讼法的解释〉理解与适用》（以下简称《刑事诉讼法解释理解与适用》）提出："对其中的'等'，原则上应作等内解释，即通常只限于物证、书证、视听资料、电子数据，不包括鉴定意见、勘验、检查笔录。"因此，《刑事诉讼法》和相关司法解释的立法本意应是对行政机关在行政执法中取得的证据直接作为刑事案件证据进行规范和限制，故应理解为，能够直接作为刑事案件证据使用的只限于法条所列明的四类证据，而不包括鉴定意见、勘验、检查笔录等类别。

2. 本案检查笔录、枪支鉴定书等证据不符合"等外"解释的准入条件

《刑事诉讼法解释理解与适用》提出："根据案件具体情况，进入刑事诉讼程序后，如已不具备重新鉴定、勘验、检查的条件，且有证据证明行政机关进行的鉴定、勘验、检查程序合法，相关证据能与其他证据相印证，确有必要作'等外'解释的，则可以个案处理。"

结合《刑事诉讼法解释理解与适用》，只有在极特殊情况并经形式及实质双重审查后，才能对行政机关在行政执法和查办案件中收集的、可以直接作为刑事案件证据使用的证据分类进行扩大解释。具体而言，应同时满足下列四个条件：第一，因不可抗力（如现场被破坏、证人已经死亡等）等客观因素导致相关证据确实无法重新收集；第二，该证据对定性量刑有决定作用，必须使用；第三，有证据证明取证程序合法；第四，该证据内容能与其他证据相互印证。

本案中，民警依照《治安管理处罚法》的相关规定，在朱某处起获枪状物共28支，于同日将涉案枪状物送鉴定中心检验。鉴定机关当日作出鉴定意见：12支涉案枪状物均被依法认定为枪支。该鉴定意见是公安机关依据《治安管理处罚法》在行政执法中取得的，属于"行政机关在行政执法和查办案件过程中收集的证据"而并非刑事诉讼的证据，一审法院曾要求公安机关就涉案枪支重新鉴定，但公安机关书面答复称枪支已销毁，无法重新鉴定。该项证据虽符合条件一

中的“相关证据确实无法重新收集”,但导致这一结果的原因并非不可抗力,而是公安机关未按照有关规定,先期将涉案违禁品销毁。另外,在案证据证明,涉案枪状物直至销毁均在公安机关的实际控制之下,在此期间,公安机关完全有条件进行证据转化,但却没有依法转化证据,而是违规提前销毁枪支,由此导致的后果不应由被告人承担。因此,本案中公安机关收集的鉴定意见不符合“等外”解释准入条件一,不能直接作为刑事案件的证据。

此外,本案中公安机关的检查笔录存在明显瑕疵甚至错误,具体问题如下:(1)在案检查证上缺少检查人员的姓名,导致执法授权不明,违反《公安机关办理行政案件程序规定》《公安机关执法细则》等规定;(2)三处现场只有一处的检查录像可以播放,且从录像反映的情况看,一位在检查笔录中签名的民警,并不在检查现场;(3)从卷宗材料及现场检查录像看,检查人员对绝大部分枪支均没有逐一在现场进行拍照,而是笼统拍照,部分枪支特征不明显,且没有在现场进行编号,而是打包到派出所后一并扣押、编号。被告人当庭称有的枪支是缺少零件不能击发的,但却被鉴定为枪支,因照片、录像等证据不够全面、专业,无法核实该情况是否属实,也无法证明检查、鉴定人员是否存在安装、组装等情况。因此,检查笔录明显不符合刑事诉讼证据的要求,如作为刑事证据使用,必须经过一系列的转化和补强,不符合“等外”解释准入条件二,不能直接作为刑事案件的证据。

关于第四个条件,即要求争议证据能与其他证据印证。本案共有三份枪支鉴定书,其中有两份被作为刑事证据采信,被采信的鉴定意见与未被接纳的鉴定意见,鉴定机构一致,人员有重合,时间也相差不多,故有理由相信,即使对涉案枪状物重新鉴定,也极有可能出现同样的结果。但就本案而言,确定鉴定意见的结论是否正确,最有效的也是唯一符合《刑事诉讼法》关于证据采信要求的方法就是再进行一次鉴定,否则,即使鉴定机构、鉴定人员、鉴定程序、鉴定物品都一致,也不能当然认为鉴定意见必然一致;更何况本案的鉴定数据是精确性较高的比动能鉴定。因此,在没有充分证据和理由论证即使重新鉴定意见也必然一致的情况下,不能认为在案行政程序中调取的鉴定意见的结论是唯一且真实可信的。

综上所述,认定朱某从他人处购买过 10 支“枪”,并非法制造过 2 支“枪”的关键证据不符合《刑事诉讼法》对于证据的要求,不能作为刑事证据使用,故证明此起事实构成犯罪的证据不充分,检察机关的抗诉理由不能成立。

据此,二审法院认定,朱某非法买卖以压缩气体为动力的非军用枪支超过 2 支,其行为已构成非法买卖枪支罪,依法应予惩处;一审法院根据朱某犯罪的事实、犯罪的性质、情节及对于社会的危害程度所作出的判决,定罪及适用法律正确，量刑适当，对随案移送物品处理亦无不当，审判程序合法，裁定维持一审判决。

二、相关法律问题研究

行政机关在行政执法中发现违法者的行为可能涉嫌犯罪的，应将案件和相关证据材料移送司法机关。那么，行政机关收集的这些证据材料能否在刑事诉讼中使用？2018 年修正的《刑事诉讼法》给予肯定答复。对此，我国理论界和实务界就此问题展开了不少研究。有研究认为，可以在刑事诉讼中使用的行政执法证据，不应局限于法律明确列举的四类证据，而应包括其他种类的证据。[①]《刑事诉讼法解释理解与适用》提出，能够直接作为刑事案件证据使用的只限于法条所列明的物证、书证、视听资料、电子数据，鉴定意见、检查笔录等原则上不能直接作为刑事案件的证据，但根据案件具体情况，符合相关条件的，可以个案处理。[②] 这相当于对《刑事诉讼法》第 54 条以及《刑事诉讼法解释》第 75 条中“行政机关在行政执法和查办案件过程中收集的物证、书证、视听资料、电子数据等证据材料”作出了“等内”解释，同时提出在极特殊情况下“等外”解释的准入条件。《刑事诉讼法解释理解与适用》对审判实践具有重要的指导意义。

本文以相关法律规定为依据，结合上述朱某案，面对司法实践中出现的大量行刑交叉案件，就行政机关在行使权力过程中收集的证据如何与刑事诉讼相衔接进行归纳。对此，本文总结为“三步走”：第一步，符合条件的物证、书证、视听资料、电子数据可作为定案根据直接在刑事诉讼中使用；第二步，上述四类以外的证据材料原则上不得直接转化为刑事证据使用；第三步，四类证据以外的证据材料在符合“四要件”条件下可以例外地转化为刑事证据使用。

(一)行政证据与刑事证据衔接机制的基本问题

厘清行刑证据衔接的前提是正确认定行政证据在刑事诉讼中“可以作为证据使用”的内涵。我国《刑事诉讼法》第 54 条第 2 款的立法目的主要是解决行政证据在刑事诉讼中的准入问题。《刑事诉讼法》对证据的收集主体、程序等作了严格规定，行政机关收集的证据由于不符合刑事证据的合法性要求，在刑事诉讼中本来无法直接作为证据使用。为解决实践中因重复取证导致的诉讼资源浪费和行刑衔接不畅，《刑事诉讼法》第 54 条赋予行政证据进入刑事诉讼的资格，

---

① 参见顾永忠：《行政执法证据“在刑事诉讼中可以作为证据使用”解析》，载《法律适用》2014 年第 3 期。

② 参见李少平主编：《最高人民法院关于适用〈中华人民共和国刑事诉讼法〉的解释理解与适用》，人民法院出版社 2021 年版，第 438~439 页。

规定部分行政证据在刑事诉讼中"可以作为证据使用"。这一规定的初衷是基于司法效率价值的考量,但行政证据依据《刑事诉讼法》第54条的规定进入刑事诉讼后并不当然具备证据能力和证明力,更不能直接作为定案的根据。[①] 因为一项证据材料要想具备刑事证据能力,必须经过侦查、起诉、审判三个阶段有关证据能力的审查,而要想成为定案根据,必须符合《刑事诉讼法解释》第75条之规定,即"经法庭查证属实,且收集程序符合有关法律、行政法规规定的,可以作为定案的根据"。这便决定了行政证据在刑事诉讼中只能作为证据材料使用,其证据能力和证明力尚有待确定,只有符合《刑事诉讼法解释》第75条之规定才可以作为定案依据。

(二)行政证据与刑事证据衔接的范围

我国《刑事诉讼法》明确承认了四类证据在刑事诉讼中使用的可能。然而,在这几种证据之外,法条又加了一个"等"字,引发了人们关于行政机关收集的其他种类证据可否在刑事诉讼中使用的疑问。《刑事诉讼法解释理解与适用》肯定了能够直接作为刑事案件证据使用的只限于法条所列明的上述四种证据,而不包括鉴定意见、勘验、检查笔录等类别。笔者认为,有如下两点原因:

首先,《刑事诉讼法》在第50条列举了8项9类证据,但在第54条第2款对行政机关在行政执法和查办案件过程中收集的证据中,只列举了物证、书证、视听资料、电子数据可以直接作为刑事案件的证据使用,从法条解释的角度出发,此种表述其实也就明确将其他证据种类排除在直接作为刑事案件证据之外。立法机关肯定也知道公安机关具有行政执法和刑事司法的双重职能,[②]在侦办案件过程中存在先立行政案件后转刑事案件的情况,但《刑事诉讼法》仍然明确对行政执法中取得的证据直接准入刑事诉讼进行了限制,就说明了立法机关对此问题的态度,即除了列举的四类证据,其他证据即使内容上可能没有本质差异,原则上也必须经过转化才能予以采纳。[③] 故本条的立法本意是对行政机关在行政执法中取得的证据直接作为刑事案件证据进行规范和限制,这里的"等",应作"等内"解释,否则该条没有任何意义。《刑事诉讼法解释》等规范性意见的态度也很明确,与《刑事诉讼法》保持了一致。

其次,犯罪事实与行政不法行为的证明标准不同:第一,两者证明对象不在同一层次上,行政不法事实所证明的对象是行政不法行为,犯罪事实所证明的对

① 参见宋维彬:《行政证据与刑事证据衔接机制研究——以新〈刑事诉讼法〉第52条第2款为分析重点》,载《时代法学》2014年第3期。

② 参见陈闻高:《论刑案侦办之减速增效》,载《北京警察学院》2017年第1期。

③ 参见艾明:《论监察调查非法证据内部排除程序机制的构建》,载《政法学刊》2020年第3期。

象是犯罪行为。第二,两者在证据要求上不同,行政不法事实的证据相对来说比较宽松,取证规则比较简单,排除规则不那么严格,不存在非法证据排除。而我国《刑事诉讼法》对证据的收集主体、程序等作了严格规定。第三,证明标准不同,一般来说,行政违法证据的证明标准是优势证据(高度盖然性),而认定构成犯罪,要求最高证据证明标准,即案件事实清楚,证据确实、充分。因此,如勘验、检查笔录、鉴定意见等具有一定主观性的证据材料,与书证、物证等客观性证据不同,在行刑证据衔接中应加以特别规制,不宜采取相同的证据衔接规则。

基于以上两点原因,笔者认为,对《刑事诉讼法》第 54 条第 2 款规定的行政机关收集的"物证、书证、视听资料、电子数据等证据材料",应作出"等内"解释,行政机关在行政执法和查办案件过程中收集的上述四类证据以外的证据材料原则上不能进入"等内"范围。

(三)"等外"解释的准入条件

《刑事诉讼法解释理解与适用》同时规定:"根据案件具体情况,进入刑事诉讼程序后,如已不具备重新鉴定、勘验、检查的条件,且有证据证明行政机关进行的鉴定、勘验、检查程序合法,相关证据能与其他证据相印证,确有必要作'等外'解释的,则可以个案处理。"结合该规定,笔者认为,只有在极特殊情况并经形式及实质双重审查,才能对行政证据转化为刑事证据的分类进行扩大解释,具体而言,应同时满足下列四个要件:

1. 因不可抗力等客观因素导致相关证据确实无法重新收集。不可抗力,是指不能预见、不能避免且不能克服的客观情况。作为人力所不可抗的强制力,其具有客观上的偶然性和不可避免性,主观上的不可预见性。① 笔者认为,规制这样的准入条件可以有效保护犯罪嫌疑人和被告人的合法权利。在刑事诉讼中犯罪嫌疑人、被告人享有质证权,通过行使该权利,犯罪嫌疑人、被告人可以对证据材料的真实性、合法性、关联性以及证明力的有无、大小予以充分的说明和质辩,以维护自己的合法权益。而在行政执法或查办案件过程中,被取证人并不享有质证权。有关机关在这种情况下收集的证据,如果非因不可抗力等客观因素导致无法重新收集后,直接将该证据依据衔接机制在刑事诉讼中使用,会严重侵犯犯罪嫌疑人、被告人的合法权利。

2. 该证据对定性量刑有决定作用,必须使用。笔者认为,我国《刑事诉讼法》第 54 条第 2 款的立法本意在于通畅行刑证据转化程序,提高案件处理效率。与《刑事诉讼法》其他权利保障规定不同,该项规定具有方便追诉机关的特征。

---

① 参见赵秉志、肖中华:《犯罪构成与阻却责任事由关系论》,载《现代法学》1999 年第 4 期。

允许制度运行向控制犯罪的价值略做倾斜,是可以接受的,但这种倾斜不是没有限度的。[①] 因此,对法律明确列举的四类证据以外的证据材料,必须加以限制,只有对定性量刑有决定作用,必须使用时,才可以例外地转化为刑事案件证据予以使用。

3. 有证据证明取证程序合法。如上所述,对于允许转化的行政证据,都需要审查其证据能力。通常而言,对于证据能力进行审查,主要从取证主体的合法性、证据表现形式的合法性、取证程序的合法性方面展开。但由于审查行政证据需要先行审查主体是否为行政机关、证据是否属于允许在刑事诉讼中使用的行政证据,故此处对证据能力的审查应主要集中于审查取证程序的合法性。此外,对于行政证据的审查标准,《刑事诉讼法解释》第 75 条要求"收集程序符合有关法律、行政法规规定",而没有要求符合《刑事诉讼法》的证据收集程序。这主要是考虑行政机关在行政执法和查办案件过程中,尚不知晓所涉案件是否达到犯罪程度、是否会进入刑事诉讼程序,不应适用刑事诉讼程序的规定,只能依照法律、行政法规关于行政执法和查办案件的相关规定。该解释虽有利于行政机关执法活动的合理预期,但在刑事诉讼中单纯依据行政程序来审查行政证据的合法性会产生以下困境:第一,有悖于《刑事诉讼法》高位阶的法律地位。《刑事诉讼法》的效力层级要高于行政法规。从我国对于行政执法的法律规制来看,现有行政法规对于行政执法证据收集的立法规定相对比较粗糙,如《行政处罚法》《行政强制法》《治安管理处罚法》中对于证据收集的条款,均仅有寥寥数条。在刑事诉讼中如果按照行政法规的要求审查行政证据,就意味着行政法规具有高于《刑事诉讼法》的效力,甚至会产生行政规章效力高于基本法的怪相,有悖《刑事诉讼法》的法律地位。第二,不利于行政执法中证据收集程序规范化、法治化的提升。从法治发展规律来看,行政执法中要求的证据收集程序是逐步趋向于刑事诉讼的证据收集程序。这主要是因为刑事诉讼程序的效力层次和保护标准要高于行政执法程序。在刑事诉讼中使用行政证据,若按照行政程序审查证据收集的合法性,将导致执法者丧失改进证据收集程序的动力来源,这显然不利于执法机关证据收集的规范化、法治化。[②] 第三,容易导致办案人员故意规避《刑事诉讼法》的规定,存在侵犯被追诉者人权的风险。正当程序保障与被追诉者遭受利益剥夺的程度成正比。行政执法对违法者的利益剥夺显然不及刑罚,对行政相对人的程序性保障也不及《刑事诉讼法》。司法解释要求按照行政法规

---

① 参见谢登科:《论行政执法证据在刑事诉讼中的使用——基于典型案例的实证分析》,载《华东政法大学学报》2016 年第 4 期。

② 参见郑曦:《行政机关收集的证据在刑事诉讼中的运用》,载《行政法学研究》2014 年第 3 期。

来审查行政证据,会导致个别侦查人员为规避刑事诉讼中的程序性保障措施,刻意将其应管辖的案件退回行政机关,待行政机关将全部事实查清后,才启动后续刑事诉讼程序,由此,《刑事诉讼法》对被追诉人的程序性保障措施会出现运行失灵问题。当然,若行政法规所赋予的程序性保障能达到刑事诉讼的底线要求,则可适用行政法规予以审查,这样有利于保障行政执法人员的合理预期。但若行政法规与《刑事诉讼法》相冲突,则对被追诉者人权保障的价值应当高于执法人员预期,此时,应优先适用《刑事诉讼法》相关规定予以审查。

4. 该证据内容能与其他证据相互印证。印证,主要是指两个以上具有独立信息来源的证据,对各自的真实性和可靠性做出的验证。与一般意义上的“证明”不同,“印证”通常发生在两个证据之间,由于其包含的事实信息出现了重合或交叉,使这些事实信息的真实性得到了证明。对法律明确列举的四种证据以外的证据材料与其他证据相互印证,不仅可使该证据的真实性得到验证,还可以让法官排除存在矛盾的证据,使各项证据信息链条之间发生了相互验证的关系,从而最终形成了较为完整的证据锁链。

总之,行政机关在行使权力过程中收集的证据应遵循如下路径与刑事诉讼相衔接:第一步,符合条件的物证、书证、视听资料、电子数据可作为定案根据直接在刑事诉讼中使用;第二步,上述四类证据以外的证据材料原则上不得直接转化为刑事证据使用;第三步,上述四类证据以外的证据材料在符合“四要件”的条件下可以例外地转化为刑事证据使用。

(责任编辑:张新平)

安全保障义务与自甘风险原则适用规则研究
——王某某诉刘某某、某旅游胜地有限公司生命权、健康权、身体权纠纷案相关法律问题研究

韩 迪*

裁判要旨

1. 第三人侵权情况下，安全保障义务人未尽到安全保障义务可能承担的责任形态应从当事人之间是否有意思联络、单个侵权行为是否可以完全造成这一损害后果，以及安全保障义务人是否独立实施侵权行为三个方面进行判断。

2. 自甘冒险制度的适用范围，应限定为具有多个参加者的，具有身体对抗性、协同性或竞技性的，具有内在的、固有的、可以为一般人所遇见的风险的文化体育活动，且受害者因其他参加者所受损害须与活动的内在风险之间有因果关系。

一、据以研究的案例

2018年1月6日，王某某和刘某某到某公司开办的某某云顶乐园滑雪。下午4时许，王某某在难度为初中级的某雪道滑雪途中，于雪道转弯靠近防护网处坐倒，并滞留半分钟，同样在该雪道中滑行的刘某某与王某某相撞。刘某某拨打雪卡上载明的某某云顶乐园急救电话后，某公司对王某某进行了救助。当日，王某某被送至人民解放军第二五一医院急诊抢救中心治疗。2018年1月10日，王某某出院，住院时间4天。2018年1月10日至2月15日，王某某在中国人民解放军总医院第一附属医院住院治疗，住院时间35天。2018年9月20日至26日，王某某在中国人民解放军总医院第一附属医院住院治疗，住院时间6天。

另查，该雪道无指定的休息区、修整区或缓冲区；2018年1月6日至10日，

* 韩迪，北京市朝阳区人民法院法官助理，中国政法大学经济法学硕士。

该雪道曾发生7起滑雪者受伤的事故。

诉讼中,审理法院依法委托中天司法鉴定中心对王某某的伤残等级及误工期、营养期、护理期进行鉴定。经鉴定,王某某左腕关节功能丧失50%以上的伤残等级为九级;左侧桡神经损伤,遗留相应肌群肌力4级的伤残等级为十级;伤残赔偿指数为25%。王某某的误工期为365日,护理期为150日,营养期为150日。

法院经审理认为:首先,刘某某作为在后的滑雪者,未尽到避让前人的注意义务,致使自己与王某某相撞。刘某某存在过错,其行为对王某某的损害发生有因果关系,应当承担侵权责任。其次,某公司未尽到其作为善良管理人标准下必要的谨慎和努力,未尽到安全保障义务,对王某某的损害发生存在过错。而且,若某公司履行其安全保障义务,如在雪道旁或防护网处设置警示标牌或标志,从理性人视角,滑雪参与者因为事先受到警示从而提前采取相应预防措施,可以降低甚至消除事故发生的风险。某公司不履行上述安全保障义务与王某某损害后果具有较强的关联性。故某公司的过错与王某某损害后果具有客观联系,构成侵权行为要件项下的因果关系。最后,刘某某的过错行为并非王某某受损的唯一原因,某公司亦独立实施了侵权行为,两者结合起来共同导致了王某某损害后果的发生,构成无意思联络数人侵权。综合本案情况,判定某公司、刘某某对王某某损害后果各承担50%的责任,并赔偿王某某因伤致残而发生的必要费用。

法院作出判决如下:(1)刘某某赔偿王某某各项费用共计2 404 369.76元;(2)某公司赔偿王某某各项费用共计310 901.86元;(3)驳回王某某的其他诉讼请求。刘某某、某公司均不服一审判决,提出上诉。北京市第三中级人民法院于2020年12月9日作出判决如下:驳回上诉,维持原判。

二、相关法律问题研究

(一)某公司是否违反了安全保障义务

安全保障义务,系指宾馆、商场、银行、车站、娱乐场所等公共场所的管理人或者群众性活动的组织者负有的保障他人之人身安全、财产安全的注意义务。《民法典》第1198条[①]规定了安全保障义务主体的两种责任类型:一是防止他人遭受义务人侵害的安全保障义务,是指安全保障义务人负有不因自己的行为而

① 《民法典》第1198条规定:"宾馆、商场、银行、车站、机场、体育场馆、娱乐场所等经营场所、公共场所的经营者、管理者或者群众性活动的组织者,未尽到安全保障义务,造成他人损害的,应当承担侵权责任。因第三人的行为造成他人损害的,由第三人承担侵权责任;经营者、管理者或者组织者未尽到安全保障义务的,承担相应的补充责任。经营者、管理者或者组织者承担补充责任后,可以向第三人追偿。"

直接使他人的人身或者财产受到侵害的义务。其内容为,义务人应遵守法律规定和约定,尽到审慎注意之义务,确保不因自己的行为或自己管理、控制下的物件及人员给他人造成损害。二是防止他人遭受第三人侵害的安全保障义务,是指安全保障义务人负有的不因自己的不作为而使他人的人身或者财产遭受自己之外的第三人侵害的义务。其内容为,义务人应尽到一定的注意义务,在合理的限度范围内降低第三人对他人实施侵权行为的风险或在侵权行为发生时减少给受害人造成的损害。①

判断安全保障义务主体是否履行了安全保障义务,应该从以下五个方面进行把握:第一,法定标准。如果法律法规对于安全保障的内容有直接规定,应当从其规定。第二,行业标准。在法律、法规没有明确规定的情况下,安全保障义务应当达到同行业所应当达到的通常注意义务。第三,合同标准。合同约定的标准也是判断安全保障义务人是否尽到相应义务的一种依据。如果约定模糊,应当以能够实现保障当事人人身、财产安全的合理标准进行解释。第四,善良管理人的标准。这种标准在比较法上,与德国法上的"交易上必要之注意"相当,要以交易上的一般观念认为的具有相当知识经验的人,对于一定事件所用的注意作为标准,客观加以认定。第五,特别标准。根据保障权利的特点和目的,在一些场合,对安全保障义务的要求应采取特殊标准。② 例如,越是危险程度高的群众性活动或者容易出现安全事故的公共场所,法律上对于管理人和组织者的要求就越高。

本案中,滑雪为有着高度专业性、技巧性、危险性的活动,滑雪场属于容易出现安全事故的公共场所,此时,某公司作为营利性滑雪场的经营者、管理者,其应当承担更高标准的安全保障义务,具体包括:第一,某公司应遵守法律规定,尽到审慎注意义务,确保不因自己的行为或自己管理、控制下的物件及人员给他人造成损害。具体表现在:提供合格的雪道、客运索道、滑雪器具等雪场设备;对滑雪中可能出现的各种危险情况进行告知及安全警示;对雪道设置安全保障措施,包括以明晰而又简单易懂的标志标识场地界限、难度等信息,配备巡逻人员、医务人员保障滑雪者安全等。第二,某公司应在合理限度内采取相应行为,在一定程度上降低第三人对他人实施侵权行为的风险或在侵权发生时减少损害程度,具

---

① 参见黄薇主编:《中华人民共和国民法典释义(下)》,法律出版社 2020 年版,第 2325 页。

② 参见最高人民法院民法典贯彻实施工作领导小组主编:《中华人民共和国民法典侵权责任编理解与适用》,人民法院出版社 2020 年版,第 288~289 页。也有学者从"是否尽到法律法规和相关标准中以保护人身财产安全为目的的要求""场所或活动的危险程度大小""经营者、管理者和组织者的预防与控制能力""是否从中获得利益"四个方面判断是否尽到安全保障义务。参见程啸:《侵权责任法》(第 3 版),法律出版社 2021 年版,第 529~530 页。

体表现在:配备安保人员、医务人员,在发生第三人侵权的情况下对侵权行为及时予以制止,对受伤人员及时进行救助、送医等。

结合本案情况,某公司未尽到安全保障义务,对王某某的损害发生存在过错。

(二)本案中某公司应如何承担侵权责任

1. 第三人侵权情形下安全保障义务人承担责任的形态

第三人侵权情形下,安全保障义务人违反安全保障义务承担责任的形态包括《民法典》第1198条第2款规定的补充责任、《民法典》第1168条规定的共同侵权情形下的连带责任、《民法典》第1171条规定的并发型无意思联络数人侵权情形下的连带责任,以及《民法典》第1172条规定的竞合型无意思联络数人侵权情形下的按份责任。具体说明如下:

(1)关于补充责任。《民法典》第1198条第2款规定,因第三人的行为造成他人损害的,由第三人承担侵权责任;经营者、管理者或者组织者未尽到安全保障义务的,承担相应的补充责任。该条款规定的第三人属于直接的侵权人,是第一位的侵权责任承担者。该条规定的因果关系的特殊之处在于:第三人的侵权行为单独发生即足以造成全部损害,安全保障义务人即便尽到安全保障义务,在大多数时候也不足以避免损害结果的发生。亦即,直接实施加害行为的第三人才是受害人所受损害的直接原因和终极原因,第三人应当对其行为所造成的损害承担全部责任。在此情况下,安全保障义务人未尽到安全保障义务的行为只是损害后果发生的一个条件而非原因。在该条款中规定安全保障义务人在未尽到相应责任的情况下承担相应的补充责任,更多出于社会保障的考虑,即在第三人侵权下可能出现第三人无法查明或第三人即使查明但其财产不足以弥补被侵权人损失的情况,由安全保障义务人承担相应的补充责任。[①]

(2)关于共同侵权。《民法典》第1168条规定,2人以上共同实施侵权行为,造成他人损害的,应当承担连带责任。共同侵权行为的构成要件包括加害主体的复数性、加害行为的协作性、主观意思的共同性,以及损害结果的同一性。其中,最本质的要件在于主观意思的共同性,即数行为人主观上必须具有“意思共同”。

(3)关于无意思联络数人侵权。无意思联络数人侵权,系指2人以上没有意思联络,但其行为相互结合造成他人人身或者财产损害,且每个人的侵权行为都足以造成全部损害的侵权行为类型。构成无意思联络的数人侵权应符合下列

---

① 参见程啸:《侵权责任法》(第3版),法律出版社2021年版,第533页。

构成要件:首先,行为人为2人以上;其次,数人无意思联络;再次,每个侵权行为都符合独立的侵权责任构成要件事实;最后,造成同一损害后果。根据数人行为与损害后果之间的因果关系,又区分为并发侵权行为以及竞合侵权行为,分别对应《民法典》第1171条、第1172条的规定。

(4)关于并发型无意思联络数人侵权。《民法典》第1171条规定,2人以上分别实施侵权行为造成同一损害,每个人的侵权行为都足以造成全部损害的,行为人承担连带责任。这里的"足以"主要体现在因果关系判断上,有学者称为叠加的因果关系,[①]亦即,即使没有其他侵权行为的共同作用,单个侵权行为也完全可以造成这一损害后果。

(5)关于竞合型无意思联络数人侵权。《民法典》第1172条规定,2人以上分别实施侵权行为造成同一损害,能够确定责任大小的,各自承担相应的责任;难以确定责任大小的,平均承担责任。亦即,数个侵权行为必须造成"同一损害",而且每个侵权行为都不足以造成全部损害后果[②]。

2.本案中某公司承担责任的形态

本案中,某公司是在存在第三人侵权的情形下因为未尽到安全保障义务而担责,就其承担责任的形态,分析如下:

(1)根据本案查明的情况,某公司与刘某某不存在主观上的意思联络,且某公司违反安全保障义务的行为或刘某某未尽到注意义务的行为均不足以造成王某某的全部损害后果,故本案不适用共同侵权及并发型无意思联络数人侵权情形下的连带责任。

(2)关于补充责任及竞合型无意思联络数人侵权形态。根据上文分析,区分该两种侵权责任形态,核心在于判断安全保障义务人是否尽到了安全保障义务,如果没有,判断该不作为与被侵权人的损害后果之间是否存在因果关系。本案中,如前所述,某公司存在未尽到安全保障义务的违法行为,对王某某的损害事实存在过错,则应判断某公司的违法行为与王某某的损害事实之间是否存在因果关系。

比较法上,对因果关系的考察一般区分两个层次的因果关系。第一层次,要考虑是否构成侵权责任行为要件项下的因果关系,即判断侵权行为成立与否的

---

① 有关表述为:"两个以上的侵权人分别实施侵权行为,已经确定其为各个独立的侵权行为,应当由侵权人各自承担侵权责任。但叠加的共同侵权行为中的每一个行为人对于损害的发生都具有全部的原因力,每个行为人都应当承担全部赔偿责任。"参见杨立新:《侵权法论》(第5版),人民法院出版社2013年版,第925页。

② 参见最高人民法院民法典贯彻实施工作领导小组主编:《中华人民共和国民法典侵权责任编理解与适用》,人民法院出版社2020年版,第84~85页。

问题;第二层次,是指侵权责任成立后如何确定损害赔偿范围的因果关系。前者在德国法上称为责任成立的因果关系(普通法中的事实因果关系),后者在德国法上称为责任范围的因果关系(普通法中的法律因果关系)。判断是否构成侵权行为要件项下的因果关系的标准,普通法中采用"but for"规则,德国法中采取与之基本相同的"条件说"或"等值理论",此种标准下,对于侵权人的行为是否属于造成损害的必要条件,可以通过一个假设的问题进行判断。作为侵权情况下,该问题表述为"如果没有(but for)侵权人的行为,被侵权人的损害是否会发生";不作为侵权情况下,该问题表述为"如果侵权人积极履行了作为义务,被侵权人的损害是否仍会发生?"①

我国法律上对于因果关系的判断标准多遵循必然因果关系规则和相当因果关系规则。必然因果关系规则下,因果关系"是指各个客观现象之间的一种必然联系。即某一现象的出现,是在一定条件下必然由另一已经存在的现象所引起的,这前一现象成为原因,而后一现象成为结果,它们之间存在的这种客观的必然联系,就是因果关系",②即违法行为与损害后果之间具有直接因果关系,无须再适用其他因果关系理论判断,即可确定其具有因果关系。相当因果关系规则下,确定行为与结果之间有无因果关系,要依行为时的一般社会经验和智识水平作为判断标准,认为该行为有引起该损害结果的可能性,而在实际上该行为确实引起了该损害结果,则该行为与该损害后果之间有因果关系。③ 目前,相当因果关系由于允许法官依照一般社会见解,根据一定的法律上的价值判断来确定因果关系的存在,"减轻了受害人因果关系方面的举证责任,同时赋予了法官一定的自由裁量权,使得法官能够根据案件的具体情况、法律规定、经验、常识等进行调整",④逐渐成为侵权责任纠纷因果关系判断的主流观点。

虽然我国法律上对因果关系的考察没有区分层次,但是根据相当因果关系规则,法官在认定侵权行为有无引起损害结果的可能性时实际上需要从已经发生的损害出发,倒推某一特定行为是否可以导致损害的产生,属于一种逆向思维。从这个角度出发,笔者认为可以参考"but for"规则,结合个案具体情况进行判断。

本案中,某公司违反安全保障义务行为属于不作为侵权行为,判断该侵权行为与损害后果之间是否构成侵权责任行为要件项下的因果关系,应考虑"如果

---

① 程啸:《侵权责任法》(第 3 版),法律出版社 2021 年版,第 240~245 页。

② 佟柔主编:《民法原理》(第 2 版),法律出版社 1986 年版,第 227 页。

③ 参见杨立新:《侵权法论》(第 5 版),人民法院出版社 2013 年版,第 236 页。

④ 王利明:《侵权责任法研究》(上卷),中国人民大学出版社 2011 年版,第 385~386 页。

积极履行了作为的义务,是否能够制止或减轻损害后果”。亦即,若某公司履行其安全保障义务,如在雪道旁或防护网处设置警示标牌或标志,是否能够制止事故发生,或减轻损害后果。根据本案查明情况,王某某滞留位置为雪道转弯靠近防护网处,刘某某从上向下滑行过程中难以及时发现刘某某,王某某作为位置在先的滑雪者也难以察觉刘某某的接近,若滑雪参与者事先受到警示,从理性人视角,其会提前采取相应预防措施,从而降低甚至消除事故发生的风险。同时,涉案事故发生同一时期,在 5 天之内涉案雪道先后发生 7 起事故,充分说明某公司履行上述安全保障义务的必要性,也在一定程度上佐证某公司不履行上述安全保障义务与本案王某某损害后果的发生具有较强的关联性。故某公司违反安全保障义务行为与本案王某某损害后果具有客观联系,构成侵权行为要件项下的因果关系,进而其违反安全保障义务行为满足侵权行为的构成要件,构成独立的侵权行为。

本案中,虽然王某某受到损害是由于刘某某未能有效躲避导致撞上王某某所致,但刘某某的行为并非王某某受损的唯一原因,某公司亦独立实施了侵权行为,两者结合,共同导致了王某某损害后果的发生,因而应适用《民法典》第 1172 条规定的无意思联络的数人侵权情形。

(三)本案是否适用《民法典》第 1176 条规定的自甘冒险制度

自甘冒险,是指被害人原可以预见损害之发生而自愿冒损害发生之危险,而损害结果真的不幸发生之情形。① 我国《民法典》第 1176 条首次规定了自甘冒险制度,②其构成要件包括:

1. 自愿参与具有一定风险的文体活动

首先,受害人事先了解其参加的活动可能随着风险、损失或事故,但仍自愿为此行为,而非被迫参与。法谚有云,“自甘冒险者自食其果”,这种明知及自愿即表明其愿意承担可能产生的后果。

其次,本条将自甘冒险制度的适用范围限定为“具有一定风险的文体活动”,该规定较为抽象且范围较广,对其理解学界尚有不同观点。一种观点认为,“文体活动”应作广义解释,涵盖各种体育活动和其他以健身、休闲、娱乐为目的的身体活动,包括体育竞赛、体育健身、户外休闲娱乐等,甚至应当包括文艺演出、展览等文化活动。与此相对应地,“风险”应理解为体育活动的正常范围

① 参见曾世雄:《损害赔偿法原理》,中国政法大学出版社 2001 年版,第 261 页。

② 《民法典》第 1176 条规定:“自愿参加具有一定风险的文体活动,因其他参加者的行为受到损害的,受害人不得请求其他参加者承担侵权责任;但是,其他参加者对损害的发生有故意或者重大过失的除外。活动组织者的责任适用本法第一千一百九十八条至第一千二百零一条的规定。”

内属于正常智力水平的人可以预见的,无法避免的危险,应结合活动类型进行个案分析;[①]另一种观点则认为,应严格限制自甘冒险制度的适用范围,不宜作扩大解释,应将其限定于有多个参加者的,具有对抗性、竞技性或协同性的体育比赛及其他与之相似的文化体育活动。与此相对应地,"风险"应来自同一活动的其他参与者,而非源于外界抑或活动本身,且受害者所受损害须与活动的内在风险之间有因果关系。[②]

笔者赞同上述第二种观点,即应当严格限制该条规定的自甘冒险制度的适用范围,将其限定为具有多个参加者的,具有身体对抗性、协同性或竞技性的,具有内在的、固有的、可以为一般人所预见的风险的文化体育活动,且受害者因其他参加者所受损害须与活动的内在风险之间有因果关系。

首先,"一定风险的文化体育活动"应限定于体育比赛及类似的文化体育活动。从立法背景来看,在《民法典》中确立自甘冒险规则,源于"对抗性较强的体育等活动容易发生受伤等情况,实践中对伤害由谁承担责任经常产生纠纷,建议对这个问题作出明确规定"[③]的立法需求。在该条修改过程中,立法者也认为该条"适用范围不宜过宽,应限定为体育比赛等具有一定风险的文体活动"[④]。而且,将自甘冒险规定为免责事由,受害人将因此无法获得任何补救,对受害人的利益影响较大。应严格限制其适用范围,不宜作扩大解释。故参观、展览等文化活动以及户外休闲娱乐等活动不应适用该条。其次,须有多个参加者,且参加者应直接投身活动中,担任某种角色。唯此,才能解释该条中"其他参加者"的规定。故跳远、跳水等一人运动不应适用该条;观众或者非该活动的参加者不应适用该条。再次,该活动须具有身体对抗性、协同性或竞技性。受害者的损害系因其他参加者的行为所致,而非源于其参加的文体活动本身。最后,其他参加者的

① 参见黄璐:《体育活动侵权适用自甘风险条款的规制与限度——基于〈民法典〉第1176条的分析》,载《河北体育学院学报》2021年第2期;韩勇:《〈民法典〉中的体育自甘风险》,载《体育与科学》2020年第4期;李鼎:《体育侵权:自甘风险还是过失相抵》,载《武汉体育学院学报》2020年第5期。

② 参见周晓晨:《论受害人自甘冒险现象的侵权法规制》,载《当代法学》2020年第2期;张素华、顾红松:《自甘冒险规则的适用范围与责任构成》,载《三峡大学学报(人文社会科学版)》2020年第6期;程啸:《侵权责任法》(第3版),法律出版社2020年版,第354页。其中,张素华、顾红松认为体育活动中的培训和训练亦应该排除自甘冒险规则的适用。

③ 《全国人民代表大会宪法和法律委员会关于〈民法典侵权责任编(草案)修改情况的汇报〉》,载《民法典立法观点背景与观点全集》编写组编:《民法典立法观点背景与观点全集》,法律出版社2020年版,第33页。

④ 《全国人民代表大会宪法和法律委员会关于〈民法典侵权责任编(草案)〉修改情况的汇报》,载《民法典立法观点背景与观点全集》编写组编:《民法典立法观点背景与观点全集》,法律出版社2020年版,第33页。

行为须与活动的内在风险之间有因果关系，即造成受害人损害的其他参加者行为应与该活动的固有风险相关联，而非日常生活中的无意义举动。

2. 其他参与者没有故意或者重大过失

构成自甘冒险并不必然代表免除加害人的全部责任，只是表明受害人意识到相关的风险，进而免除了行为人预防风险的义务，但不意味着其同意承担他人因违反规则或故意而增加的风险。故其他参加者有故意或重大过失的情况下不能适用此条规定免除侵权责任。

另外，该条明确规定自甘冒险的法律后果只是免除其他参与者的侵权责任，对于安全保障义务人未尽到安全保障义务情形下的责任承担，仍要依照《民法典》其他规定进行判断。

本案不宜适用《民法典》第 1176 条规定的自甘冒险制度。首先，滑雪[①]并非对抗性或协同性运动，各滑雪者之间不必然产生相撞的风险。其次，滑雪运动虽然具有高度专业性、危险性，但这种风险来自该运动本身，而非其他参加者。故不宜将滑雪运动纳入该条规定的“有一定风险的文体活动”。退一步说，即使滑雪运动符合“有一定风险的文体活动”的构成要件，滑雪运动的规则亦包括“后者避让前者”，被不遵守规则的他人撞击导致严重后果亦不是滑雪运动内在的、固有的风险，也并非一般人所能预见。本案中王某某的损害后果是刘某某从上向下滑行时未能有效控制速度和方向从后方撞击王某某所致，且撞击造成王某某左腕关节九级伤残，左侧桡神经损伤，遗留相应肌群肌力 4 级构成十级伤残的严重后果。高速状态下的撞击并造成两处伤残的严重后果不宜认定为王某某自愿承担危险的范围。因此，本案不符合《民法典》第 1176 条规定的自甘冒险制度的构成要件，不宜适用该规定。

（责任编辑：何　琴）

① 此处的滑雪不包括多人参加的滑雪比赛，滑雪比赛由于具有竞技性，多人高速竞滑情况下，参赛者间有碰撞可能。

租赁物所有权转移时的押金处理规则
——北京某资产管理公司诉某网络公司房屋租赁合同纠纷案相关法律问题研究

何　琴* 王丽蕊** 高愉佯***

裁判要旨

在租赁合同关系中,承租人依约向原所有权人(原出租人)支付了租赁押金,且在履行过程中承租人不存在应当以押金承担担保责任的情形,租赁物在租赁期间发生所有权变动,原所有权人未向受让人交付租赁押金,但合同约定的向承租人退还押金的条件已经成就的,受让人负有向承租人退还押金的义务。

一、据以研究的案例

原告(上诉人)某网络公司诉称:在案外人与某科技公司民间借贷纠纷中,某科技公司在债权设立时,以其名下涉案房产向案外人提供抵押担保。后某科技公司未按调解书内容履行,北京市第三中级人民法院查封了涉案房屋,于司法网络平台上进行公开拍卖,某科技公司披露了承租人为北京某资产管理公司。拍卖中,某网络公司竞得该房屋。后某网络公司向北京某资产管理公司发出书面通知,要求其支付租金。北京某资产管理公司向某网络公司回函,称不同意向某网络公司支付剩余租金 381 330 元,其中包括北京某资产管理公司先前已支付给某科技公司的 312 075 元押金。房屋押金应由某科技公司向北京某资产管理公司进行退还,且某网络公司并未实际持有房屋押金,因此应退还的押金与欠

* 何琴,北京市高级人民法院三级法官助理,中国政法大学经济法硕士。
** 王丽蕊,北京市第一中级人民法院四级高级法官,中国人民公安大学诉讼法学硕士。
*** 高愉佯,北京市第一中级人民法院四级法官助理,国际关系学院法律硕士。

付租金不能发生抵销。故请求法院判令:(1)北京某资产管理公司向某网络公司给付租金312 075元;(2)北京某资产管理公司向某网络公司给付2020年1月7日至20日的租金69 255元;(3)案件受理费由北京某资产管理公司负担。

被告(被上诉人)北京某资产管理公司辩称:不同意某网络公司的诉讼请求。针对给付租金312 075元的诉讼请求,北京某资产管理公司在涉案房屋所有权转移前已向某科技公司交付了房屋租赁押金312 075元(相当于两个月租金数额),而后某网络公司取得涉案房屋的所有权,向北京某资产管理公司催要剩余租赁期限的房屋租金,但相关押金依然由某科技公司存留。经双方同意,北京某资产管理公司扣除了已经支付给某科技公司的两个月押金以及已经支付给某科技公司的租金,向某网络公司支付了剩余租金。按照房屋租赁合同的约定,在租赁期满后,北京某资产管理公司作为承租方,享有将押金抵扣租金的合法权利。某网络公司承接了北京某资产管理公司与某科技公司签订的房屋租赁合同的全部权利义务,成为合同的新出租方,依法享有继续持有前述押金的权利,也对北京某资产管理公司承担返还押金或用押金抵扣租金的义务。因此,涉案房屋押金应由某网络公司向北京某资产管理公司进行退还,应退还的押金与欠付租金应发生抵销。

法院经审理查明,2016年6月22日,北京某资产管理公司(承租人、乙方)与案外人某科技公司(出租人、甲方)签订房屋租赁合同,约定:甲方将涉案房屋出租给乙方,房屋租赁期限为2016年7月21日至2018年7月20日(后续签至2020年7月20日),季度租金为468 112元,押金312 075元;租赁期满或合同解除后,房屋租赁押金除抵扣应由乙方承担的费用、租金,以及乙方应当承担的违约赔偿责任外,剩余部分应如数返还给乙方。合同签订后,北京某资产管理公司向某科技公司支付了押金312 075元。

租赁合同履行期间,某科技公司因其他纠纷被列为(2019)京03执1150号执行案件的被执行人。执行法院查封了涉案房屋并进行拍卖,拍卖程序中披露了房屋出租信息。2019年12月27日,某网络公司以最高价143 233 176元竞得涉案房屋。2020年1月7日,执行法院作出执行裁定,将涉案房屋所有权转移至某网络公司名下。

2020年3月24日,某网络公司函告北京某资产管理公司自己取得房屋所有权的事实,并要求北京某资产管理公司按照其与某科技公司之前的房屋租赁合同向某网络公司支付租金。后双方对押金处理进行协商。2020年6月19日,北京某资产管理公司收到某网络公司发送的关于租金支付的函,该函就押金事宜载明:“目前,某科技公司仍未向我司移交押金,且不配合各方进行协商。我司已将相关争议委托律师处理,在争议解决前,押金退还主体尚不明确。在此情况下,我司提出以下两种履行方式,供贵司选择:(一)贵司按租赁合同约定足额向我司交付租金,待我司从某科技公司处取得押金后,我司承诺将押金全额退还贵司;(二)贵司向我司提供房屋押金的支付凭证原件、最近两期租金的交付凭证原件。经我司核实、复印后,对于押金争议暂时搁置,贵司可从应付的1 005 480元租金中扣减押金,将剩余租金支付给我司。待我司与某科技公司争议解决后,如某科技公司将押金移交给我司,则我司将该笔押金抵作租金,贵司无须再付款;如该押金需由某科技公司直接返还,则贵司需向我司继续支付剩余租金。”

2020年7月20日,北京某资产管理公司将房屋腾退交还给某网络公司。北京某资产管理公司欠付某网络公司与押金等额的租金312 075元。

北京市海淀区人民法院于2021年8月31日作出(2021)京0108民初13103号民事判决书,判决:(1)北京某资产管理公司于判决生效后10日内向某网络公司支付房屋租金312 075元;(2)驳回某网络公司的其他诉讼请求。

判决后,北京某资产管理公司提起上诉,北京市第一中级人民法院于2021年12月15日作出(2021)京01民终7833号民事判决书,判决:(1)撤销北京市海淀区人民法院(2021)京0108民初13103号民事判决;(2)驳回某网络公司的全部诉讼请求。

法院生效裁判认为:租赁物在租赁期间发生所有权变动的,不影响租赁合同的效力。据此,受让人在受让租赁物的所有权时,承继原所有权人的权利和义务,即受让人承受原合同、取代原所有权人成为原租赁合同的当事人,原先存于出租人和承租人之间的租赁合同与所有权变动后存于受让人和承租人之间的租赁合同保持债的同一性,合同效力不受影响,在承租人收到租赁物所有权变动通知后,承租人所得对抗原所有权人之事由,均得以对抗受让人。本案中,某网络公司作为受让人取代了原所有权人某科技公司的出租人地位,承继原所有权人的权利和义务,某网络公司和北京某资产管理公司应继续履行涉案《房屋租赁合同》。根据涉案《房屋租赁合同》,出租人享有持有押金的权利。原出租人某科技公司依约取得了北京某资产管理公司支付的押金312 075元,北京某资产管理公司支付押金的行为是合格的,该履行合格之认定不受物权变动的影响。持有足额押金的权利自租赁物发生物权变动时即由受让人某网络公司承继,押金条款在某网络公司和北京某资产管理公司之间继续有效。某网络公司既享有以押金进行履约担保的权利,亦负有在条件成就时退还押金的义务。在某网络公司诉请北京某资产管理公司支付该项租金后,北京某资产管理公司以押金返还请求权进行抗辩,其性质属于主张租金与押金的抵销。当事人互负到期债务,该债务的标的物种类、品质相同的,任何一方可以将自己的债务与对方的债务抵销,但依照法律规定或者按照合同性质不得抵销的除外。涉案《房屋租赁合同》

约定租赁期满或合同解除后房屋租赁押金抵扣应由乙方承担的费用、租金,以及乙方应当承担的违约赔偿责任,系对抵销权作出了约定。行使抵销权并非出租人单方的权利,承租人亦享有行使抵销权使双方所负债务归于消灭的权利。北京某资产管理公司除欠付与押金等额的租金外,不欠付其他费用、租金,亦不应承担其他违约赔偿责任,故某网络公司应返还北京某资产管理公司的押金与北京某资产管理公司应支付某网络公司的租金发生抵销的法律后果。鉴于此,某网络公司诉请北京某资产管理公司支付租金 312 075 元,法院不予支持。

二、相关法律问题研究

《民法典》规定,租赁物在租赁期间发生所有权变动的,不影响租赁合同的效力,即"买卖不破租赁"。但在以上原则性规定下,对于所有权变动前后的押金处理规则,现行法律没有明确规定。

(一)"买卖不破租赁"规则的法律效果

对于"买卖不破租赁"的法律效果,存在原租赁合同当事人约束说[①]、对抗模式说[②]、有权占有说[③]、并存债务承担说[④]、法定契约承受说[⑤]等学界观点。其中,法定契约承受说为目前理论界和实务界之通说。[⑥] 法定契约承受,亦称为合同权利义务的概况转移。租赁物在租赁期间发生所有权变动的,受让人在受让该租赁物的所有权时就与承租人产生了租赁合同关系,成为一个新的出租人,承继原出租人的权利和义务,即买受人承受原租赁合同成为原租赁合同的当事人,原出租人则脱离租赁合同。[⑦] 基于此,原先出租人和承租人之间的租赁合同,与所

---

① 参见朱庆育:《"买卖不破租赁"的正当性》,载《中德私法研究》(2006 年 · 第 1 卷),北京大学出版社 2006 年版,第 32 页。

② 参见张双根:《谈"买卖不破租赁"规则的客体适用范围问题》,载《中德私法研究》(2006 年 · 第 1 卷),北京大学出版社 2006 年版,第 6 页。

③ 参见徐澜波:《"买卖不破租赁"规则的立法技术分析》,载《法学》2008 年第 3 期;黄凤龙:《"买卖不破租赁"与承租人保护——以对〈合同法〉第 229 条的理解为中心》,载《中外法学》2013 年第 3 期。

④ 参见黄文煌:《论租赁权的对抗效力——兼论〈合同法〉第 229 条的缺陷与修改》,载《清华法学》2010 年第 2 期。

⑤ 参见崔建远:《债法总论》,法律出版社 2013 年版,第 255 页;陈华彬:《债法总论》,中国法制出版社 2012 年版,第 276 页;梁慧星编:《中国民法典草案建议稿附理由:合同编》(上册),法律出版社 2013 年版,第 402 页。

⑥ 参见最高人民法院民法典贯彻实施工作领导小组主编:《中华人民共和国民法典合同编理解与适用》,人民法院出版社 2020 年版,第 1550 页。

⑦ 参见胡康生主编:《〈中华人民共和国合同法〉释义》,法律出版社 2009 年版,第 339 页。

有权发生变更后存于买受人和承租人之间的租赁合同保持债的同一性。[①] 这种同一性至少包含以下三个方面的含义：第一，租赁合同仍为同一个合同，不因所有权转移而分裂为两段合同，在所有权转移前后，承租人基于合同的相对性所对应的合同相对人均为出租人。第二，租赁合同约定的权利义务不发生变化，租赁关系将依法律之规定，整体转移于租赁物之受让人，此时，租赁标的物、租金金额、租期等基本事项均不变，受让人与承租人无须另定租约。第三，承租人自收到租赁物发生所有权变动之通知时，所有对抗原所有权人之事由均可以对抗受让人。以上"买卖不破租赁"规则体现了重要的社会政策价值，反映了立法者在制定法律时的一种利益选择，即在买卖与租赁重叠的法律关系中，法律选择何种关系优先。

（二）租赁押金的法律性质

《民法典》未对租赁押金进行明确规定，但在实践中，押金制度已经成为一种成熟的规则并广泛使用。通常来说，租赁关系终止，承租人返还租赁物时，如承租人存在不履行支付租金或其他债务的情形，出租人扣除相应金额后仅负有差额押金的返还义务。

关于押金的法律性质，域外学界观点繁杂，其中最具影响力的是"让与担保说"和"债权质权说"。"让与担保说"认为，押金是一种附停止条件返还特定金钱的债务。[②] 承租人向出租人交付押金的目的在于担保租金支付以及损害赔偿等债务的实现，出租人取得押金所有权；租赁关系终止，承租人返还租赁物时，如果其有租金或其他债务的不履行，扣除相当金额，仅就其差额负返还义务。[③]"债权质权说"认为，承租人交付押金于出租人而取得返还押金之债权，因此出租人在此债权之上取得权利质权，以供承租人应付租金等债务的担保。[④] 我国学界对租赁押金的性质亦存在较多讨论，主要观点基本属于以上观点的重复或扩展。笔者认为，以上观点在构成要件和行权规则上有所区别，但无论何种观点，均肯定了押金的担保性质——为了担保主债权实现而设定的制度。具体而言，在租赁合同中，押金主要用以担保承租人依约支付租金以及妥善保管、使用、按期退还租赁物的实现。

---

① 参见黄凤龙：《"买卖不破租赁"与承租人保护——以对〈合同法〉第229条的理解为中心》，载《中外法学》2013年第3期。

② 参见［日］我妻荣：《我妻荣民法讲义－Ⅴ，中卷一－债权各论》，徐进、李又又译，中国法制出版社2008年版，第235页。

③ 参见邱聪智著，姚志明校订：《新订债法各论》（上），中国人民大学出版社2006年版，第273页。

④ 参见［日］三潴信三：《物权法提要》（上卷），孙芳译，韦浩点校，中国政法大学2005年版，第257～258页。

(三)“买卖不破租赁”规则中押金的处理

1.“当然继承说”与“不当然继承说”的争议

基于以上对“买卖不破租赁”规则法律后果的论述可知,租赁物在租赁期间发生所有权变动的,受让人承继原出租人的权利和义务。在原租赁合同约定承租人向出租人支付押金的情形下,对于押金的处理可能存在三种情形:其一,租赁物所有权变动之时,承租人尚未向原所有权人支付押金,此时承租人无须继续向原所有权人支付押金,原所有权人和受让人之间亦不存在押金转移的问题,受让人可依据已经承继的租赁合同直接要求承租人向其支付租金,受让人享有以押金进行担保的权利,至退还押金的条件成就时,受让人负有向承租人退还押金的义务。其二,至租赁物所有权变动之时,承租人向原所有权人支付了押金,所有权变动后,原所有权人向受让人交付了其已经取得的押金,此时受让人享有以该部分押金进行担保的权利,至退还押金的条件成就时,受让人负有向承租人退还该部分押金的义务。以上两种情形下押金的支付和退还规则均相对明晰。其三,至租赁物所有权变动之时,承租人向原所有权人支付了押金,且承租人未发生主债务履行不合格而应以押金承担担保责任的情形,但所有权变动后,原所有权人未向受让人支付该部分押金,至退还押金的条件成就时,原所有权人抑或受让人负有退还该部分押金的义务。对于第三种情形,在理论界和实务界均有不同意见,这也是本案争议焦点之所在。

对此存在两种意见:一是“当然承继说”,该说认为,租赁物所有权转移的,押金合同一并转移于受让人。原所有权人当然脱离租赁关系,而受让人对于原租赁关系构成免责的债务承担。原所有权人与承租人租赁关系终止且押金当然充抵租赁债务后,由受让人继承押金余额。① 二是“不当然承继说”,该说认为,押金合同上原所有权人的权利义务并不随租赁物所有权的转让而当然由受让人承继,受让人须受有押金之交付,才负押金返还义务。②

我国司法实务中的裁判意见采取上述两种意见的皆有其例。本案一审法院采用“不当然继承说”,认为受让人仅负有向承租人返还原所有权人已经向其交付的押金之义务。笔者亦检索到其他类似意见的裁判文书。③ 但笔者检索到的持“当然继承说”的裁判文书数量更多,为司法实务界的多数意见。本案二审法院亦同意“当然继承说”之意见,并基于该意见作出改判的判决。

---

① [日]潮見佳男『基本講義 債権各論Ⅰ契約法・事務管理・不当利得(第4版)』(新世社,2016年),221頁参照。

② 参见邱聪智著,姚志明校订:《新订债法各论》(上),中国人民大学出版社2006年版,第290页。

③ 参见湖南省长沙市岳麓区人民法院民事判决书,(2017)湘0104民初6193号。

2. 采纳"当然继承说"之考虑

笔者赞同上述之"当然承继说",即无论押金是否由原所有权人转付于受让人,押金条款的相关权利义务均随租赁物所有权转让而一并移转于受让人;押金未转付于受让人的,返还押金条件成就时,受让人负有向承租人返还押金的义务。"当然承继说"有如下合理之处:

第一,该观点符合法定契约承受的法律效果。如上所述,法定契约承受的法律后果在于,原先存于出租人和承租人之间的租赁合同,与所有权发生变更后存于买受人和承租人之间的租赁合同保持债的同一性。这种同一性至少包含三个方面的含义:(1)租赁合同仍为同一个合同。"不当然继承说"认为,所有权转移之前、之后形成两段合同,承租人可依据前段合同主张退还租金。该说存在逻辑上的不自洽,因为租赁物所有权转移后,合同相对性发生变更,原先存于原所有权人和承租人之间的租赁合同变更为受让人和承租人之间的租赁合同。此时,承租人基于合同之债向原所有权人主张退还押金,已然缺乏合同依据。(2)租赁合同约定的权利义务不发生变化。"当然继承说"中承租人主张权利的合同依据和对象明晰顺畅,符合合同相对性原则。"不当然承继说"则与该权利义务的同一性存在矛盾。在承租人已经向原所有权人支付押金的情形下,该支付押金的履行行为是合格的,即便发生租赁物所有权转移的情形,承租人亦无须再行向受让人支付押金。如若不承认受让人对押金的承继权利,则产生难以解释的悖论,即受让人享有合同约定的持有押金的权利,但其既不承继原所有权人取得的押金,亦无权要求承租人向其再行支付押金,受让人的押金权利就此落空。而"当然继承说"很好地解释和处理了押金的衔接,让承租人对押金的履行之合格得以被承认,并保护了受让人持有押金的权利。(3)承租人自收到租赁物发生所有权变动之通知时,所有得以对抗原所有权人之事由,均得以对抗受让人。在租赁实务中,很多合同都会约定在某些情形下(主要是租赁合同解除时),押金可以抵扣租金,这一约定不仅是对出租人担保物权的实现,还使承租人可以以押金返还请求权对支付租金的主张进行抗辩。基于"不当然继承说",否认承租人有权向受让人主张返还押金,则可能使承租人的该项抗辩权无的放矢,承租人的该项合同权利落空。而"当然继承说"保障了在承租人押金给付合格的情况下,相应的抗辩权亦是完整的,权利义务能够得到平衡保护。

第二,该观点符合租赁押金的性质。如上所述,无论遵从何种学说,理论界和实务界均认可押金具有担保性质。在租赁合同中,押金主要用以担保承租人依约支付租金以及妥善保管、使用、按期退还租赁物。因此,应认可对租赁物享有权利的主体取得对押金的占有。首先,在租赁物所有权变动的情形下,原所有权人不再对租赁物享有权利,亦不属于主债务履行的对象,承租人是否依约支付租金和妥善保管、使用、退还租赁物,均已经与原所有权人不具有关联性。在此情形下,持“不当然承继说”,认为原所有权人仍有权持有租赁押金,已经背离了押金制度的价值。其次,押金的支付源于租赁合同的明确规定,所有权变动时,是否存在押金约定对于双方都是显而易见的,故无论是基于何种法律事实而导致所有权变动,受让人均有机会对押金予以知悉和安排,而鉴于所有权变动发生于原所有权人和受让人之间,考虑普通买卖、强制拍卖、出资、赠与、继承等所有权变动之情形,原所有权人、受让人中至少有一方系主动作为之主体,故相较于被动的、处于所有权变动法律事实之外的承租人,由原所有权人和受让人厘清押金权利,更符合押金处理的便利原则和就近原则。以本案为例,在司法拍卖中,原所有权人已经披露了房屋出租的事实,买受人应当基于对自身权益的保护,全面了解拍卖物的现状,并通过拍卖物相关资料得知押金存在与否及数额,由此作出竞价选择。最后,该观点不违背押金合同的要物性。“不当然承继说”的一个重要理由是:押金合同为要物合同,故未获押金交付的受让人与承租人之间未成立押金合同关系。该理由实则混淆了押金合同的成立条件与转让条件。承租人向原所有权人交付押金,即已满足要物性而导致押金合同成立,其后因房屋转让而致合同承受时,已经成立的押金合同作为从合同亦被承受,而非另行成立新的押金合同。换言之,未获押金交付的受让人须负返还义务,是先行成立的押金合同被承受的后果,而不是成立另一押金合同的要物性条件。①

综上所述,笔者认为,基于“买卖不破租赁”原则,在租赁合同关系中,承租人依约向原所有权人(原出租人)支付了租赁押金,且承租人在履行过程中不存在应当以押金承担担保责任的情形,租赁物在租赁期间发生所有权变动,原所有权人未向受让人交付租赁押金的,押金应按照以下规则处理:第一,如承租人依约向原所有权人支付了押金,物权变动后,承租人无须再向受让人支付押金。第二,受让人享有持有押金的权利,除非另有约定,否则原所有权人应向受让人交付其持有的押金。第三,在租赁合同约定的退还押金条件成就时,不论原所有权人是否向受让人实际转交押金,除非另有约定,否则受让人负有向承租人退还押金的义务,且承租人有权依据租赁合同约定,以押金返还请求权对抗租金给付请求权并主张抵销。

(责任编辑:王　凯)

① 参见杨巍、邓捷盈:《房屋租赁押金若干问题研究》,载《苏州大学学报(法学版)》2020年第1期。

涉凶宅侵权纠纷认定疑难和裁判思路
——张某诉甲公司、乙公司侵权责任纠纷案相关问题研究

唐 达* 葛媛媛**

裁判要旨

1. 依据《民法典》侵权责任编第 1164 条所规定的调整范围，对涉凶宅侵权纠纷案件，考虑其具有非因人身或物权等受侵害而发生财产损失的特点，应适用纯粹经济损失来认定和平衡权益保护问题。

2. 为防止因纯粹经济损失公示性及权利界限不够明晰导致涉凶宅侵权纠纷的责任承担扩大化，在界定此类纠纷权益保护及责任范围时，应充分考虑过错因素和非正常死亡中的特殊情形，排除特殊情形下的适用，谨慎适用并限定其范围。

一、据以研究的案例

张某诉称：(1)请求法院依法判令二被告连带赔偿原告损失 20 万元；(2)请求法院依法判令二被告连带赔偿原告精神损害赔偿金 2 万元。

被告甲公司辩称：该公司只是销售方，与安装人员不存在劳动关系。该案中，原告没有将涉案房屋出售，其询问房屋中介凶宅对房屋价值影响的录音缺乏客观性，亦无法证明安装人员意外坠亡和房屋价格之间的必然联系。

被告乙公司辩称：安装人员具有安装资质，与乙公司不存在雇佣或其他的人身关系，是其个人承揽的业务。安装人员坠亡是意外事件导致，也不在原告的房屋内，不存在侵权行为。原告对所主张的房屋损失没有直接证据证明，亦无法证

* 唐达，北京市第一中级人民法院四级法官助理，山东大学法律硕士。

** 葛媛媛，北京市第一中级人民法院三级法官助理，北京大学法律硕士。

明两者之间的因果关系。

法院经审理查明,2019 年 12 月 28 日,张某自甲公司洋桥店购买乙公司某品牌空调两台。销售人员将联系卡给张某,后其拨打联系卡上载明的电话预约安装工人上门安装空调。2020 年 7 月 7 日,苗某某、赵某某二人上门进行空调安装。苗某某身系安全绳在室外工作,赵某某未系安全绳,在室外进行将窗外防护栏部分螺丝拆除后安装室外机的施工过程中,赵某某不慎与护栏一同跌落地面。后"120"医护人员确定赵某某当场死亡。另查,2020 年 1 月 3 日,乙公司与丙公司签订某品牌电器产品售后服务承揽合同,约定因承揽项目施工、服务引起事故,一切责任和损失由丙公司承担,与乙公司无关。再查,赵某某取得了特种作业许可证,乙公司对赵某某等人员提供了日常的安全培训。

一审法院作出民事判决:(1)乙公司于判决生效后 7 日内赔偿张某房屋贬值损失 80 000 元;(2)驳回张某的其他诉讼请求。乙公司不服原审判决,提起上诉。二审法院判决:(1)撤销一审判决;(2)驳回张某全部诉讼请求。

法院生效判决认为:本案争议焦点是乙公司是否应承担损害赔偿责任。因张某以侵权责任纠纷提起本案诉讼,故法院应依据侵权责任构成原理分析认定其主张是否成立。具体评述如下:

第一,关于过错问题。根据本案现已查明的事实,乙公司将其售后服务委托第三人丙公司承揽,丙公司指派具体安装人员进行空调安装。因相关的施工人员均具有特种作业许可证,其安装费用也并非由乙公司支付,因此,施工人员不属于乙公司工作人员,乙公司在具体承揽人的选择上亦无明显过错。又根据公安机关调查记载,施工人携带有安全保护设施,死者赵某某出于自信未予佩戴,导致其跌落死亡。故从公司管理以及损害发生缘由上分析,不能认定乙公司具有侵权的过错。

第二,关于因果关系。本案张某主张其房屋价值贬损,要求乙公司等承担侵权责任,实际属于法律上的间接因果关系的问题。具体而言,"侵权人"导致施工人员赵某某的死亡,此属于直接因果关系;而死亡事件牵连导致涉案房屋发生财产贬值,属于间接因果关系。法院认为,事物之间都具有普遍联系是常态,直接损害发生后,又牵连其他损害发生必不可免。但是,如若在法律上不加限制地肯定所有因果关系并对他人课以责任,将会导致因果关系链条过于模糊而让他人动辄得咎。因此,必须在具体案件中对间接因果关系进行严格控制。本案中,导致张某房屋贬值的属于一种"凶宅禁忌"。所谓"凶宅禁忌"并非公序良俗,由于具有一定的民间背景,以尊重公众心理的态度去解决损害赔偿具有一定的合理性。但因对"凶宅"的界定纯属民间习惯附带个人意志判断,如不加以正确引导,势必导致当事人对损害的主观认识无限放大,甚至辐射至相关邻居,牵连出巨额赔偿。根据本案事实,2020 年 7 月 7 日,苗某某、赵某某二人上门进行安装空调。赵某某在室外工作时未系安全绳,将窗外防护栏部分螺丝拆除后安装室外机,施工过程中不慎与护栏一同跌落地面死亡。从该事故成因以及事故发生的空间来看,明显属于非住户不当操作而偶发的意外伤亡事件,且事故系施工人员在窗外施工导致,并非发生于张某居室之内,与普通公众通常所理解的发生在住宅内的非正常死亡并不一致。因此,不能认定本案中死亡与房屋贬值之间存在法律意义上的因果关系。

第三,关于损害问题。本案中涉案房屋并没有进行司法评估,且房屋亦无出卖之事实,无法认定贬值损失的存在。在缺乏明确而直接的因果关系中又以似是而非的损害认定构成侵权责任,显然不当。

二、相关法律问题研究

凶宅并非法律概念,但凶宅之说自古有之,唐朝张鷟《朝野佥载》卷六载:“其宅中无人居。问人,云此是公主凶宅,人不敢居。”通常,凶宅是指与发生自杀、凶杀、意外死亡等非正常死亡事件存在较大联系的房屋。[①] 司法实践中,对凶宅禁忌是否属于受民法保护的权益认识不统一,导致类案裁判问题突出。笔者认为,因凶宅禁忌导致的财产损失具有客观性,但是,该种损失为非因人身或物权等绝对权受侵害而导致财产损失,属于纯粹经济损失范畴。在符合特定条件时,可根据《民法典》第 1164 条的规定予以保护。鉴于此,结合域外和我国司法实践,将凶宅禁忌从宽泛的民法原则适用,回归到运用侵权责任原理进行分析,剖析影响凶宅禁忌认定的关键要素,对明晰类案裁判规则十分必要。

(一)涉凶宅侵权纠纷事实认定难点

通过对 2012~2022 年 10 年间涉凶宅案件检索分析,凶宅认定的争论焦点在于致使房屋成为凶宅的非正常死亡事件的具体范围(包括地点),以及侵权损害后果的认定。归结而言,就是对于凶宅中非正常死亡事件的形式、地点和“损害后果”之间因果关系的争议。

1. 凶宅禁忌中对意外事件的认定不一

在司法实践中,导致凶宅的事由主要有自杀、凶杀、意外死亡和自然死亡事件。理论界与实务界对将房屋内发生自杀、凶杀事件认定为凶宅基本已达成共识。[②] 但对于发生意外事件如煤气泄漏、意外触电、猝死等情况的是否应认定为凶宅,存在争议。一种司法观点认为,房屋内发生意外事件虽未造成房屋物理受

---

① 参见李永:《论凶宅贬值损害赔偿纠纷处理的法律适用》,载《法律适用》2019 年第 10 期。

② 参见韦志明:《“凶宅”类案件中的法律论证评析》,载《法学评论》2015 年第 3 期。

损及影响房屋的实际使用价值,但鉴于社会群体对该类房屋普遍存在忌讳、不安、恐惧等抵触心理,客观上导致该类房屋相对难以转让、出租,或交换价值贬损,因此持肯定观点。如被告承租原告房屋后,将该房屋作为员工宿舍使用,后被告一名员工在房屋内猝死,原告主张被告员工猝死导致该房屋成为凶宅。法院认为被告员工的死亡确有可能对涉案房屋价值等带来不利影响,故结合案件实际情况、社会价值取向及公平原则等情况,被告应给予原告一定的经济补偿,由此肯定凶宅之说。① 另一种司法观点认为,生老病死乃自然现象,意外事件的发生并不以个人意志为转移,死亡于相关房屋之内亦非其本人有意选择,由此否定凶宅之说。例如,张某某承租刘某房屋后,不幸猝死,刘某认为该事件导致房屋成为凶宅。法院认为,张某某的死亡不以个人意志为转移,病亡于刘某的宅院亦非其本人有意选择。根据医疗记录内容显示,张某某病发原因为自发,由此否定凶宅之说。② 由此,司法观点的不一致对于此类案件的审理结果产生重大影响。

2. 凶宅禁忌中对死亡地点位于房屋之外认定不一

在司法实践中,各方对死亡地点发生于房屋内的如自杀事件导致房屋成为凶宅并无异议,但涉及如跳楼身亡、意外坠楼等最终死亡地点不在房屋之内的情形是否仍应认定为凶宅,则争议较大。一种司法观点认为,跳楼身亡等自杀事件虽非在房屋内死亡,但系从关联房屋中跳楼身亡,该非正常死亡与涉案房屋存在较大的联系,进而影响一般大众对该房屋的评价,故应认定房屋构成凶宅。③ 另一种司法观点则认为,自杀跳楼并不必然导致房屋认定为凶宅,"'凶宅'并非法律上的概念……在房屋买卖过程中,房屋出卖人确实负有向买房人提供会影响房屋价值或缔约决策的重要关联信息的义务,但涉案房屋前房主跳楼死亡的事件发生于2007年,距原告、被告签订买卖合同已有8年之久的时间,且被告一家在涉案房屋内居住有三年左右时间,前房主跳楼死亡对一般人主观带来的影响有限"④,因此否定了因跳楼身亡必然导致的凶宅主张。

3. 涉凶宅侵权纠纷中损害后果认定标准不一

按照侵权责任构成要件以及举证责任分配原则,被侵权人主张因侵权行为导致凶宅禁忌,其应对房屋贬值损失进行举证。归纳类案审理情况,房屋贬损价值的计算方式主要有委托鉴定机构评估、差额计算法、依交易惯例三种,但司法

---

① 参见上海市嘉定区人民法院民事判决书,(2018)沪0114民初1641号。

② 参见北京市第三中级人民法院民事判决书,(2018)京03民终1000号。

③ 参见北京市石景山区人民法院民事判决书,(2017)京0107民初775号。

④ 江苏省南京市秦淮区人民法院民事判决书,(2016)苏0104民初5429号。

实践中,无法委托鉴定机构进行鉴定,依据差额计算、交易惯例时计算方式不规范、侵权损害后果缺乏合理预期等问题较为突出。

(1)无法委托鉴定机构进行评估问题。在司法实践中,部分鉴定机构认为此类型业务带有封建迷信色彩,部分鉴定机构认为该项目不是其鉴定评估业务范围,因而无法对贬损金额作出价值评估。亦有鉴定机构认为,凶宅是民间俗称,凶宅并不是法律上的定义,目前我国法律中并不将凶宅视为房屋的物理瑕疵,所谓凶宅,在房地产交易中需要如实告知,但其价值与对潜在买受人的心理影响有关,无法定量估价,故鉴定机构仍然按照正常市场价值进行评估。[①] 此种情形下,法院普遍以被侵权人未能举证证明房屋贬值损失为由,驳回其诉讼请求。[②]

(2)差额计算中的责任转嫁问题。被侵权人常以出售房屋的实际价格与市价之间的差额,主张房屋因凶宅禁忌遭受的贬值损害。例如,因承租人闫某某未及时披露租住房屋期间其婆婆从房屋跳楼身亡的非正常死亡事件,造成后续房屋所有权人王某某与购房人何某某在房屋交易过程中产生诉讼纠纷。诉讼中双方经调解,确定在原议定价格 919 万元的基础上降价 90 万元成交房屋,后王某某以侵权为由将闫某某诉至法院,主张其应按照减少的 90 万元贬值损失进行赔偿。一审法院认为,该贬值金额不足原价格的 10%,属于合理范围,具备事实根据,予以支持。[③] 但此损失金额的确定方式,存在将责任完全转嫁和潜在扩大损失的问题。该案是在房屋买卖交易中买受人了解到所谓凶宅事件才起诉出卖人违约,后双方又在调解中自行协商降价 90 万元。如均以此标准流程向侵权人追偿,由于买卖双方可以将后果转嫁,其中的随意和不稳定性会造成无法合理预期侵害行为导致的损害后果,也扩大了侵权人责任承担,无疑导致极大诉讼风险。对此,该案二审法院亦认为,若出卖人王某某在该案中事先了解涉案坠亡事件并向买受人告知,房屋是否需要降价出售犹未可知,根据双方诉争损失金额的确定方式、各方对损失发生所负过错等情形,酌定闫某某、王某某对 90 万元损失各负一半责任。

(3)依交易惯例计算中的自由裁量不规范问题。通过查询房屋交易市场上针对凶宅价值贬损的交易惯例或询问中介机构等方式确定贬值损害的具体金额。如"原告提供了关于房屋市场价格的数份电话咨询录音作为证据,在电话录音中,所谓的中介工作人员提到'这样的房屋可能要贬值 20%到 30%……'"

---

① 参见北京市门头沟区人民法院民事判决书,(2020)京 0109 民初 487 号。

② 参见广东省东莞市第一人民法院民事判决书,(2016)粤 1971 民初 2485 号。

③ 参见北京市海淀区人民法院民事判决书,(2020)京 0108 民初 7848 号。

以此作为凶宅贬损价值的依据。① 实践中,由于被侵权人提供的证据常常难以满足充分、完整的要求,证据的证明力及证明要求均受到法院的否定性评价。而法院自身若采取此种确定损失的方式,亦常常陷于自由裁量权的规范运用问题。如本文据以研究的案例中,一审判决酌情确定房屋损失金额依据时,虽述及系咨询了相关房屋中介后酌情裁量的结果,但对于使用的是何种询问方式,以及所得出结论之依据的正当性、合理性问题,却并未在文书说理中得到展示和论证,导致部分论证缺失。

(二)涉凶宅侵权纠纷法律适用问题

归结而言,涉凶宅侵权纠纷的法律适用难点,是解决对凶宅禁忌的权利性质认识和法益保护问题,以及在现有法律体系之下如何通过释法说理认定因果关系、损害责任等问题。《民法典》生效前,对于侵权行为所导致的财产损失,依照《侵权责任法》(已失效)第19条的规定解决,即"侵害他人财产的,财产损失按照损失发生时的市场价格或者其他方式计算"。但在涉凶宅侵权纠纷的个案裁判中,限于对凶宅禁忌所属民法权益认识的不统一,以及法官受凶宅禁忌特有文化属性和个性化认知的影响,往往脱离侵权责任构成要件,以宽泛适用民法基本原则的思路对案件进行定性、确定损害后果以及责任分配,导致类案裁量定性背离和尺度宽泛的问题突出。

1. 适用善良风俗原则泛泛解释因果关系现象

本文检索到的案例中,一般都将凶宅禁忌归位于民间习惯与善良风俗。据此,一种司法观点认为,凶宅的观念是民俗文化经过历史的长期积淀并延续,形成的一种普通大众对自然和社会的认识评判,进而影响公民的行为判断,因此基于善良风俗原则认定凶宅,可以补偿凶宅禁忌可能导致的后续房屋买卖难以成交或者降价成交的损失。另一种司法观点则认为,凶宅禁忌是个人的心理感受,当事人将涉案房屋认定为凶宅系主观认识问题,属于封建迷信。② 还有一种司法观念认为,凶宅概念明显属于唯心主义的思想范畴,与社会主义核心价值观相违背,不应受到鼓励与认可。③ 因此,同样基于和适用民法的善良风俗原则,在脱离侵权责任理论本身的泛泛解释之下,有的司法观点支持凶宅禁忌获得法律认可和保护,有的则认为不存在财产损失。

---

① 参见上海市普陀区人民法院民事判决书,(2017)沪0107民初14838号。

② 参见马国富、杨成国、岳修文:《民间习俗对合同效力认定有无影响"凶宅"案折射民俗法律效力》,载《河南法制报》2009年3月3日,第13版。

③ 参见北京市通州区人民法院民事判决书,(2016)京0112民初20508号。

2. 适用公平原则宽泛确定损害责任问题

在司法实践中,由于凶宅贬值损失系建立在人们对凶宅的忌讳、恐惧、不安等抵触心理之上,无形化程度较高,导致实践中缺少统一计算标准。类案检索发现,适用公平原则来确定损害后果和进行责任分配的现象较为普遍,但囿于房屋所有人以及潜在购房人的心理感受对损害后果确定上的影响,又往往采用一种似是而非、不具象表达的酌情认定方式。如部分案件在论述房屋贬值的具体数额时,虽述及系根据公平和诚实信用原则对该损失依法予以酌情确定,但是从案件审理情况看,常常存在涉案房屋没有进行司法评估,或者房屋亦无出卖之事实等无法判断房屋贬值损失存在的较为客观的事实,最终导致在酌情认定损失时亦无法具体说明裁量之参考依据。

(三)纯粹经济损失理论与《民法典》第1164条的衔接

民事权益包括民事权利和民事利益,其中,民事利益是指未被法律规定为权利但是又要受到法律保护的利益,如死者人格利益、商业秘密等,纯粹经济损失也属于此类。[①] 涉凶宅侵权纠纷即涉及纯粹经济损失问题,通过将纯粹经济损失与《民法典》第1164条衔接,在侵权理论之下可以为有效解决涉凶宅禁忌中民事利益保护问题提供新的路径。

1.《民法典》第1164条关于民事利益的保护

在原《侵权责任法》的起草过程中,对于调整范围虽有一定争议,但主流观点认为,对于保护的权益范围不应在立法上作出限制,原则上权利、利益都应纳入保护范围,这一观点最终也在原《侵权责任法》第2条[②]被采纳。而对于权利与利益是否加以区分并给予不同程度的保护,理论界在一般侵权行为条款问题上也一直存在争议,这也是德国与法国两种模式的根本区别。法国对权利与利益不进行区分,并以过错责任概括保护,而德国模式则对两者进行了区分。之所以要区分权利与利益,王泽鉴教授认为,"系鉴于一般财产损害范围广泛,难以预估,为避免责任泛滥,特严格其构成要件,期能兼顾个人的行为自由"。[③]

虽然原《侵权责任法》第6条第1款[④]采纳法国模式,但司法实践中亦认为

① 参见最高人民法院民法典贯彻实施工作领导小组主编:《中华人民共和国民法典侵权责任编理解与适用》,人民法院出版社2020年版,第16页。

② 《侵权责任法》第2条规定:"侵害民事权益,应当依照本法承担侵权责任。本法所称民事权益,包括生命权、健康权、姓名权、名誉权、荣誉权、肖像权、隐私权、婚姻自主权、监护权、所有权、用益物权、担保物权、著作权、专利权、商标专用权、发现权、股权、继承权等人身、财产权益。"

③ 王泽鉴:《侵权行为法第一册:基本理论·一般侵权行为》,中国政法大学出版社2001年版,第89页。

④ 《侵权责任法》第6条第1款规定:"行为人因过错侵害他人民事权益,应当承担侵权责任。"

“通过司法解释的类型化补充,中国特色的侵权法历史地走向了类似于德国民法典的体系构成模式”,进而主张对原《侵权责任法》的一般侵权行为条款“以类型化的体系构成以具体化、明确化,使有限一般条款的违法性判断更具有可操作性”。[①] 此外,从原《侵权责任法》第2条到《民法典》第1164条,司法实践显示,对侵权责任编调整因侵害“民事权益”中民事关系的“利益”,持限缩的肯定态度。

2. 纯粹经济损失在司法实践中的广泛运用

关于纯粹经济损失所包含的法益,王泽鉴教授认为,“纯粹经济损失是指非因人身或物权等受侵害而发生的财产损失”,[②]是相对于因人身或所有权等权利被侵害产生的财产损失(如医疗费、维修费用)[③]的“权利以外的利益”。[④] 如上文所述,涉凶宅侵权类纠纷的主要特征,即非正常死亡事件虽未导致人身或物权等绝对权受侵害,但涉案房屋却因民间普遍存在的避讳心理而难以交易或需要折价交易,进而形成财产损失。我国立法虽尚未出现“纯粹经济损失”表述,但如《最高人民法院印发〈关于贯彻执行《中华人民共和国民法通则》若干问题的意见(试行)〉的通知》(已失效)第145条、2014年《证券法》第69条等条文中都有有关纯粹经济损失的规定。而司法实践中,从最高人民法院到基层人民法院,对于纯粹经济损失均已有较为成熟的运用。同时,《民法典》第1164条之规定也为适用纯粹经济损失认定保护的法益,为适用侵权责任理论分析认定事实和解决法律适用疑难问题提供了法律支撑。基于原《侵权责任法》第2条以及《民法典》第1164条的司法实践,在凶宅禁忌类案裁量中引入纯粹经济损失理论辅助侵权责任构成要件理论以及裁判说理论述,亦是延续了上述审判思路,并为纯粹经济损失这一“权利以外的利益”与《民法典》的衔接适用提供了进路。

3. 纯粹经济损失与侵权责任中“背俗故意致损”的衔接

违背善良风俗故意致人损害,是德国侵权法关于过错责任的“过失侵害权利”“违反保护性法律”“背俗故意致损”三个小概括条款之一,[⑤]也是在区分权利与利益保护的基础上,对一般侵权行为划分的三种基本类型。“背俗故意致

---

① 陈现杰:《侵权责任法一般条款中的违法性判断要件》,载《法律适用》2010年第7期。

② 王泽鉴:《侵权行为》,北京大学出版社2016年版,第295页。

③ 《侵权责任法》第2条规定:“侵害民事权益,应当依照本法承担侵权责任。本法所称民事权益,包括生命权、健康权、姓名权、名誉权、荣誉权、肖像权、隐私权、婚姻自主权、监护权、所有权、用益物权、担保物权、著作权、专利权、商标专用权、发现权、股权、继承权等人身、财产权益。”

④ 例如,因为甲在施工过程中操作失误导致乙供电公司电缆被挖断,关联的丙工厂因停电所导致的损失,并不是因为电缆被挖断直接受到的损害,因而被认为是纯粹经济损失。

⑤ 参见于飞:《违背善良风俗故意致人损害与纯粹经济损失保护》,载《法学研究》2012年第4期。

损”从形式上对权利和利益都存在保护，但鉴于“过失侵害权利”对权利保护要件的要求更低，故“背俗故意致损”在实践中对利益保护更有意义。最高人民法院相关意见亦认为，侵权责任编以民事权益统领民事权利和民事利益，对二者并未明确区分，但由于民事利益的特殊性，并不能不加区分地一概予以保护。因此，可依照法律已经明文规定应当保护的合法利益、故意违反善良风俗致人利益损害的行为、利益应当达到重大程度的标准进行判断。[①] 因此，《民法典》侵权责任编虽未出现关于涉凶宅禁忌等因“背俗故意致损”保护利益的特别条款，但是，如2001年《最高人民法院关于确定民事侵权精神损害赔偿责任若干问题的解释》第1条之规定，司法实践中对两者区分并对利益作出专门保护的做法也已存在多时。[②] 参与起草该解释的最高人民法院法官称，“《解释》参考有关国家和地区立法将侵权行为类型化的方法，将侵害隐私纳入违反公序良俗致人损害的侵权类型中予以规定，同时涵盖了不能归入第1款‘权利侵害’类型中的侵害其他人格利益的案件类型”。[③] 由此可以看出，司法解释中对以违反公序良俗为标准保护权利之外利益已有规范。

上文已述，涉凶宅侵权纠纷司法案例普遍将其归位于民间习惯与善良风俗来规制。为防止因纯粹经济损失公示性及权利界限不够明晰导致涉凶宅侵权纠纷的责任承担扩大化问题，将“背俗故意致损”融入凶宅侵权类案要件中进行限缩解释，为在《民法典》第1164条第1款基础之下解决涉凶宅侵权纠纷中“如何保护利益”提供了可操作的方法。而“背俗故意致损”中的“故意”“背俗”要件，对明晰类案裁判规则，谨慎适用和限定其范围也十分必要。

（四）涉凶宅侵权纠纷的裁判要点

基于上述分析，在涉凶宅禁忌侵权纠纷中，依据纯粹经济损失理论和“背俗故意致损”条款，笔者认为，在此类案件审理中，不宜将以下情形认定为凶宅：一是因自然死亡，或猝死等意外因素导致的在房屋内发生的死亡事件；二是非因故意导致的死亡地点位于房屋之外的死亡事件。同时，针对如装修工人在房屋装修过程中，因打线槽触电死亡等在房屋之内非因故意但存在重大过失导致的死亡事件，[④]鉴于当下纯粹经济损失并未在《民法典》中直接规定，且涉凶宅侵权纠

---

① 参见最高人民法院民法典贯彻实施工作领导小组主编：《中华人民共和国民法典侵权责任编理解与适用》，人民法院出版社2020年版，第19页。

② 参见《最高人民法院关于确定民事侵权精神损害赔偿责任若干问题的解释》（法释〔2001〕7号，2001年3月10日施行，已于2021年12月29日修正）。

③ 陈现杰：《人格权司法保护的重大进步和发展〈最高人民法院关于确定民事侵权精神损害赔偿责任若干问题的解释〉的理解与适用》，载《人民法院报》2001年3月28日，第3版。

④ 参见广东省东莞市第一人民法院民事判决书，（2016）粤1971民初2485号。

纷在司法实践中的特殊性,因而在运用"背俗故意致损"条款限缩凶宅概念的同时,从保护当事人正当合法权益出发,笔者认为,在"背俗故意致损"之下对于类案中的某些特殊情形还应予以单独分析和排除适用。

1. 关于过错认定中的一般过失、重大过失情形

如上所述,司法实践中普遍认可并适用"纯粹经济损失非因人身或物被侵害而发生,除加害人系故意以悖于善良风俗之方法致用户受损害的特殊情形除外,不在赔偿之列"。[①] 在依纯粹经济损失认定凶宅中,无论是意外事件还是事件发生地点认定,都应结合侵权理论中的过错责任加以分析判定,并对特殊情形通过排除方式限制适用范围。

(1)意外事件的发生不存在故意、过失的情形。如前述承租人于承租房屋内猝死事件,一般认为正常死亡包含基于年事的自然死亡和基于疾病的因病死亡。生老病死乃自然规律,且不以当事人的意志为转移,是不存在故意或者过失的自然现象,不存在过错问题,因此发生自然死亡或因病死亡事件的房屋不应认定为凶宅。同时,这也有利于社会和权利体系的稳定,避免导致无限放大至所有房屋均被认定为凶宅的风险。

(2)意外事件发生于房屋之内,行为人不存在故意,但存在重大过失且悖于善良风俗的情形。如安装工人在房屋内安装衣柜的过程中,被倒下的衣柜砸中头部死亡等,[②]系因行为人在操作过程中对自身保护存在重大过失,导致非正常死亡事件的发生。且该重大过失导致非正常死亡事件,基于社会整体对该类房屋普遍存在忌讳、不安等抵触心理,导致该类房屋出现相对难以转让、出租或交换价值贬损等问题。此时将纯粹经济损失适用从主观故意适当延展到房屋内发生的重大过失情形,符合社会对法的预期和司法实践。

(3)意外事件发生于房屋之外,但行为人存在主观故意的情形。此种情形即符合前述"加害人系故意以悖于善良风俗之方法致用户受损害的特殊情形",应予以认定,如承租人在租住房屋期间跳楼自杀。

(4)意外事件发生于房屋之外,但行为人不存在主观故意的情形。本文据以研究的案例即为此情形。根据该案已经查明的事实,施工人员不属于乙公司工作人员,且相关施工人员均具有特种作业许可证,乙公司在具体承揽人的选择上无明显过错。同时,施工人携带有安全保护设施,只是由于死者赵某某出于自信未予佩戴,导致其跌落死亡,不存在主观故意,因此,从公司管理以及损害发生缘由上分析,不符合纯粹经济损失适用条件,不能认定乙公司具有侵权的过错和

① 重庆市第四中级人民法院民事判决书,(2006)渝四中法民一终字第9号。

② 参见重庆市第一中级人民法院民事判决书,(2017)渝01民终2361号。

责任。

2. 关于因果关系认定中的排除情形

司法实践中,基于非正常死亡事件与房屋之间的高度关联性,各方对将发生自杀事件房屋认定为凶宅并无异议。但是,对于与房屋关联性较弱的事件,如跳楼身亡、意外坠楼等死亡地点不在房屋之内的事件,或者自然死亡事件,实务中则存在较大争议。如前所述,纯粹经济损失理论为涉凶宅侵权纠纷案件的法益保护提供了支撑,但是为了防止纯粹经济损失滥用导致法益的不稳定,如自然死亡和死亡地点位于房屋之外的非因主观故意导致的非正常死亡事件,应作为排除适用的要件。最高人民法院在侵权纠纷案件中适用纯粹经济损失时对此亦有论证,例如,“因纯粹经济损失的公示性及权利界限均不够明晰,司法实践中,界定其保护及赔偿范围时,应在充分考虑是否存在专门的、特殊的法律法规,侵权人侵犯民事利益时的主观状态,行为人在实施侵害行为时与受害人间是否存在较为紧密的交易关系,侵权人是否可以合理预见到其行为将给受害人的利益带来损害或者受害人可以合理信赖行为人不会从事侵害行为等因素的前提下,综合判断因果关系并确定适当的赔偿范围”。①

如同本文据以研究的案例二审文书论证说理所言,事物之间都具有普遍联系是常态,直接损害发生后,又牵连其他损害发生必不可免。但是,如若在法律上不加限制地肯定所有因果关系并对他人课以责任,将会导致因果关系链条过于模糊而让他人动辄得咎。就本案而言,依据上述之论理,对于死亡地点在房屋之外的非正常死亡事件所牵连的纯粹经济损失问题,亦应对主观方面、因果关系方面采取比较严格的限定,即除加害人系故意以悖于善良风俗之方法致用户受损害的特殊情形外,其余不在赔偿之列。具体而言,本案中“侵权人”导致施工人员赵某某的死亡,此属于直接因果关系;而死亡事件牵连导致涉案房屋发生财产贬值,属于间接因果关系。本案中,导致张某房屋贬值的原因属于一种“凶宅禁忌”。所谓“凶宅禁忌”并非公序良俗,由于具有一定的民间背景,以尊重公众心理的态度去解决损害赔偿具有一定的合理性。根据本案事实,赵某某在室外工作时未系安全绳,将窗外防护栏部分螺丝拆除后安装室外机,施工过程中不慎与护栏一同跌落地面死亡。从该事故成因以及事故发生的空间来看,明显属于非住户不当操作而偶发的意外伤亡事件,与一般跳楼身亡相比,此并非赵某某故意为之。且事故系施工人员在窗外施工导致,并非发生于张某的居室之内,与普通公众通常所理解的发生在住宅内的非正常死亡并不一致。因此,不能认定本

---

① 最高人民法院民事判决书,(2019)最高法民终 1534 号。

案中死亡事件与房屋贬值之间存在法律意义上的因果关系。

3. 关于确定损害后果中的合理标准

从侵权责任纠纷案件中凶宅禁忌的本质来说，法院予以评述的是诉争非正常死亡事件的发生是否对房屋买受人的购买意愿产生影响，并最终影响房屋交易价格，产生相应损失。如前所述，由于实践中司法鉴定对于凶宅禁忌房屋的贬损价值评估存在一定程度上的困难，导致房屋贬损价值缺乏明确具体的评判标准。但鉴于凶宅贬损价值的确定是法院认定房屋贬值损失的依据，而非被侵权人获得损害赔偿的必要条件，根据现行司法实践和法治理念，法院不应因此而全面否定房屋所有权人对凶宅价值贬损的损害赔偿请求。从侵权责任纠纷中原《侵权责任法》第19条向《民法典》第1184条演变的过程来看，对于财产损失的计算方式从原有的"规定侵害他人财产的，财产损失按照损失发生时的市场价格或者其他方式计算"修改为"或者其他合理方式计算"，即允许和限定了以"合理方式"计算侵权损失。

在当事人已经证明其房屋受有损害而无法证明具体损害数额的情形下，笔者认为，法院应综合具体情形推定房屋贬值损失的发生，酌定凶宅贬损价值的具体范围。

首先，涉凶宅禁忌房屋已完成房屋交易时，应当综合考虑原告购买房屋时的价格、房屋受损时的市场价格、被告的过错程度等因素，酌定赔偿数额。通过上述分析，建议将自然死亡和死亡地点位于房屋之外的非因主观故意导致的非正常死亡事件，作为凶宅禁忌中适用纯粹经济损失的排除要件。

其次，涉凶宅禁忌房屋的所有权人仍继续居住或者出租时，可以采取收益平均法加以确定，即根据非正常死亡事件发生前的一段时间房屋所有权人的平均收益（如租金）确定可得利益损失。如果采用平均收益法无法确定可得利益损失，也可以采取同类比照法加以确定，即以同时期、同户型、同位置、同等条件房屋的所有权人的平均收益，给予一个合理期间，确定可得利益损失。①

再次，考量发生凶宅禁忌事件与现有纠纷的时间距离。一般认为，因凶宅引发的消极心理影响会随着时间的流逝逐渐减弱甚至消失，因而凶宅对房屋评价产生的消极影响会随着时间的推移逐渐淡化。如前所述，"涉案房屋前房主跳楼死亡的事件发生于2007年，距原告、被告签订买卖合同已有8年之久的时间，且被告一家在涉案房屋内居住有三年左右时间，前房主跳楼死亡对一般人主观带来的影响有限"。同时，从维护社会稳定和法益保护来说，对过往存在凶宅禁

---

① 参见唐慧、闫朝东：《侵权责任法案例与学理研究》，中国社会出版社2017年版，第305页。

忌的房屋,根据当地的风俗和习惯,设定一个有一定合理性的“时效”限制有其合理性。

最后,建议由高级人民法院牵头构建凶宅类案数据库,按照辖区内经济发展水平分区域设定凶宅价格评估、参考的客观标准,结合司法实践提炼出一般性裁判规则。

(责任编辑:何　琴)

先天性缺陷出生案件中生育权性质及医疗费赔偿问题

——吕某、刘某甲诉某医院医疗损害责任纠纷案相关法律问题研究

乔 宇*

裁判要旨

医疗损害责任纠纷案件中,如医院诊疗行为存在过错,且与先天性缺陷儿的出生具备因果关系,则医院的诊疗行为侵犯了患儿父母的生育知情权、优生优育权、生育选择权。因患儿产生的医疗费与其母产生的医疗费性质不同,法院应当分别考量,将患儿产生的医疗费(含康复费)纳入特殊抚养费。

一、据以研究的案例

吕某与刘某甲系夫妻,2014年2月19日,吕某到某医院检查,B超单显示宫内早孕,后吕某在该医院处建档,并按照要求多次进行产前各项检查,结果均正常。2014年10月5日吕某产下其子刘某乙,后经另一医院诊断,刘某乙患有先天性心脏病,此后一直治疗。吕某认为,某医院在产前检查过程中不细致、不完善,未尽到谨慎注意义务,在产前检查过程中没有对相应的风险和可能出现的结果进行告知,未尽到告知义务和结果避免义务,存在过错,导致先天心脏畸形患儿的出生,故请求一审法院判令某医院赔偿其医疗费31 393.33元、误工费30 956.8元、特殊抚养费339 968元(以上为按照某医院承担40%责任比例主张后的金额)并赔偿其精神损失费50 000元。

---

* 乔宇,北京市东城区人民法院法官助理,中国政法大学法学硕士。

某医院辩称,其系产前检查单位,非产前诊断单位。对胎儿筛查内容为心率、心律、四腔心结构、比例是否正常,根据筛查结果,吕某不具备转往上级诊断机构的指征。某医院在进行常规超声检查时,已充分履行告知义务。患儿目前损害后果是其自身的先天疾病,该疾病不属于当时产前筛查的排畸范围,某医院诊疗行为无过错,不应当承担赔偿责任。吕某诉讼请求中的误工费和特殊抚养费缺乏法律依据,不同意赔偿;医疗费中对患儿的治疗费用亦不同意赔偿。

一审审理期间,经鉴定,某医院在吕某孕中期的超声系统筛查中对胎儿法洛氏四联症存在漏诊,使吕某丧失了在孕28周内选择是否继续妊娠的机会和权利,与患儿缺陷出生存在一定因果关系,建议某医院承担次要责任。

一审法院判决某医院赔偿原告吕某、刘某甲医疗费4848元、误工费8750元、精神损害抚慰金50 000元;驳回吕某、刘某甲的其他诉讼请求。判决作出后,吕某、刘某甲不服,提起上诉。二审法院改判某医院赔偿吕某、刘某甲医疗费4848元、误工费8750元、特殊抚养费22 621元、精神损害抚慰金50 000元;驳回吕某、刘某甲其他诉讼请求。该判决已生效。

二审法院生效判决认为:本案争议焦点为该先天性缺陷出生患儿的相关医疗费在内的特殊抚养费能否得到支持及应当如何计算。特殊抚养费虽非法定赔偿项目,但吕某、刘某甲作为患儿父母,其抚养一个患有先天疾病的孩子势必会比抚养一个健康的孩子增加更多额外支出,如额外的医疗费、护理费、营养费、教育费等。因某医院的过错诊疗行为与患儿的缺陷出生存在一定因果关系,其应当按照相应责任比例对吕某、刘某甲额外支出的费用承担责任。一审法院仅以特殊抚养费无法律依据为由,对该部分费用未予考虑,显失妥当,二审法院依法予以纠正。关于特殊抚养费的具体数额,本案中,吕某、刘某甲主张的特殊抚养费的计算方式无相关法律依据,难以支持。但是,吕某、刘某甲为患儿治疗疾病所支出的医疗费和保险费,应当认定为特殊抚养费的一部分,应对该部分予以支持。经核算,上述费用为64 632.67元。关于其他方面的特殊抚养费,可待费用实际发生后或者有充足证据后另行主张解决。

二、相关法律问题研究

目前,缺陷出生问题如何处理并未明确写入《民法典》,学界与实务界对该问题一直有争论。关于请求权基础等问题,理论界已经有了统一认识,但是具体到实际案件中,对于医疗费的赔偿认定,还存在一些问题。下文笔者将先讨论先天性缺陷出生相关法理问题,以此为基础进而区分认定患儿母亲与患儿各自产生的医疗费,平衡各方利益,为先天性缺陷儿的健康成长做出努力。

(一)何为“缺陷出生”

缺陷出生又称为错误出生、不当出生,源于美国审判实践中的 Wrong birth 之诉。本文以缺陷出生作为研究切入点,摒弃了以往所述的“错误出生”“不当出生”等说法,有以下三个方面考虑:第一,有利于维护新生婴儿的人格尊严和人格利益。“错误”“不当”等说法从字面意思看,一定程度上否认了新生婴儿的出生权利,是对其人格尊严以及利益的否定。第二,符合目前实践中对此类情况的称谓习惯。中国每年的出生缺陷儿童数量高达 80 万~120 万人,平均约 30 秒就会诞生一个缺陷儿,因而我国将每年的 9 月 12 日定为“中国预防出生缺陷日”。实践中,国家在进行宣传预防过程中统称为出生缺陷。第三,系属更加客观中立的表述。缺陷出生的表述是一个静态、形容性的描述,只是客观描述了出生婴儿存在缺陷甚至残疾的状态,但是“不当”“错误”的描述更倾向于动态的、带有一定色彩的描述,易引起人们的误解。

关于缺陷出生之诉的定义,由于法律并无明文规定,学界也未有统一适用的表述。笔者对这些定义进行了总结,主要分为概括式以及列举式两种。广义的概括式,即因医疗失误致使有缺陷的婴儿出生,其父母可提起诉讼,主张因过失的治疗或建议而使他们失去了避孕或终止妊娠的机会;①狭义的概括式,是指医疗机构在产前检查、诊断过程中,由于过错未能检查出胎儿存在的先天性缺陷及相应风险,或者未进行告知,致使缺陷儿出生的现象。② 列举式,是指希望产下健康婴儿的父母,由于医院孕前体检失误(如不能怀孕而被建议怀孕)或医院引产失败,而使残障婴儿诞生;或由于医院过错,未检查出胎儿患有疾病或天生缺陷,而如果检查出胎儿患有疾病或缺陷的话,父母将决定堕胎;或由于医院或药商的过错,如错误输血或错误用药导致胎儿患上严重疾病而出生后为残障婴儿;因而在医患双方所引发的损害赔偿问题。③

从上述定义中可以看出,缺陷出生引起的诉讼系由缺陷儿父母而非缺陷儿本人提起,损害后果包含了父母应当享有的知情权、优生优育权等权利受损,且前提是医院有过错才可要求赔偿。但是,上述定义所包含的情形范围有所不同。本案情况是院方漏诊导致患儿的先天性心脏畸形并未被发现,因此本文所涉及的缺陷出生的类型为“医疗机构在产前检查中,由于过错未能检查出胎儿先天

① 参见杨立新、王丽莎:《错误出生的损害赔偿责任及适当限制》,载《北方法学》2011 年第 2 期。

② 参见肖荣远:《缺陷出生损害赔偿责任分析——从董某乙缺陷出生损害赔偿案说起》,载《法律适用》2017 年第 24 期。

③ 参见王歌雅、张小余:《错误出生的侵权样态与法律规制》,载《哈尔滨工业大学学报(社会科学版)》2020 年第 2 期。

性缺陷,致使缺陷儿出生的现象”。若患儿的缺陷系因医院过错直接导致,非受先天性遗传等因素影响,则不在本文讨论范围内。

（二）先天性缺陷出生侵犯父母生育权

关于先天性缺陷出生的请求权主体即患儿父母,目前已有较为统一的认识。但损害后果具体系侵犯了患儿父母何种权利或者权益,则需深入讨论。笔者认为,该损害后果应从广义上进行认定,即父母的生育权。生育权仅在《妇女权益保障法》[①]和《人口与计划生育法》[②]中明确提及。但是,前者仅仅限于妇女,侧重解决的是夫妻双方在生育意愿不一致的情形下对妇女的保护,是一种对内的权利。随着人权保护关注度不断提升,在理解生育权的问题上可扩大解释为夫妻双方均有一致对外的权利,即在有第三方可能对生育问题有影响因素的前提下,有权决定生育或不生育。该权利又可细分为生育知情选择权和优生优育权两种权利。

生育知情选择权侧重的是医院对患儿父母的告知义务。本文主要讨论的是在夫妻双方选择生育的基础上,在产前检查、产前诊断阶段,有权知悉胎儿的健康状况,或在得知胎儿确有问题的前提下对缺陷儿选择堕胎或出生的权利。本案中,某医院在产前检查阶段理应发现患儿的先天缺陷情况,进而建议产前诊断,但因医院过错并未实际进行产前诊断,导致患儿缺陷出生。关于生育知情选择权,《母婴保健法实施办法》[③]和《产前诊断技术管理办法》[④]有明确提及,但法律位阶较低,且有些学者认为该知情选择的立法意图非侵权法保护的权利。[⑤]笔者认为,将生育知情选择权确定为《民法典》保护的对象,更加有利于完善与强调医院对患儿父母的告知义务。关于生育告知义务,法律并未进行详细的规定,仅在《民法典》[⑥]关于医疗损害责任的内容中涉及关于医务人员在诊疗活动

---

① 《妇女权益保障法》第 32 条规定:“妇女依法享有生育子女的权利,也有不生育子女的自由。”

② 《人口与计划生育法》第 17 条规定:“公民有生育的权利,也有依法实行计划生育的义务,夫妻双方在实行计划生育中负有共同的责任。”

③ 《母婴保健法实施办法》第 4 条规定:“公民享有母婴保健的知情选择权。国家保障公民获得适宜的母婴保健服务的权利。”

④ 如《产前诊断技术管理办法》第 16 条规定:“对一般孕妇实施产前筛查以及应用产前诊断技术坚持知情选择。开展产前筛查的医疗保健机构要与经许可开展产前诊断技术的医疗保健机构建立工作联系,保证筛查病例能落实后续诊断。”

⑤ 参见唐超:《纯粹经济利益还是生育自主权:错误怀孕和错误出生诉讼的恰当路径》,载《北方法学》2020 年第 3 期。

⑥ 《民法典》第 1219 条规定:“医务人员在诊疗活动中应当向患者说明病情和医疗措施。需要实施手术、特殊检查、特殊治疗的,医务人员应当及时向患者具体说明医疗风险、替代医疗方案等情况,并取得其明确同意;不能或者不宜向患者说明的,应当向患者的近亲属说明,并取得其明确同意。医务人员未尽到前款义务,造成患者损害的,医疗机构应当承担赔偿责任。”

中的告知义务。法律适用过程中可作扩大解释,将可能影响患者对于生育选择的情况纳入其中。医院的告知义务与当事人的生育权利应当是一对相对概念,同时,知情选择权并非能够完全自我决定的权利,有时其行使还可能受到第三人影响,因而将其定义为权利更符合对患儿父母的人权保护理念。

关于优生优育权,法律亦无明文规定,但《母婴保健法》第1条对优生优育有所提及,学界对此也有一定争论。有的认为优生优育属于一项权益,[①]有的认为应当作为一项被法律保护的权利,[②]有的认为应当作为产前保健服务的权益[③]。笔者认为,将优生优育作为一种《民法典》保护的权利并无不妥,因为缺陷出生之诉是符合侵权责任构成要件的,法律也应当赋予胎儿父母决定是否要实际生育胎儿的权利。

(三)侵犯父母生育权所影响的医疗费项目赔偿分析

有学者认为,支持缺陷儿父母的诉讼请求从一定程度上即认为缺陷儿出生本身就是一种错误,是对缺陷儿生命价值的否定。但是,笔者认为,此类案件的损害后果并非缺陷儿的出生,而是侵犯了父母的生育知情权以及优生优育权,故而法院因父母生育权受损而支持其医疗费项目的赔偿,具有正当性。

1. 患儿母亲的医疗费

《民法典》和《最高人民法院关于审理人身损害赔偿案件适用法律若干问题的解释》关于支持医疗费赔偿的前提均为受害人遭受人身损害。对此,笔者倾向于将"人身损害"进行合理的扩大解释,过错医院对患儿母亲因怀孕产生的医疗费应当进行赔偿。关于赔偿范围,法院应当进行合理限制,仅认定医院过错侵权行为开始后的医疗费用与损害后果存在因果关系,具体可从时间上限制为从医疗机构第一次作出错误产检报告时起至分娩结束时止[④]。

2. 关于缺陷儿的医疗费

在医疗费项下,法院难以对患儿的医疗费用判决赔偿。但将该笔费用纳入特殊抚养费范围内,认定其属于患儿父母因缺陷儿出生比普通儿童多支出的费用,则较为稳妥。具体而言:

(1)关于医疗费用期限。有些学者认为,由于特殊抚养费属于抚养费范畴,一般应当计算至年满18周岁之日,故医疗费用也应保持一致。但在审判实践中,案件情况不同,缺陷儿的缺陷程度也不同,仅以18周岁作为分界线无法完全

---

① 参见张红:《错误出生的损害赔偿责任》,载《法学家》2011年第6期。

② 参见丁春艳:《"错误出生"案件之损害赔偿责任研究》,载《中外法学》2007年第6期。

③ 参见张红:《错误出生的损害赔偿责任》,载《法学家》2011年第6期。

④ 参见张红:《错误出生的损害赔偿责任》,载《法学家》2011年第6期。

保障严重缺陷儿的合法权益,故应当根据个案加以分析。只要是缺陷儿合理合法的医疗费支出且与被告过错存在因果关系,便应当按照其过错比例进行赔偿。

(2)关于后续医疗费用范围。实践中,对于因治疗自身疾病产生的后续医疗费,法院应予支持。对于损害比较严重、其缺陷可能引发其他并发症的缺陷儿,因治疗并发症的费用和被告的过错亦具有一定因果关系,法院亦应予以一定比例的支持。但对于先天性缺陷儿治疗其他疾病所产生的损失,法院则应当持慎重态度。

(3)关于尚未实际产生的后续康复费用。实践中,因该项费用尚未实际产生,后续情况存在不确定性,法院一般暂不予支持。但是,应当看到,后续康复费用一般具备产生的持续性和规律性,费用标准的变化幅度在短期内不会过大,故法院可根据个案情况,先行确定一个赔偿合理期限,适当支持患方关于后续康复费用的诉讼请求,以减轻其诉累。

(责任编辑:何　琴)

行政协议在民事审判中的识别与认定
——某区住房保障事务中心诉冯某甲、冯某乙房屋租赁合同纠纷案相关法律问题研究

刘　明*　王　磊**

裁判要旨

廉租房租赁合同属于行政协议,因廉租房租赁合同产生的纠纷不属于法院的民事案件受理范围。当事人因租赁合同的履行、解除等原因产生争议提起民事诉讼的,法院应当裁定不予受理,已经受理的,应当裁定驳回起诉。

一、据以研究的案例

2011 年 5 月,某区住房保障事务中心(甲方,以下简称某区住保中心)与冯某甲(乙方)签订了《北京市某区廉租实物住房租赁合同》。合同约定,甲方将位于北京市某小区的某处廉租房租赁给乙方居住使用;租赁期限为 2011 年 6 月 1 日至 2016 年 6 月 1 日;乙方每月实缴租金 59 元;自房屋交付之日起,乙方应当在每月的 10 日前向甲方交纳当月租金;租赁合同期满前 3 个月,乙方须向其户籍所在区住房保障管理部门提出继续承租住房申请;对于续租申请,经审核符合条件的,重新核定租金及补贴金额后,双方续签租赁合同,经审核不符合条件的,合同终止;若乙方在合同期内连续 3 个月或累计超过 6 个月未交纳房租的,甲方有权单方解除合同。合同签订后,某区住保中心向冯某甲交付了房屋,冯某甲及其女儿冯某乙办理了入住。某区住保中心称,因冯某甲自 2015 年 1 月 1 日起持续欠付租金,且在租赁期限届满后未办理续租手续,故提起民事诉讼,请求法院:

---

* 刘明,北京市昌平区人民法院天通苑人民法庭员额法官,首都经济贸易大学法律硕士。

** 王磊,北京市昌平区人民法院小汤山人民法庭副庭长,中国人民大学法律硕士。

(1)判令解除双方签订的租赁合同;(2)冯某甲、冯某乙腾退涉案房屋并按原状向某区住保中心返还;(3)冯某甲向某区住保中心支付自2015年1月1日起至合同解除之日止拖欠的租金2832元,并按市场价支付自合同解除次日至实际腾房之日的租金。

一审法院经审查认为,某区住保中心虽以房屋租赁合同纠纷提起诉讼,但涉案房屋为政策性廉租房,廉租房的出租方和承租方非平等的民事主体,双方所签租赁合同不属于民事合同。民事诉讼系平等的自然人、法人和非法人组织之间因人身关系和财产关系提起的诉讼,故双方之间的纠纷不属于民事诉讼的受案范围。依照《民事诉讼法》第3条、第119条、第154条第1款第3项①,《最高人民法院关于适用〈中华人民共和国民事诉讼法〉的解释》第208条第3款②之规定,一审法院作出裁定:驳回某区住保中心的起诉。

一审法院宣判后,某区住保中心不服,提起上诉,认为廉租房租赁合同属于民事合同而非行政协议,一审法院应当按照民事诉讼程序进行实体审理。

二审法院经审查认为,根据《最高人民法院关于审理行政协议案件若干问题的规定》(以下简称《行政协议案件规定》)第1条、第2条的规定,政府投资的保障性住房的租赁、买卖等协议属于行政协议。本案中,某区住保中心为了实现行政管理或者公共服务的目标,与冯某甲协商签订了涉案租赁合同,但该合同并不是平等主体之间设立、变更、终止民事权利义务关系的合同。某区住保中心向法院提起民事诉讼,但本案不属于法院受理民事诉讼的范围,一审法院驳回其起诉并无不当。据此,二审法院作出裁定:驳回上诉,维持原裁定。

二、相关法律问题研究

近年来,随着政府职能的转变,越来越多的行政机关采用行政协议的方式实现行政管理或公共服务的目标。司法实践中,法院已经受理了大量围绕行政协议的签订、履行、变更、解除和终止权利义务而引发的各类纠纷,但目前各级法院对于行政协议的识别、适用的法律规范及裁判标准存在很大区别,大部分案件均被法院按民事合同进行实体审理。造成此种现象的原因在于:目前实务界对该类协议属于行政协议还是民事合同存在争议,对于行政协议与民事合同的区别还存在模糊认识。因此,厘清行政协议的概念、辨析行政协议与民事合同的区

---

① 此案例中适用的是2017年修正的《民事诉讼法》,相关规定参见2021年修正的《民事诉讼法》第3条、第122条、第157条第1款第3项。

② 此条例中适用的是2015年的《最高人民法院关于适用〈中华人民共和国民事诉讼法〉的解释》,相关规定在本解释2022年修正时未做调整。

别、明确行政协议缔约主体的权利救济路径,具有重要的现实意义。

(一)行政协议的概念

行政协议,在国际范围内又称行政合同或行政契约。[①] 对于行政协议的概念,我国《行政诉讼法》并未明确规定。有学者认为,行政协议是一种双方行政行为,由行政主体之间在明确各自的职责权限基础上通过协商一致而达成协议的行为,目的是实现国家的行政管理职能。[②] 司法实务界有观点认为,行政协议又称行政合同,是指行政机关为实现公共利益或者行政管理目标,在法定职责范围内,与公民、法人或者其他组织协商订立的具有行政法上权利义务内容的协议。[③] 根据以上观点可知,行政协议具有浓重的行政色彩,是国家行政管理的一种手段,同时具有合同的一般属性。

而行政协议是否应纳入行政诉讼的范围,也经历了从"无"到"有",从"协议"到"行政协议"的过程。2014 年之前的《行政诉讼法》并未将行政协议纳入行政诉讼案件的受理范围。2014 年修正的《行政诉讼法》第 12 条第 1 款规定:"人民法院受理公民、法人或者其他组织提起的下列诉讼:……(十一)认为行政机关不依法履行、未按照约定履行或者违法变更、解除政府特许经营协议、土地房屋征收补偿协议等协议的……"这是修正后的《行政诉讼法》第一次将"协议"纳入行政诉讼的受理范围。2019 年 11 月 27 日颁布的《行政协议案件规定》第 1 条规定:"行政机关为了实现行政管理或者公共服务目标,与公民、法人或者其他组织协商订立的具有行政法上权利义务内容的协议,属于行政诉讼法第十二条第一款第十一项规定的行政协议。"自此,行政协议被正式纳入行政诉讼的受理范围。《行政协议案件规定》第 1 条关于行政协议的定义也逐渐成为实务界的主流观点。

(二)行政协议与民事合同的区别

对于行政协议与民事合同的区别,可从两者的性质、构成要件两个方面进行深入分析。

1. 性质之区别

行政协议作为一种特殊的行政管理活动,具有两面性,既有作为行政管理方

---

① 参见最高人民法院行政审判庭编著:《最高人民法院关于审理行政协议案件若干问题的规定理解与适用》,人民法院出版社 2020 年版,第 27 页。

② 参见杨临宏:《行政协定刍议》,载《行政法学研究》1998 年第 1 期。

③ 参见江必新主编,赵大光、李广宇、王振宇副主编,最高人民法院行政审判庭编著:《中华人民共和国行政诉讼法及司法解释条文理解与适用》,人民法院出版社 2015 年版,第 95 页。

式的“行政性”的一面,也有作为公私合意产物“合同性”的一面。[①] 对于行政协议的性质,有学者认为,行政合同(协议)是一种非常特殊的行政行为。其特殊性在于:第一,它是一种行政行为,因为它由行政主体基于实现行政目标作出,是国家行政权运行的体现;第二,这种行政行为与其他行政行为不同的是,它借助的是民事手段,而不是行政手段。[②] 对此,笔者深表赞同,从本质上讲,行政协议是行政机关与行政相对人通过签订协议的方式实现行政管理职责和公共服务目标的一种特殊行政行为。

合同是交易的法律形式,因合同而产生的民事关系属于交易关系。交易关系是在民事主体生产和交换过程中形成的社会关系,具有主体的平等性、内容的财产性以及产生的自愿性等特征。[③]《民法典》第 464 条第 1 款规定:“合同是民事主体之间设立、变更、终止民事法律关系的协议。”笔者认为,就本质而言,民事合同是平等的民事主体为了实现自身利益而进行交易的工具或载体,并不具有以实现行政管理职责或社会公共利益为目标的特征。概言之,行政协议与民事合同在性质方面的区别主要体现为行政协议具有“行政性”,而民事合同不具有“行政性”。

2. 构成要件之区别

行政协议与民事合同除性质不同外,两者在构成要件方面也存在区别。对此,可从缔约主体、缔约目的、缔约方式、缔约内容四个方面进行剖析。具体阐述如下:

(1)缔约主体方面。行政协议是行政机关与公民、法人或者其他组织签订的协议。行政协议的缔约一方应当是行政机关。通常而言,行政机关的缔约权限一般由法律法规或规章予以规定,或者由法律法规、规章规定授权相关行政机关行使。如果没有法律法规的禁止性规定,也没有专业性方面的特殊要求,行政机关可以将某一事项的一部分或全部委托给其他行政机关、下级行政机关乃至私人组织具体实施。[④] 因此,在行政协议的缔约主体方面,行政机关不仅包括具有行政管理职能的行政主体,还包括法律法规、规章授权的组织或者行政机关依法委托行使公共管理职能的组织。现实中,行政机关委托其下属单位或其他组织签订行政协议的现象越来越普遍,而缔约主体的“非行政性”也成为模糊行政

---

① 参见最高人民法院行政审判庭编著:《最高人民法院关于审理行政协议案件若干问题的规定理解与适用》,人民法院出版社 2020 年版,第 34 页。

② 参见胡建淼:《行政法学》(第 2 版),法律出版社 2003 年版,第 285 页。

③ 参见王利明:《合同法研究》(第 1 卷),中国人民大学出版社 2015 年版,第 56 页。

④ 参见最高人民法院行政审判庭编著:《最高人民法院关于审理行政协议案件若干问题的规定理解与适用》,人民法院出版社 2020 年版,第 68 页。

协议与民事合同界限的一个重要因素。

就本案而言,解决城市低收入家庭住房困难是政府公共服务的重要职责,而县级以上人民政府住房保障部门是廉租房管理的责任主体。[①] 本案中,廉租房租赁合同的缔约主体并非负责保障性住房管理工作的某区房屋管理局,而是该房屋管理局的下属单位某区住保中心。某区住保中心并不属于行政机关,而是独立的事业单位法人,其之所以与承租人签订租赁合同,是基于某区房屋管理局的委托。涉案廉租房租赁协议的缔约主体一方是受行政机关委托的组织,另一方是符合申请廉租房条件的公民,双方均符合行政协议的缔约主体要件。

(2)缔约目的方面。缔约目的是区分行政协议与民事合同的重要标准。行政协议的签订应当是为了实现行政管理或公共服务目标,其目的具有公益性,而非满足和实现行政机关自身的利益。[②] 而民事合同是民事主体为了实现自身利益而签订的,其目的并不具有公益性。

就本案而言,廉租房租赁合同之所以签订,正是政府为了解决低收入家庭的住房困难,而由某区房屋管理局委托某区住保中心与符合承租廉租房条件的公民签订,其具有行政机关通过履行法定职责来实现国家福利行政的公益性质。这也正是廉租房租赁合同与普通商品房租赁合同的本质区别。对于普通的商品房租赁合同而言,出租人对外出租房屋是为了获取经济利益,承租人租赁房屋是为了满足自身的居住或经营需要,双方都是基于实现自身利益而订立合同。

需要说明的是,行政机关签订的协议并不一定都是行政协议。除《行政协议案件规定》第 3 条规定的不属于行政协议的两种情形外,行政机关为了实现自身利益而与其他公民、法人或组织签订的协议则属于民事合同。例如,行政机关为了购买办公用品而与供货商签订的采购协议即属于平等民事主体之间签订的协议。

(3)缔约方式方面。契约是当事人之间的合意,是自由意志表示的一致。[③] 在缔约方式上,行政协议与民事合同是一致的,都是通过真实意思表示协商一致完成合同订立行为。

虽然行政协议的缔约方式与民事合同一致,但行政协议缔约主体的法律地位实质上是不平等的。由于行政协议的缔约目的是实现行政管理或社会公共服

---

① 《廉租住房保障办法》第 4 条第 1 款规定:"国务院建设主管部门指导和监督全国廉租住房保障工作。县级以上地方人民政府建设(住房保障)主管部门负责本行政区域内廉租住房保障管理工作。廉租住房保障的具体工作可以由市、县人民政府确定的实施机构承担。"

② 参见最高人民法院行政审判庭编著:《最高人民法院关于审理行政协议案件若干问题的规定理解与适用》,人民法院出版社 2020 年版,第 32 页。

③ 参见姜明安主编:《行政程序研究》,北京大学出版社 2006 年版,第 306 页。

务目标，法律赋予行政机关一定的行政优益权。① 作为协议一方的行政机关享有行政优益权，这是行政协议与民事合同的重大区别。② 而民事合同中，任何一方均不享有"优益权"，当事人的权利源于合同约定或法律规定，民事法律法规并未赋予民事合同的缔约主体在特定情况下享有类似行政优益权的权利。

(4)缔约内容方面。缔约内容是判断契约标的的基础，而契约标的是判断某一契约是行政协议还是民事合同的核心要素。所谓契约标的，"应指契约条款或内容所生之权利义务关系，而这种权利义务关系原则上应综合契约内容加以判断，不能仅就个别契约条款分别加以观察"。③ 因此，行政协议的缔约标的应通过协议内容进行综合判断。对于行政法上的权利义务如何判断，司法实务中有观点认为，可从三个方面进行判断，即是否行使行政职权，是否为实现行政管理目标或者公共利益，在协议中或者法律上是否规定了行政机关的优益权。④ 行政协议的内容反映的是行政法上的权利义务关系。而民事合同的内容反映的是私法上的权利义务关系，并不涉及行政职权的行使问题，也不涉及行政管理目标或公共利益的实现问题，更谈不上优益权的问题。

(三)行政协议缔约主体的权利救济路径

行政诉讼是从民事诉讼中分离出来的一种特殊诉讼程序。⑤ 行政诉讼解决的是行政争议，即行政机关及其工作人员在行政管理过程中因行使行政职权而与公民、法人或者其他组织之间产生的争议。⑥ 由于行政协议属于一种特殊的行政行为，故因行政协议引发的各类纠纷均应当通过行政诉讼程序解决。根据《行政诉讼法》的规定，行政机关与行政相对人存在不同的权利救济路径。

1. 行政机关的权利救济路径

(1)行政机关不能通过提起行政诉讼进行权利救济。行政协议被纳入行政诉讼受理范围后，行政机关能否通过提起行政诉讼进行权利救济的问题一度成为理论界、实务界争论的热点。对此，立法机关始终认为行政机关不能作为行政协议诉讼的原告。其理由是，如果规定行政机关可以作为原告，与《行政诉讼

---

① 通说认为，行政优益权的概念源于法国，法国行政法将行政协议履行过程中政府享有的一系列超越合同约束的权力统称为优益权。通常而言，行政优益权包括三个方面的内容：一是对于行政协议履行的指导和监督；二是行政机关符合法定条件的，有权单方面变更、解除行政协议；三是行政机关有权在行政相对人拒绝履行或不按协议履行时对相对人进行行政处罚或直接强制执行。

② 参见最高人民法院行政审判庭编著：《最高人民法院关于审理行政协议案件若干问题的规定理解与适用》，人民法院出版社 2020 年版，第 35 页。

③ 林明锵：《行政契约法研究》，台北，翰芦图书出版有限公司 2006 年版，第 108 页。

④ 参见杨科雄：《试论行政协议的识别标准》，载《中国法律评论》2017 年第 1 期。

⑤ 参见章剑生：《现代行政法基本理论》，法律出版社 2008 年版，第 535 页。

⑥ 参见贺荣：《行政争议解决机制研究》，中国人民大学出版社 2008 年版，第 104 页。

法》的性质不符合，与《行政诉讼法》的规定也不相适应。[①] 我国《行政诉讼法》第 49 条规定："提起诉讼应当符合下列条件：(一)原告是符合本法第二十五条规定的公民、法人或者其他组织……"《行政协议案件规定》第 4 条第 1 款规定："因行政协议的订立、履行、变更、终止等发生纠纷，公民、法人或者其他组织作为原告，以行政机关为被告提起行政诉讼的，人民法院应当依法受理。"根据以上规定，因行政协议发生纠纷时，行政机关是无法通过提起行政诉讼进行权利救济的。

(2)行政机关可在履行法定程序后向法院申请强制执行。虽然行政机关无法通过提起行政诉讼进行权利救济，但在行政协议的相对人不履行合同义务的情况下，行政机关可以通过向法院申请非诉强制执行的方式寻求救济。《行政协议案件规定》第 24 条[②]对行政机关的权利救济方式进行了明确规定。其中该条第 1 款针对的是法律法规未就行政机关监督相对人履行协议作出授权规定的情形；第 2 款针对的是法律法规规定了行政机关监督权的情形。无论哪种情形，行政机关申请法院强制执行的程序和条件基本相同。在程序方面，要求行政机关在申请法院强制执行之前，要先后履行催告和作出书面决定两个法定程序；在条件方面，要求行政协议相对人未按照协议约定履行相关义务，同时协议内容具有可执行性。在满足上述程序和条件后，行政机关可以向法院申请非诉强制执行。

就本案而言，当承租方不履行租赁合同约定的义务时，某区房屋管理局在向承租人履行催告、作出书面决定的程序后，若承租人仍不履行，某区房屋管理局可向法院申请强制执行。

2. 行政协议相对人的权利救济路径

就行政协议之诉而言，由于行政协议系行政机关采用合同方式实施行政职权，在确定适格被告方面也应遵循合同法上的"相对性原则"，通常只能针对合同或协议的相对方主张权利。[③] 因此，当行政协议的相对人因行政协议与行政机关产生纠纷时，应根据合同的相对性原则以与其签订协议的行政机关为被告提起行政诉讼。但由于实践中普遍存在行政机关委托其他组织与行政相对人签

---

① 参见袁杰主编、童卫东副主编、全国人大常委会法制工作委员会行政法室编著：《中华人民共和国行政诉讼法解读》，中国法制出版社 2014 年版，第 45 页。

② 《行政协议案件规定》第 24 条第 1 款规定："公民、法人或者其他组织未按照行政协议约定履行义务，经催告后不履行，行政机关可以作出要求其履行协议的书面决定。公民、法人或者其他组织收到书面决定后在法定期限内未申请行政复议或者提起行政诉讼，且仍不履行，协议内容具有可执行性的，行政机关可以向人民法院申请强制执行。"

③ 参见最高人民法院行政审判庭编著：《最高人民法院关于审理行政协议案件若干问题的规定理解与适用》，人民法院出版社 2020 年版，第 68 页。

订行政协议的现象,而接受委托的组织常常以自己的名义与行政相对人签订协议。因此,当行政相对人提起行政诉讼时,首先需要根据协议的内容判断与其签订协议的主体是负有相关行政管理职责的行政机关,还是接受行政机关委托的其他组织。若是接受行政机关委托的其他组织,则需要根据《行政协议案件规定》第4条第2款[①]的规定以"委托的行政机关"为被告提起行政诉讼。

就本案而言,当承租人与某区住保中心因廉租房租赁合同的订立、履行、变更、终止等产生纠纷时,承租人应以某区住保中心的委托机关为被告提起行政诉讼。

(责任编辑:项利军)

① 《行政协议案件规定》第4条第2款规定:"因行政机关委托的组织订立的行政协议发生纠纷的,委托的行政机关是被告。"

“对格式条款的理解有争议”之范畴界定
——于某诉某保险公司意外伤害保险合同纠纷案相关法律问题研究

陈广辉*　张琳琳**

裁判要旨

1.《道路交通安全法》第119条第3项对机动车的概念从法律层面予以明确规定。在此前提下,对于商业保险合同格式条款中机动车的认定不应适用格式条款不利解释原则。

2. 若保险合同双方对机动车定义产生分歧,应以法律规定或公安机关交通管理部门鉴定意见为准;仅以保险公司系提供合同一方为由将已有法律明确规定的事项适用格式条款作不利于保险公司的解释,不符合格式条款及不利解释原则的设立宗旨,亦不利于保险机制分担社会风险作用的发挥和保险行业的发展。

一、据以研究的案例

于某诉称:于某在某保险公司为其丈夫傅某投保多倍保障重大疾病保险(A1款),附加意外伤害保险。傅某驾驶电动三轮车撞到停放在路边的货车,经医院抢救无效死亡。经认定,傅某负事故主要责任。后于某向某保险公司申请理赔被拒。于某向法院起诉,请求判令某保险公司支付保险金。

某保险公司辩称:傅某醉酒驾驶机动车为保险合同免责条款。根据交警队认定,事故发生主要责任系傅某醉酒驾驶机动车。按照保险合同责任免除相关

* 陈广辉,北京金融法院立案庭庭长,中国政法大学法学博士。

** 张琳琳,北京金融法院法官助理,北京理工大学法学硕士。

约定,保险公司不承担保险责任。

法院经审理查明:傅某与于某系夫妻关系。2020年6月16日,于某作为投保人,在某保险公司处投保了多倍保障重大疾病保险(A1款),附加意外伤害保险。被保险人为傅某。保险期间为2020年6月17日至2021年6月16日。某保险公司《附加意外伤害保险利益条款》第7条责任免除条款约定,被保险人酒后驾驶、无合法有效驾驶证驾驶或驾驶无有效行驶证的机动车期间被保险人身故的,本公司不承担保险责任。2021年1月5日2时8分,傅某驾驶电动三轮车撞到赵某某停放在路边的货车,傅某经医院抢救无效死亡。经鉴定,傅某的血醇含量为256.97毫克/100毫升。2021年1月22日,交警部门认定傅某负事故主要责任,赵某某负事故次要责任。事故发生后,于某向某保险公司申请理赔被拒。

一审法院认为:《保险法》第30条规定:"采用保险人提供的格式条款订立的保险合同,保险人与投保人、被保险人或者受益人对合同条款有争议的,应当按照通常理解予以解释。对合同条款有两种以上解释的,人民法院或者仲裁机构应当作出有利于被保险人和受益人的解释。"电动三轮车是否属于机动车并无法律法规的明确规定。在涉案保险合同的保险条款未对"机动车"作出详细明确的解释和界定的情形下,对于保险合同中"被保险人酒后驾驶机动车"中的"机动车"应当按照普通人的理解和识别力判断,作出不利于格式条款提供方保险公司的解释,即具有通常的机动车外观及动力和办理证照等准入审批义务的狭义的机动车,而不包括交通管理部门在处理事故时认定为按机动车处理的超标电动车。故涉案电动三轮车不属于保险合同免责条款约定的"机动车",亦不存在保险合同免责条款约定的"被保险人酒后驾驶机动车"的情形,某保险公司作为保险人无权据此主张免赔,应当按照保险合同约定赔付于某相应保险金,故判决某保险公司于判决生效后7日内支付于某保险金10万元。

宣判后,某保险公司提出上诉。二审法院判决:(1)撤销一审民事判决;(2)驳回于某的诉讼请求。

二审法院生效裁判认为:本案争议焦点有二:(1)是否应根据格式条款不利解释原则将涉案电动三轮车解释为非机动车;(2)本案保险免责条款是否应予以适用。

(1)是否应根据格式条款不利解释原则将案涉电动三轮车解释为非机动车。《道路交通安全法》第119条、《机动车类型术语和定义》(GA802-2014)第3.2条均对机动车概念作出了规定。机动车系法律用语。于某辩称保险条款及条款释义只是对机动车进行概念解释,社会大众对于机动车的概念只能依据其日常生活经验作出判断,应按照普通人的理解和识别力判断。但法律用语系立法者对一定社会生活经验的抽象与升华，系剔除个体理解差异而从一般理性人角度进行的定义，在法律已对机动车作出定义的前提下，不应再采用笼统的“普通人认识”来解释。此外，生活经验具有开放性和多元性，并非一成不变，会随着社会生活发展而不断形成新认识、新理解；且于某所谓的“普通人认识”仅系其个人对该问题的认识。《民法典》规定，对格式条款的理解发生争议的，应当按照通常理解予以解释，对格式条款有两种以上解释的，应当作出不利于提供格式条款一方的解释。其适用的前提是对格式条款的理解存在“争议”，此种“争议”的核心在于提供格式条款一方是否不合理地免除或者减轻其责任、加重对方责任、限制对方主要权利或排除对方主要权利，即对法律责任承担与否或权利受限与否的争议。

相关法律规范已对“机动车”的定义及认定标准作出了规定。在存在法律规定的基础上，保险公司未单独在保险合同条款中对机动车作定义并无不妥；如果保险合同双方对于机动车的定义产生分歧，亦应该以法律规定为准，适用明确的法律规定对双方都公平；仅以保险公司系提供合同一方为由，将所有内容一律适用格式条款作不利于保险公司的解释，并不符合格式条款及不利解释原则的设立宗旨，亦不利于保险机制分担社会风险作用的发挥和保险行业的发展。故对于机动车的认定系事实认定范畴，不属于格式条款中对于法律责任承担与否或权利受限与否的理解存在争议，需要解释的内容，即对涉案电动三轮车能否认定为机动车，不应视为“对格式条款的理解有争议”之情形。

（2）本案保险免责条款是否应予以适用。本案保险公司《附加意外伤害保险利益条款》第 7 条责任免除约定，第 9 项被保险人酒后驾驶、无合法有效驾驶证驾驶或驾驶无有效行驶证的机动车期间被保险人身故的，保险公司不承担保险责任，合同终止，保险公司向投保人退还保险单的现金价值。根据相关法律，酒后驾驶机动车系法律禁止性规定情形，保险公司如将其作为保险合同免责条款的免责事由，对该条款作出提示即可。某保险公司在签订合同时通过对免责条款加粗方式进行了提示，并通过客户投保声明的方式进行了免责说明，故应认定某保险公司对争议的免责条款完成了提示说明义务，双方应当依据前述免责条款的约定履行各自的义务。

综上所述，被保险人傅某酒后驾驶电动三轮车，构成酒后驾驶机动车保险免责条款的约定条件，保险公司不承担保险责任。

二、相关法律问题研究

格式条款是社会经济发展的产物，具有定型化、单方制定不可协商的特点。其积极意义表现在节约交易成本、提高交易效率，但其与契约自由原则在一定程度上背离,对契约正义造成了冲击,故对其弊端应予规制和防范。对格式条款进行不利解释便是规制手段之一,司法实务中因不利解释原则引发的争议较多,本案系保险法领域意外伤害险引发的争议,有其独特性。

(一)概览:保险领域格式条款不利解释原则之认知

1. 不利解释原则之价值目标:规制格式条款

不利解释原则源于罗马法"有疑义,应为对表意者不利之解释原则"。我国《民法典》明确了格式条款不利解释原则,在保险领域相关合同格式条款中得到普遍运用。保险体现了人类在应对风险方面的智慧,一群人中的每一个都拿出少量资金来应对偶然发生在少数个体身上的风险。但营利性会驱使保险公司在设计保险条款时更多考虑自身利润。另外,实践中也存在此类情形,即投保人利用保险公司信息不对称的劣势,让保险公司理赔已发生或必然发生的损失,或者理赔不属于保险责任范围的风险。保险要充分发挥其效用,除却对合同双方诚实守信的要求外,采用一定的调控手段十分必要,如通过对格式条款进行不利解释对其进行规制,即对存有争议的保险合同作不利于保险人的解释。

但对格式条款的规制,并不是"偏重"保护投保人、被保险人、受益人的利益,而是希望通过司法的规范和引导功能,促使保险人拟定的保险条款越来越公平、公开、透明,公平地确定双方的权利义务,妥当地履行提示和说明义务,使投保人清楚明确地知晓哪些风险属于承保范围、哪些风险被排除在外。最终目标是促进保险业的健康发展,提高保险业服务社会主义经济社会的能力。

2. 不利解释原则之适用前提:对格式条款理解有争议

我国《保险法》在对争议条款进行解释的逻辑思路和条文设计上体现了维护契约正义的决心,第 30 条规定:"采用保险人提供的格式条款订立的保险合同,保险人与投保人、被保险人或者受益人对合同条款有争议的,应当按照通常理解予以解释。对合同条款有两种以上解释的,人民法院或者仲裁机构应当作出有利于被保险人和受益人的解释。"根据对《保险法》第 30 条的文义解释,对格式条款进行不利解释有一个内设前提,即"对格式条款理解有争议"。

此处所谓"争议",其实隐含了两个判断维度,一是当事人对合同条款有争议,二是司法判断"争议"确实存在,即"争议"有两种以上的解释。前者是当事人认为的争议,后者是司法裁判认定的争议,二者之间存在一个认知的先后逻辑。

格式条款系通过文字表述,而文字表述本身具有封闭性和不周延性,且任何概念本身就包含了"概念核心"和围绕核心的模糊的"概念边缘"。在单词、句子、语法的层次下,不同当事人通过法律条文的文字排列、语言结构、上下文之间的关系和标点符号等来理解格式条款含义,难免会有差异。且当事人由于世界观、方法论、自身文化水平、素质、生活环境、认知的不同,对事物的理解本就不同,故对于当事人争执不休的争议,需由司法层面去裁量是否成立实质意义上的“有争议”。

进入司法层面后,根据《保险法》第30条的文义解释,先要对当事人之“争议”进行“通常理解解释”。进行法律解释必须追问:于今日的观点下,应该要在何种意义下理性地使用、理解这个法律概念。① 通常理解解释离不开依据和方法,应按照格式条款所使用的词句,结合相关条款、行为的性质和目的、习惯以及诚信原则,确定意思表示的含义。根据法律概念解释的整体性原则,在对格式条款的组成要素进行提炼时,一方面,要将其置于整个法律文本的语境之中;另一方面,还要考虑概念与概念之间、概念与整个法律术语之间的关系。② 解释的起点是文义,在进行解释时,要更加注重文义解释的“语用学转向”,即在文义解释的基础上,注重结合语境、言语行为的关联度以及言语行为功能的分析。尤其要注意处理好文义解释与目的解释之间的关系。运用目的解释因素有助于得出正义的裁判结果。目的解释具有价值导向功能,“如果解释者是以法律规范的价值取向为内容去探知法律规范的意旨,他所采用的就是目的解释方法”。③ 目的解释具有校验功能。文义解释的结果是否经得起时代价值的考量、是否存在荒谬,目的解释可以对此进行校验。

(二)聚焦:“对格式条款理解有争议”之司法判断

如前所述,在对当事人之“争议”进行“通常理解解释”后,发现存在两种以上解释结论,且各方当事人仍不能达成共识的,则需要司法进一步作出实质性判断,界定“对格式条款的理解有争议”之范畴,这个过程需对当事人主张的“争议”进行以下三方面之判断:

第一,是否系因条款文字、表述本身等形式引发的争议。法律用日常语言写成,日常语言必然带来“语义不清”的问题,对此,可通过法律解释的方法予以适当克服和澄清。有观点指出,“解释作为一种依附于信仰之下的技巧,要由文字语言上为人理解体会神意开辟一条通道”。法国哲学家吕格尔曾指出,理解的每一时刻,都与解释直接和间接地相互助长,不可分离。④ 若只是字面意思分歧,经司法引导或通常解释能协调一致,不能算是“有争议”。若由字面分歧上升至更深层次矛盾,还需进行以下判断。

第二,争议内容是否影响到权利义务的承担行使。格式条款本身所具有的

① 参见[德]英格博格·普珀:《法学思维小学堂》,蔡圣伟译,北京大学出版社2011年版,第67页。

② 参见陈金钊、熊明辉主编:《法律逻辑学》,中国人民大学出版社2012年版,第28页。

③ 陈慈阳:《宪法学》,台北,元照出版公司2004年版,第74页。

④ 参见殷鼎:《理解的命运》,三联书店1988年版,第108~109页。

附合性、定型化以及潜在的不公平性特征,要求立法者对其进行制度设计时应当慎之又慎,司法者对其进行解释时也应综合考量,其旨在对被动接受合同条款的一方予以特殊的保护。从某种角度来说,这是一种矫正正义的体现。矫正正义的意旨在于将分配正义所确定的公平正义"区间"进一步调整,寻找到更为精准合理的点。[①] 若当事人对格式条款的争议点影响到双方权利义务之分配,必然构成"有争议"。

第三,通过价值判断是否容易造成一方利益明显失衡。格式条款的背后,是契约自由与公平正义的价值衡量,也充斥着经济学领域中效益与公平的不休争论。若经过司法检视,当事人主张的争议点会导致双方权利义务分担不均,或显失公平,这就会成立实质意义上的"有争议",需对争议进行解释。自整体主义方法论的视角观之,不公平格式条款实为市场秩序层面经营者群体与消费者群体的结构性失衡在个别交易中的投射,其为市场失灵在格式条款领域的体现。通过解释规则对格式条款进行一定的处理无疑是一种对市场失灵的矫正。事实上,格式条款的解释成为明晰合同约定、平衡双方利益和维护公平正义的重要途径。

此外,在司法层面裁量的第二、三阶段,均可能涉及对于事实之认定,如果是自然规律以及定理、定律,众所周知的事实,根据法律规定推定的事实,根据已知的事实和日常生活经验法则推定出的另一事实,已为仲裁机构的生效裁决所确认的事实,已为法院发生法律效力的裁判所确认的基本事实,已为有效公证文书所证明的事实,都不应认定为"对格式条款的理解有争议"。当然,当事人有相反证据足以反驳或推翻前述事实的除外。

故若当事人所持"争议"法律规范已有明确规定,则应从法律规范意旨出发,通过法律解释,弥合当事人之"争议",而不存在格式条款不利解释原则的适用空间。

综上所述,保险法领域认定"对格式条款的理解有争议",要先进行通常理解,通常理解无法得出唯一解释的,构成实质上的"有争议",适用格式条款不利解释原则。而司法层面判断是否构成争议,把握的要点主要包括语义表述明显存在分歧、条款内容影响权利义务的承担行使以及在价值判断上容易造成一方利益明显失衡。

当然,这个推理过程也有可能产生偏差,毕竟不同的法官进行司法裁判的过程和结果也不一致。虽然解读法律的司法者具有专业的法律背景,但由于个人经历差异,不同的法官完全可能对文义作出不同的解释。诚如哈特所言,法官的

---

① 参见姚辉:《民法学方法论研究》,中国人民大学出版社 2020 年版,第 209 页。

判决只是他自己的爱好。[①] 但是,精准适用保险格式条款不利解释原则的过程中要遵循此心证过程。

(三)实践:本案是否适用格式条款不利解释原则之认定

1. “机动车”认定是否属于“对格式条款的理解有争议”之类案检索

笔者在中国裁判文书网上,通过关键词“保险纠纷”“机动车认定”“2017. 1. 1-2021. 12. 31”对类案及关联案件进行检索,共检索到 82 个裁判文书,经逐一研究筛选,符合本次研究目的的文书有 25 个。经逐一分析,其中 20 个判决书认为对保险合同格式条款中机动车的认定属于“对格式条款对理解有争议”之情形,其主要观点为:保险合同未对非机动车作出明确解释,也未对车辆达到何种标准方可构成该合同约定的机动车作出明确约定,保险条款对于机动车的释义内容并不明确,交管部门虽曾作出涉案电动三轮车为机动车的认定,但该认定系交管部门在涉案事故发生后,从行政管理层面对该车属性的认定,其不能直接作为认定该车是否符合保险合同约定的机动车的依据。作为一名普通的被保险人,其对机动车的概念只能依据其日常生活经验作出判断。5 个判决书认为对保险合同格式条款中机动车的认定不属于“对格式条款对理解有争议”之情形,其主要观点为:相关法律法规已对“机动车”与“非机动车”的车辆性质作出明确界定的情况下,不存在被保险人主张的对合同条款有两种以上解释。

可见,司法实践中倾向于保护被保险人,认定“对格式条款的理解有争议”准入门槛较低,多采用对格式条款作不利解释的做法。但该种做法是否有矫枉过正的嫌疑,有待进一步探讨。

2. “机动车”认定不属于“对格式条款的理解有争议”

事实上,目前《保险法》第 30 条的规定就是基于平衡保险双方利益,针对过度保护被保险人的情形,对 1995 年《保险法》的修正。1995 年《保险法》第 30 条规定:“对于保险合同的条款,保险人与投保人、被保险人或者受益人有争议时,人民法院或者仲裁机关应当作有利于被保险人和受益人的解释。”根据该条规定,疑义利益解释规则似乎是保险合同的唯一解释规则。在保险司法实务中,法院动辄适用该条作出不利于保险人之解释与判决,这种“凡是保险条款有争议,就直接适用疑义利益解释规则”的思维惯性,导致被保险人受到过度的倾斜保护,也成为被保险人进行恶意抗辩的工具。疑义利益解释规则可能使一种为了有利于被保险人而作出的不合理解释合法化,因此 2009 年修订《保险法》时,对该条“大动干戈”。根据现《保险法》第 30 条的规定,疑义解释规则仅适用于采

① 参见[英]哈特:《法律的概念》,张文显等译,中国大百科全书出版社 1996 年版,第 140 页。

用保险人提供的格式条款订立的合同;对条款的理解有争议的,不是当然适用有利于被保险人、受益人解释的原则,而是首先按照通常的理解予以解释。该条款使保险合同格式条款的解释更加科学合理,更好地平衡保险人与被保险人的利益。虽然《保险法》已修改,但之前法律理念的长期影响是导致上文类案检索结果的成因。

本案中,双方当事人对于“电动三轮车是否属于机动车”产生了认识上的争议,但机动车概念属于保险条款中的法律术语,而交通工具具有不特定风险,涉及社会治理和不特定公众之安全,此种法律术语具有特殊性,只能由法律规定。对法律早已有明确规定的内容,自然应适用法律规定;即使对法律规定的内容产生争议,也应按法律规范的意旨通过法律解释统一双方认识。实际上,该种情形下,双方当事人的“不同认识”不属于“对格式条款的理解有争议”之情形,不属于适用格式条款不利解释原则语境下的“不同认识”,尚未达到需要对保险格式条款作不利解释的程度。或者说,此种情形下的“不同认识”是个伪命题,统一当事人之间共同认识的方式应该是解读法律(按照通常理解予以解释),让当事人理解法律规定的某一概念的内涵,而不是罔顾法律明文规定,一味顺应当事人的思路,针对所谓的“不同认识”对格式条款进行不利解释。

“对格式条款的理解有争议”实质指向司法裁判认定视角下的“有争议”,即对合同条款的认识存在两种以上实质不同的理解,且不同理解均有相关依据,没有统一的权威规定或解释能消解不同认识之间的冲突,从而导致双方当事人各执一词、争论不休。此种“争议”的核心在于提供格式条款一方是否不合理地免除或者减轻其责任、加重对方责任、限制对方主要权利或排除对方主要权利,即因为可能存在的不同解释,实际影响当事人的权利义务,产生对法律责任承担与否或权利受限与否的争议。

聚焦于本案折射出的社会治理问题,目前电动三轮车管理领域乱象丛生,电动车生产标准及管理措施尚不完善,电动车未被列入国家发改委公布的机动车目录,无法像普通机动车一样办理机动车登记和交强险业务,公安交管部门亦不予办理机动车号牌业务。当前各地都意识到了该问题,监管机构都加强了对电动车的管理,如北京市出台了《北京市非机动车管理条例》,制定了《淘汰超标电动自行车回收处置工作方案》。本案承办法官也希冀通过案件审判,明确裁判规则,引领价值导向,提醒消费者依法购买符合国家标准的电动车,规范路权使用,维护公路秩序,最大限度地保障电动车消费群体和不特定公众群体的生命财产安全,为构建美丽中国的安全出行体系提供司法力量。

（责任编辑:王 凯）

行刑衔接程序规则的适用
——A 公司诉被告国家税务总局 C 市税务局第一稽查局、国家税务总局 C 市税务局行政处罚及行政复议案相关法律问题研究

曹　实*

裁判要旨

1. 现行法律规定对行政机关将违法行为移送司法机关后能否行使处罚权规定不明,结合法理及案例分析可以得出如下结论:行政机关认为违法行为涉嫌犯罪移送司法机关后,可以对同一违法事实采取行政处罚,但不得采取限制人身自由、罚款等与刑罚性质相同的处罚。其中,“同一违法事实”应当包括同一主体、同一客观行为两个要件。

2. 税务领域对单位违法通常采用“双罚制”。单位违法和法人违法虽基于同一客观行为,但因主体不同,不构成同一违法事实。税务机关认为违法行为涉嫌犯罪先对单位法人移送司法机关,后对单位进行处罚,不适用有关行刑衔接的程序性规定。

3. 行政机关将案件移送司法机关后,生效刑事判决改变税务机关对违法行为的定性,当事人因此主张行政处罚违法,法院不予支持。

一、据以研究的案例

A 公司 2012 年 11 月 28 日为 B 公司开具 52 份增值税专用发票,金额合计 3 892 926.63 元,税额合计 661 797.47 元,发票的票面货物名称全部为螺纹钢。

* 曹实,北京市西城区人民法院行政审判庭法官,中国政法大学法学博士。

C市税务局第一稽查局调查发现,B公司会计核算中的记账凭证没有出库、入库单据,也没有相关运费的核算记载,其没有与原告进行过实际钢材贸易。A公司开具上述52份增值税专用发票后,将货款资金全部回流给了支付方B公司。

2017年8月8日,C市税务局第一稽查局决定对A公司涉嫌税收违法行为立案调查。2017年10月23日,C市税务局第一稽查局以A公司涉嫌触犯《刑法》第203条为由,将A公司案件移送公安机关。

2017年2月26日,公安机关作出起诉意见书,拟将犯罪嫌疑人刘某某(A公司法定代表人)涉嫌虚开增值税专用发票罪的案件移送检察机关审查起诉。2017年12月31日,检察机关提起公诉,指控被告单位A公司、被告人刘某某犯虚开增值税专用发票罪。2019年7月9日,终审刑事判决书判决A公司、刘某某构成非法出售增值税专用发票罪。

2017年10月20日,C市税务局第一稽查局作出《税务行政处罚决定书》(以下简称被诉处罚决定),认定A公司为他人开具与实际经营业务情况不符的发票的行为应定性为虚开,对该公司虚开行为处以20万元处罚。A公司不服,申请行政复议,国家税务总局C市税务局于2020年1月9日作出《行政复议决定书》(以下简称被诉复议决定),决定维持被诉处罚决定。A公司不服,诉至法院。

A公司诉称,(1)被诉处罚决定作出时,A公司所涉虚开增值税发票案已进入检察院审查起诉阶段,此时作出行政处罚,明显违反《关于加强行政执法与刑事司法衔接工作的意见》第1条第3款的规定。(2)被诉处罚决定认为A公司构成虚开增值税专用发票行为缺乏事实依据。刑事判决认定A公司系为配合B公司融资而与其签订采购合同并开具增值税专用发票,主观上没有偷逃税款的目的。涉案交易A公司皆依法开具发票并足额缴纳税款,客观上没有造成国家税款损失。本案经复议未依法纠错,故诉请法院判决撤销被诉处罚决定和被诉复议决定。

一审法院经审理认为,C市税务局第一稽查局对A公司立案调查作出被诉处罚决定时,公安机关尚未对A公司立案侦查。C市税务局第一稽查局于2017年10月20日作出被诉处罚决定,于2017年10月23日将A公司案件移送公安机关,并不违反上述规定。本案中,A公司为B公司开具52份增值税专用发票,价税合计4 554 724.10元,之后将货款资金全部回流给了支付方B公司。B公司与A公司没有进行过实际钢材贸易。生效刑事判决虽然认定A公司的上述行为不属于虚开增值税专用发票罪,但此种行为严重扰乱了增值税专用发票的正常管理秩序,已构成行政违法。C市税务局第一稽查局对A公司的上述行为按照虚开增值税专用发票进行处罚,并无不当。故一审判决驳回原告A公司的诉讼请求。

原告提出上诉,二审法院经审理作出判决:驳回上诉,维持一审判决。

二、相关法律问题研究

在税务领域,发票管理法以及税收征管法对虚开增值税专用发票的违法行为采用“双罚制”。本案的争议焦点是行政机关认为虚开增值税专用发票行为涉嫌犯罪,先对涉案单位法人行政立案并移送司法机关,再对涉案单位行政立案、处罚并移送司法,是否违反有关行刑衔接的法律规定。同时,移送司法机关后,生效刑事判决改变税务机关对违法行为的定性,当事人因此主张行政处罚违法,法院能否支持。解决上述问题不仅是对相关法律条款的文义理解,更涉及对整个行刑衔接制度目的和价值的准确把握。

(一)问题缘起:行刑衔接规则的适用困境

目前,有关行政责任与刑事责任竞合处理问题主要规定在国务院发布的《行政执法机关移送涉嫌犯罪案件的规定》,此外还有相当多的规定散见于各地方、各行政领域的规范性文件中。《行政执法机关移送涉嫌犯罪案件的规定》主要对行刑衔接中的以下问题予以规范:一是科以行政机关依法查处违法行为过程中发现涉嫌犯罪时及时移送公安机关的义务,体现避免“以罚代刑”的主要制度目的。二是对行政机关、公安机关相互移送案件的具体程序进行较为系统的规定,为行刑衔接提供了统一的法律依据。三是规定行政机关“先罚后移”导致发生行政责任与刑事责任时,罚款应当折抵罚金。

然而,上述规定因不尽明确也造成实践中适用的争议,主要体现在:第一,上述规定明确了行政机关可以“先罚再移”,但能否“先移后罚”没有规定,实践中做法不一。有的行政机关理解认为,刑事处理后行政机关不能再进行处罚,因而在发现违法行为涉嫌犯罪时采取先行处罚、再行移送的策略,避免后续处罚可能造成的合法性危机,从而导致对移送的及时性关注不足,出现先行处罚、延宕移送的倾向。第二,如果允许“先移后罚”,那么行政机关处罚权的边界如何划定,后续处罚应当满足哪些条件就是更加值得讨论的问题。有的行政机关认为,刑事处理后再行处罚具有迫切的现实必要性。特别是对于金融税务等经济犯罪领域,刑罚总体判刑较轻、罚金数额不高,“双罚制”下对单位的制裁手段又极为有限。以本案为例,税务机关对公司处以 20 万元的罚款,而刑事判决只判罚 5 万元,相比之下,行政处罚对违法行为的震慑和制裁可能更加有效,因此,实践中出现不少刑事判罚后又进行高额处罚的情况。那么,上述情形是否合法,是否产生折抵问题,均缺乏法律具体明确的指引。

(二)法理基础:行刑并用与刑事优先模式的折中

不同的法律规范可能在构成要件上具有重合或包含关系,因此同一案件事实可以被两个以上不同的法律规范所指涉,产生法律规范的竞合,进而引发责任的竞合。在实践中,行政法律规范与刑事法律规范的竞合极为常见,而各国甚至各地的处理模式亦有差异,根源在于法理认识的区别。

第一种观点认为,应当"行刑并用",即对同时构成行政违法和犯罪的行为一并追究行政责任和刑事责任。该观点认为,行政处罚与刑事罚存在"质"的区别,前者针对违反行政法律义务或危害行政秩序的行为,主要是因行政管理的需要及公共利益的实现由法律明确规定而产生,具有较强的政策性因素;后者针对的是违反道德、伦理的行为,由一定时代、一定社会的基本道德观念和伦理观念所决定。因此,行政处罚与刑罚在目的、价值方面存在根本差异,行政机关和司法机关各自在职权范围内对不法行为追究责任,二者不可相互代替或吸收。奥地利是持该观点的典型国家,奥地利《行政处罚法》第22条规定,行政被告以各种独立之行为违反不同之行政义务时,或一行为牵涉数罪名,而应个别处罚时,应予个别处罚。①

第二种观点认为,应当遵循"刑事优先",该观点认为,行政处罚与刑事罚本质并无不同,只是"量"的区别而已,基于一事不二罚和比例原则的基本法理,反对对同一违法行为作出两次制裁,当违法行为构成犯罪时,应追究刑事责任,而不再追究行政责任,从而以较重的刑罚吸收较轻的行政罚。② 德国持该观点,违反德国《秩序罚法》第21条的规定,一个行为同时构成犯罪行为与秩序违反行为时,仅适用刑罚。若该行为尚未达到刑罚程度,被宣告无罪,可以对其秩序违反予以处罚。否则,将以刑罚这一较重的罪对违反秩序这一较轻的罪进行吸收。

比较分析来看,行刑并用与刑事优先模式均存在一定的不足。一方面,行刑并罚模式不区分具体情况的一律并处(如对违法行为人的同一违法行为同时采取有期徒刑和行政拘留,或同时判处罚金和罚款),一定程度地违反了"一事不再罚"原则,有违法治精神,同时并罚模式导致已经司法程序确认的法律关系再度陷入可能被处罚的不稳定状态中,不利于法律秩序安定以及公民权利尊严的保障。另一方面,刑事优先模式忽视行政法律规范的目的实现和价值诉求,对行政法上公共利益的实现未予关注。刑事优先模式一定程度地误解了"一事不再罚"原则,其实质应为对同一违法行为不得处以同一种类的处罚。另外,从实效

① 参见杨科雄:《行政责任与刑事责任竞合的处理》,载《人民司法·应用》2014年第9期。

② 参见刘莘、陈悦:《行政犯罪的规范与处罚——逃税罪中行政责任前置的法理解析》,载《河南工业大学学报(社会科学版)》2019年第1期。

考量，刑罚种类主要包括剥夺政治权利、限制人身自由以及一定的财产处罚，不像行政处罚能够从人身、财产、名誉、资格、行为等多方面对自然人和法人进行惩戒，刑罚的这种有限性也决定了刑事优先模式容易导致放纵违法或者制裁效果的疲软。

基于行刑并用和刑事优先模式的优劣比较，采取较为折中的方式可能实现行刑衔接制度的最大效益，即在不违反“一事不再罚”的前提下，有条件地采取行刑并用。

（三）规则续造：“先移后罚”下行刑衔接规则的补充

最高人民法院2010年发布的《中国行政审判指导案例》第14号案例“枣庄永帮橡胶优先公司诉山东省枣庄市国家水务局税务行政处罚案”中，对上述问题有所回应。该裁判要旨指出，税务机关在发现违法事实涉嫌犯罪并移送公安机关后，应等待司法机关作出处理，如司法机关认定构成犯罪并对原告处以人身和财产的刑罚，税务机关就不应再作罚款的行政处罚，否则属于行政程序违法，依法应予撤销。该案裁判明确了“先移后罚”情况下三个规则：一是行政处罚的措施不能与刑罚重复，如果司法机关对违法行为采取人身和财产的刑罚，行政机关应当采取限制人身自由和罚款以外的处罚方式。二是行政处罚的时机应当是司法机关作出最终处理之后，这里主要是指罚款，如果采取行为罚、资格罚、申诫罚等其他处罚形式，通常不会与刑罚重复，可以无须等到司法机关作出最终处理。三是处罚是指针对同一违法事实，如果针对不同违法事实，则不涉及行刑衔接问题。

对于同一违法事实应当如何理解，该指导案例并未涉及，导致实践中有的理解为“同一案件”，有的理解为“同一行为”。本案对此进行了较为有益的补充，“同一违法事实”应当同时满足两方面要件：一是主体同一，违法行为的作出依赖于主体的意志，同一违法行为可能存在多个主体，各个主体因对违法行为的贡献和作用不同而构成不同的违法事实，进而导致不同的责任。在“双罚制”的情形下，单位和法人的行为尽管具有高度的融合性，但彼此仍为独立主体，并不能互相转嫁责任或代替接受惩罚。二是客观行为同一，同一违法事实还要求为同一个客观违法行为，但对同一违法行为在行政程序和司法程序中是否侵害同一法益、形成相同定性结论在所不同。实践中，行政法律规范的禁止性条款与刑法中的罪名无法做到一一衔接，同时基于立法目的、证明标准、司法政策等多种因素影响，司法认定常常会改变行政机关对违法行为的认定。例如，本案涉及的虚开增值税发票行为，从行政视角看，涉案公司在没有真实交易的情况下为他人开具增值税专用发票，扰乱发票管理秩序即构成虚开；但从刑事视角看，涉案发票开具人因不具有骗取国家税款的主观目的以及未造成国家税款损失的客观结果,构成非法出售增值税发票罪,但是定性的改变并不影响对同一客观违法行为的认定。

综上所述,行刑衔接的现有规定仍有不清晰、不明确之处,需要司法实践予以进一步明确。结合本案判决,可以总结以下规则作为现行规范的有益补充,实现行刑衔接规则的续造:第一,行政执法机关在依法查处违法行为过程中,发现违法行为涉嫌犯罪,依法需要追究刑事责任的,必须向公安机关移送。移送后,行政机关可以继续对同一违法事实进行行政处罚。但限制人身自由及罚款应待司法机关作出最终处理决定后再行决定。第二,不属于同一违法事实的,不适用上条;同一违法事实是指同一主体作出的同一客观违法行为。第三,如果司法机关对违法行为作出限制或剥夺政治权利、限制人身自由或罚金的刑罚,行政机关不得作出性质相同的拘留或罚款。

(责任编辑:项利军)

【疑案探讨】

丈夫死亡后胚胎移植手术应否继续实施的认定

——赵某某诉北京某医院医疗服务合同纠纷案相关法律问题探讨

刘伟光* 林 涛**

裁判要旨

我国《妇女权益保障法》中明确规定,妇女有按照国家有关规定生育子女的权利,也有不生育子女的自由,司法机关应通过司法裁判依法保障妇女生育权。夫妻在婚姻关系存续期间通过人工辅助生育技术获得冷冻胚胎后,尽管在移植手术前男方死亡,但在不违反现行法律的禁止性规定以及公序良俗的情况下,医患双方签署的胚胎移植医疗服务合同具有法律效力,医疗机构应充分尊重患者的意愿,按照合同约定继续为其实施胚胎移植手术。

一、据以研究的案例

赵某某(女)与其配偶袁某于2019年2月18日登记结婚,后夫妻双方由于不孕不育前往北京某医院生殖与遗传医疗中心进行人工辅助技术治疗,查出赵某某有子宫内膜不典型性增生。经过近两年8次手术治疗,赵某某于2021年8月底具备进行人工辅助生育的身体条件,并开始进行人工辅助生育流程。在辅助生育过程中,赵某某与袁某在北京某医院处陆续签署《实施辅助生殖技术术前生育承诺书》《废弃配子和胚胎知情同意书》等文件,约定由该医院为其实施

---

* 刘伟光,北京市西城区人民法院政治部干部,吉林大学法学硕士。

** 林涛,北京市西城区人民法院法官,中国政法大学法学学士。

胚胎冷冻、保管、移植等服务。2021 年 11 月 16 日，北京某医院为赵某某提取 3 个卵子并冷冻保存 1 枚 4BB 优质囊胚，随后赵某某及其配偶袁某准备就该枚优质囊胚实施胚胎移植手术，但在此期间袁某却因抑郁症自缢身亡。赵某某多次向北京某医院要求继续实施胚胎移植手术，但该医院均以赵某某配偶死亡导致其不符合胚胎移植手术的要求为由，拒绝继续履行医疗服务合同。诉讼中，袁某的父母向法院出具说明，同意由赵某某继续完成胚胎移植受孕。

赵某某起诉请求：(1)北京某医院继续履行医疗服务合同，为赵某某实施胚胎移植手术；(2)诉讼费由北京某医院负担。

北京某医院辩称：(1)北京某医院向赵某某告知了相关事项，其中《废弃配子和胚胎知情同意书》中明确记载“如出现下列情况，贵中心也按废弃胚胎处理：……4. 我们夫妻双方之一或均死亡而没有在遗嘱中留下任何涉及我们胚胎的意见”。赵某某及其丈夫表示知情同意签字，并明确表示“我们已认真阅读并完全理解了废弃配子或胚胎的有关细则和本知情同意书的内容”。(2)赵某某签署了《胚胎冻融知情同意书》，同意“有遵守我国计划生育政策的义务，接受解冻胚胎时，我们必须是合法夫妻……”赵某某一人没有权利要求使用其与他人共同共有的胚胎或胚囊怀孕。赵某某的丈夫去世后，与其丈夫生前冷冻保存的胚胎或胚囊并非赵某某一人所有，而是与其丈夫的第一顺序法定继承人共同拥有，仅患者一人无权处理。(3)相关规范不允许对单身妇女实施人类辅助生殖技术，如果移植怀孕，那么必然出现社会伦理问题，而且导致出生后孩子的基本合法权益无法得到保护并造成社会关系混乱。(4)经人类辅助生殖技术治疗怀孕还涉及医学伦理问题，不能仅考虑患者的利益，还要考虑出生儿的合法权益和基本的社会关系以及相关伦理，辅助技术怀孕生产后必须考虑到孩子的基本合法权益。因此，恳请法院依法予以驳回。

一审法院判决：本判决生效后，北京某医院继续履行为赵某某实施胚胎移植手术的医疗服务合同。

宣判后，北京某医院未提起上诉，并已依照判决内容履行了医疗服务合同。

二、相关法律问题探讨

因丧偶导致“单身”的妇女能否要求医疗机构继续为其实施胚胎移植手术，成为近年来涉冷冻胚胎纠纷的一类典型争议问题。此类问题涉及对妇女生育权的保护，对于是否应按照“废弃”胚胎处理，应从尊重当事人意愿、适当界定“单身”、正确理解伦理三个方面综合考量。同时，当医疗机构所遵照的诊疗规范不符合上位法规定时，司法机关亦有必要在案件处理中予以个案修正。更为重要的是，在加大妇女、儿童权益保护的时代背景下，司法机关更应着眼于通过裁判延展个案的社会效果,使保障妇女合法权益成为社会共识和行动自觉,进而有力地弘扬社会主义核心价值观。

（一）对按照“废弃”胚胎处理理由的分析

法官在司法裁判过程中,不仅要严格依法适用法律,更要理解立法的基本精神和价值取向。本案中,对冷冻胚胎的处置问题,应上升到对妇女生育权保障的层面分析。医疗机构以当事人同意、“单身”、违背伦理作为提出按照“废弃”胚胎处理的三项基本理由,但此三项理由均存在与现行《人口与计划生育法》《民法典》规定及基本精神不符的问题。

1. 对当事人意愿的尊重

知情同意规则是医疗机构在实施人类辅助生殖技术过程中贯彻计划生育政策的重要技术手段。从民法视角观之,《知情同意书》具有合同性质,系医疗机构与患者之间就诊疗活动中的具体行为、风险、处理方式等所达成的意思一致。《知情同意书》体现了民法上的意思自治,一方面,彰显了医疗机构与患者在法律上的平等地位;另一方面,也说明了医疗机构对患者及其家属知情权的保障与尊重。同时,签署《知情同意书》也体现了民法上的当事人处分原则,即在不侵害国家、社会、他人利益,不违背法律的强制性、禁止性规定及公序良俗的情况下,当事人有权自由处分自己的民事权利。但在医疗实践中,《知情同意书》一般由医疗机构单方制作,具有明显的格式合同特征,患者或其家属在签字过程中,缺少与医疗机构进行实质性协商、议定的过程。《知情同意书》的签署,意味着患者或其家属接受了将来可能由患者承受的风险及不利后果,暗含着当事人处分原则的法律功效,也成为医疗机构免除责任的“合法”依据。

在冷冻胚胎移植这种特殊的医患关系中,患者所签署的由医疗机构提供的《知情同意书》是在遵循我国20年前的“一孩”计划生育政策的背景下制作的,有关“按照废弃胚胎”处置的内容与如今的《人口与计划生育法》的规定和精神严重背离。面对我国新的人口状况背景和计划生育立法,在冷冻胚胎的处置问题上应当在不侵害国家、社会、他人合法权益,不违反法律的强制性、禁止性规定以及公序良俗的情况下,给予患者更多的处分空间和意思自由。患者与医疗机构于术前所签订的《知情同意书》不应成为一个绝对的、不可更改的意思表示,患者有权作出新的意思表示,依法处分自己的权利,医疗机构亦应予以尊重。本案法院面对被告“已签署《知情同意书》的抗辩”,并未简单地从文义出发进行机械司法,而是本着充分尊重当事人意愿的民法精神,在不违反《人口与计划生育法》《妇女权益保障法》规定的前提下,作出继续履行合同的判决,从而依法保障了妇女的生育权。

2. 对“单身”的理解

原卫生部制定的《人类辅助生殖技术和人类精子库伦理原则》中有关“不得对单身妇女实施人类辅助生殖技术”的规定被置于“维护社会公益的原则”之下，可见当时在国家卫生行政主管部门看来，单身妇女通过人类辅助生殖技术怀孕并生育后代有违社会公益。这样的规定显然是在遵循我国特殊历史背景下“一夫一妻一孩”的计划生育政策下制定的，因为彼时违反“一夫一妻一孩”计划生育政策而出生的新生儿被认为是增加了社会负担，无益于社会公共利益。毫无疑问，这里更多的是政策考量。当然，如果从防止未婚女性通过人类辅助生殖技术生育后代，避免过多的非婚生子女的角度视之，上述规定确实或多或少涉及伦理问题。因为如果允许未婚女性通过人类辅助生殖技术生育后代，可能会从一定程度上“鼓励”女性选择不结婚而生育，长此以往将无法避免地产生新的社会问题。

通过人类辅助生殖技术帮助无自然生育能力的夫妻完成生育，与避免因大量单身妇女通过该项技术生育后代出现大量单亲子女引发社会问题，二者之间存在一定的冲突。如何平衡二者之间的冲突，对“单身”的正确认定至为重要。单身妇女存在以下三种情况：一是未婚单身女性；二是离婚单身女性；三是丧偶单身女性。从“不得给单身妇女实施人类辅助生殖技术”规定的目的及其背景来看，这一规定主要是为了避免“未婚生育”问题。因此，对“单身”的理解不应“一刀切”，也不宜做扩大解释。特别是对于通过人类辅助生殖技术获得人类胚胎的妇女来说，尽管因丧偶而导致夫妻关系自动解除，该丧偶妇女事实上属于单身的法律状态，但能否因此即将其简单划归“单身”妇女，值得商榷。长沙市开福区人民法院在其作出的一份与本案案情基本一致的案件判决中指出，原卫生部规定中的“单身妇女”应当指未婚妇女，与丧偶妇女有本质区别。从当前有关计划生育的法律、政策观之，对“单身”更宜作目的性限缩解释，即对于成功培育胚胎后，因意外情况丧偶的妇女来说，不宜认定为本案所讨论的“单身”妇女。理由在于，对于此类妇女来说，继续通过胚胎移植手术生育子女并未违反现行《人口与计划生育法》，并不损害社会公共利益。因此，在认识和看待是否要继续实施冷冻胚胎移植手术问题上，将成功培育胚胎后丧夫的妇女排除在“单身”妇女范围之外，更有利于保障妇女的生育权。

3. 对是否违背伦理的判断

对新生儿出生后将成为单亲子女的担忧，是医疗机构认定在配偶死亡情况下，继续完成胚胎移植手术违背伦理的重要理由。根据《人类辅助生殖技术和人类精子库伦理原则》，从保护后代原则出发，“如果有证据表明实施人类辅助生殖技术将会对后代产生严重的生理、心理和社会损害，医务人员有义务停止该技术的实施”。由此可知,“对后代产生严重的生理、心理和社会损害”是判断是否应当完成胚胎移植技术的实质标准。对于在本案情形下,是否会产生医疗机构担心的伦理问题,具体分析如下。

首先,对于出生在单亲家庭的孩子来说,其未必就一定会产生严重的生理、心理或社会问题,在正确的家庭教育和学校教育下,以及在正确的社会价值观和法律规范的引导下,单亲家庭的孩子完全可以身心健康地成长,形成完整、健全的人格。其次,丧偶不同于近亲结合、代孕、胚胎赠送等明显违背伦理的行为,在男方死亡之前,冷冻胚胎的培育是在符合伦理观(合法夫妻)的基础上完成的,不能因实施胚胎移植手术过程中男方的死亡而改变对伦理标准的认定。最后,合法夫妻成功通过人类辅助生育技术形成冷冻胚胎的情形,从伦理道德上不应与自然受孕形成胚胎的情形有所差异。如果一般社会观念认为自然受孕的妇女在怀孕期间丈夫死亡,其完成分娩,生育子女不存在违背伦理的问题,那么同样的情形下,只不过是通过技术手段辅助完成子女的生育,亦不应被认为是违背伦理。

此外,在当下,无论是国家法律还是社会观念,对非婚生子女都已经给予平等的对待与尊重。既然我们的社会已经不认为非婚生子是有违伦理的,那么就更不应该认为通过生殖辅助技术生育婚生子女是违背伦理的。总之,尽管人类辅助生育技术涉及伦理问题,但不能仅因为在实施移植手术过程中男方死亡,就认为因继续实施胚胎移植手术而出生的孩子将产生严重的生理、心理和社会损害,进而认为这是违背伦理的。

(二)医疗机构所遵照的诊疗规范应符合上位法规定

本案中,被告北京某医院以继续实施胚胎移植手术不符合原卫生部相关规章制度规定为由,拒绝履行医疗服务合同。但这些规章制度系根据 20 年前的计划生育政策所制定,已与现行《人口与计划生育法》的规定和立法精神不符,亟须对这些规章制度进行调整。

1. 我国有关妇女生育权保护的相关法律

我国《宪法》第 33 条第 3 款规定:“国家尊重和保障人权。”妇女生育权作为一项基本人权,受到我国《宪法》的保护。作为联合国《消除对妇女一切形式歧视公约》的缔约国,我国对妇女权益保护进行了专门立法,《妇女权益保障法》第 32 条规定:“妇女依法享有生育子女的权利,也有不生育子女的自由。”本条所称的“国家有关规定”应为国家有关计划生育的立法和政策性规定。2001 年 12 月 29 日,第九届全国人大常委会审议通过了《人口与计划生育法》,后又分别于 2015 年、2021 年两次进行修正,该法第 18 条第 1 款规定:“国家提倡适龄婚育、优生优育。一对夫妻可以生育三个子女。”足见,我国目前所采取的是一种鼓励生育的政策。此外,我国《民法典》第128条规定:“法律对未成年人、老年人、残疾人、妇女、消费者等的民事权利保护有特别规定的,依照其规定。”可见,《民法典》在保障妇女生育权上准用《妇女权益保障法》的规定。

由上可知,《宪法》《妇女权益保障法》《人口与计划生育法》《民法典》的相关规定构建起了我国对妇女生育权的法律保护体系,这些规定构成了司法机关在依法保护妇女生育权上据以裁判的法律依据,同时也应成为卫生行政主管部门依法行政,以及医疗机构依法依规开展诊疗活动的基本行为准则。

2. 原卫生部规章制度对上位法的背离

为了规范医疗机构实施人类辅助生殖技术行为,原卫生部于2001年先后出台了一系列围绕规范人类辅助生殖技术应用的部门规章制度,[①]并通过这些规章制度确立了知情同意规则、多胎妊娠减胎规则、不得对单身妇女实施人类辅助生殖技术规则,而这些规则的设立均以符合当时的国家计划生育政策为基本前提。因此,医疗机构在对冷冻胚胎处置问题上所遵循的逻辑为,在遵守国家计划生育政策的前提下,只能将完成冷冻胚胎移植手术的条件严格限缩在“在世合法夫妻生育一胎”的范围。正是在这样的逻辑下,赵某某因丧夫而成为北京某医院认为的“单身”妇女,且认为一旦孩子出生将产生伦理问题,故依照原卫生部的相关规章制度不再继续为赵某某实施胚胎移植手术。

需要注意的是,医疗机构所依照的原卫生部的相关规章制度均为20年前所制定,系根据当时的计划生育政策制定的。随着我国的社会背景、人口结构以及《人口与计划生育法》的制定和修改,目前的生育规定与20年前的计划生育政策发生了重大变化,原卫生部有关规章制度的政策依据已失效,故医疗机构所依照的规章制度早已过时。质言之,原卫生部的相关规章制度作为部门规章,其相关规定与《人口与计划生育法》《妇女权益保障法》等法律的规定和精神不符,属于下位法违反上位法的情形。在此情形下,司法机关依据《妇女权益保障法》《民法典》等上位法的规定进行裁判,不但依法保障了妇女的生育权,而且从个案上修正了医疗机构的行为,更为国家卫生行政主管部门修改有关规定提供了司法视角。

(三)司法保护妇女生育权在社会效果上的延展

法院通过司法裁判修正医疗机构基于过时规章制度所实施的诊疗行为,有利于将个案中对妇女生育权的保护,转化为司法保障妇女合法权益的良好社会效果,进而有力地弘扬社会主义核心价值观。

---

① 主要包括《人类辅助生殖技术管理办法》《人类辅助生殖技术规范》《实施人类辅助生殖技术的伦理原则》。

1. 保护妇女生育权是人权保护的进步

人权是对人的生存与发展各项权利的高度概括与凝练，在权利体系中居最高价值的地位。妇女生育权是一项基本人权，是妇女与生俱来的权利，依法保障妇女生育权是人权保障的重要内容。保障妇女对生育与否的自由，是对妇女独立人格的尊重，是消除妇女歧视和男女不平等的重要方面。司法机关在处理涉冷冻胚胎移植相关纠纷时，不仅要在尊重当事人意愿的前提下准确找法、适法，还要从保障妇女生育权这一基本人权的高度进行价值考量，从而通过司法裁判，在依法保障妇女生育权的同时，推进我国人权事业发展。

2. 保护妇女生育权是对当前生育政策的贯彻

与20年前不同，如今国家实施的是一种鼓励生育的政策导向。我国医疗机构对人类辅助生殖技术的应用以及相关操作规范，与国家计划生育政策有着密切关联。人类生殖辅助技术能够被法律承认其合法性，即在于这项技术旨在帮助存在生育障碍的女性恢复生育能力，让其生活得更加健康、幸福。因此，在不违反计划生育法律规定、公序良俗的前提下，尽可能保障有生育意愿但无法自然生育的妇女生育子女，是保障妇女合法权益的重要内容。司法机关在个案处理上，不仅要实现个案正义，从而起到依法适用法律保障妇女生育权，引导当事人修正行为的作用，还要通过司法活动贯彻落实我国现行计划生育法律和政策，从而获得依法鼓励生育的良好社会效果。

3. 司法对传统文化与家庭情感的尊重

从法律上，我国已经承认了生育自由的理念，并在社会心理上形成了对生育自由的普遍认同。因此，要在尊重适育男女独立人格、自主意愿的前提下，积极通过立法、执法、司法引导适育男女生育子女。生育后代往往会成为家庭幸福的源泉，对于部分无法自然生育的夫妻及其家庭来说，没有子女会给其个人及其家庭带来苦恼，甚至产生家庭矛盾。因此，愿意接受人类辅助生育技术的人，对成功生育子女充满期待，一般也都具备抚养能力。基于此，司法机关在面对患者继续实施胚胎移植手术的司法诉求时，除了应当充分尊重当事人的意愿，且对实施胚胎移植手术行为是否违反法律强制性、禁止性规定及公序良俗进行审查外，亦应将中国传统文化与家庭情感纳入裁判考量的范围，尽可能做到天理、国法、人情的统一，从而在充分保障妇女合法权益的同时，实现对社会主义核心价值观的有力弘扬。

（责任编辑：阚道祥）

持续摄录自留地等特殊空间是否构成对隐私权的侵犯
——李甲诉李乙隐私权纠纷案相关法律问题探讨

王佳琪* 丁 宁**

裁判要旨

自留地不属于传统意义上的私密空间，亦不能被归类于公共场所。村民在自留地上耕作时，其劳作、穿戴、交谈等活动具有一定随意性和私密性，所载生产生活信息应属隐私保护范畴。公民安装私人监控设备的同时负有不妨碍他人合法权益的注意义务，如超越合理限度致使他人隐私权遭受侵害，权利人主张停止侵害，人民法院应予支持。

一、据以研究的案例

李甲与李乙系邻居，两家之间相隔一条东西向街道。李甲宅院位于李乙宅院右后方，李乙宅院房屋地势高，李甲房屋地势低。李乙家宅院西侧为李甲家自留地。2020 年 11 月，李乙在其房屋西房山墙南北两侧屋檐下各安装了一个摄像头。李甲认为李乙南侧屋檐下的摄像头摄像范围覆盖其宅院，北侧摄像头摄像范围覆盖其自留地，其本人及家人的日常生活和生产劳作均受到监视，隐私权遭受严重侵犯，故诉于法院，请求判令李乙停止侵权、拆除摄像头、删除录像资料并赔偿李甲及其妻李丙的精神损失费、体检费及诉讼合理支出。

经现场勘查，李乙房屋西房山墙北侧摄像头朝向南，与李甲宅院坐落位置相反，摄像头监控范围包括其西房山墙及房山墙西侧李甲自留地，监控不到李甲宅

* 王佳琪，北京市密云区人民法院立案庭法官助理，北京理工大学法律硕士。

** 丁宁，北京市密云区人民法院民事审判二庭法官助理，郑州大学经济法学硕士。

院。李乙房屋西房山墙南侧摄像头朝向北方,监控范围包括其房山墙及李甲自留地、小部分街道路面,监控不到李甲院门、客厅、主卧室、西厢房卧室、卫生间,其摄像头监控历史亦未发现有李甲及其家人的隐私画面。另查明,李乙所安装的监控摄像头并非遥控转向,调整摄像头朝向需人工手动操作。庭审过程中,李乙辩称因其房屋墙体有保温层,保温材料易燃,为防止李甲靠近其房屋墙体堆放自留地庄稼秸秆,消除安全隐患,故在自家屋檐下安装了摄像头。摄像头未对准李甲房屋院落,故未侵犯其隐私权。

法院经审理认为,自然人享有隐私权。任何组织或者个人不得以刺探、侵扰、泄露、公开等方式侵害他人的隐私。隐私是自然人的私人生活安宁和不愿为他人知晓的私密空间、私密活动、私密信息。除法律另有规定或者权利人明确同意外,任何组织或者个人不得进入、拍摄、窥探他人的住宅、宾馆房间等私密空间,不得拍摄、窥探、窃听、公开他人的私密活动。本案中,李乙在其房屋西房山墙南北两侧屋檐下安装摄像头,监控范围虽不涉及李甲房屋院落等私密空间,但可监控李甲自留地。自留地虽不属于私密空间,但系农村家庭户成员专属经营土地,也不属于公共场所。因村民在自留地上耕作时,耕作人的穿戴、行为动作等具有一定随意性,故持续监控他人在自家土地耕作的行为亦属侵犯他人隐私。据此,李乙应调整其监控摄像头朝向,调整后的监控范围不得覆盖李甲房屋、院门、院落及其自留地。

当事人对自己提出的诉讼请求所依据的事实或者反驳对方诉讼请求所依据的事实,应当提供证据加以证明,但法律另有规定的除外。当事人未能提供证据或者证据不足以证明其事实主张的,由负有举证证明责任的当事人承担不利的后果。因监控历史中未发现李甲及其家人的隐私画面,故对李甲要求李乙删除监控资料全部内容的诉请不予支持。对李甲要求李乙赔偿其本人及其妻李丙精神损失费、体检费之诉请,因其提供的证据仅有李丙的健康体检报告,不能证明损失金额,亦不能证明损失结果与其主张的侵权行为之间存在确定的因果关系,故不予支持。

综上所述,法院最终判决:(1)李乙于本判决生效之日起 7 日内调整其房屋西房山墙屋檐下的摄像头朝向,使其监控范围不得覆盖李甲家房屋、院落、院门、自留地;(2)驳回李甲的其他诉讼请求。宣判后,原告李甲、被告李乙均服判息诉。

二、相关法律问题探讨

在信息工业革命的背景下,视频监控技术的快速发展推进了智慧城市的建设,犯罪在天网地眼下无所遁形,人民群众的安全感进一步提升。随着高精尖技术民用化的趋势,视频监控被个人、家庭等私主体普遍运用以保护其自身利益。

但不可忽视的是,缺乏规范的民用视频监控很有可能会变成侵犯他人隐私权益的工具。公民安全意识和隐私保护意识的同时觉醒,使视频监控引发的矛盾冲突在现实中越发突出。在司法实践中,隐私权纠纷引发的案件数量相比过去显著上升,农村地区邻里之间因安装摄像头所引发的隐私权纠纷也初显苗头。

尽管《民法典》明确了隐私及隐私权的含义,并依次列举了侵犯隐私权的六种情形,但成文的法律总是滞后于多变的现实。在实际审理过程中,由于隐私权条款的概括性和现实复杂权利的交织,法官在对隐私权保护范围以及是否构成侵犯隐私权的认定上仍存在很大争议和自由裁量空间。

(一)特殊空间的生产、生活信息是否属于隐私权保护范围

隐私从最初仅指"独处权",逐渐扩张为包含空间隐私、信息隐私、生活安宁等内容的复合体,这深刻表明其意义已不再局限于私人生活空间。包括特殊空间在内的非私人生活空间与私人生活空间隐私类型有所不同,决定了两者在权利的内容及侵权的构成要件上都有所差异。① 对于特殊空间内生产、生活信息是否属于隐私的认定应结合隐私的概念内涵、空间的属性、信息的特性进行认定。

1. 内涵解读:隐私及隐私权

"隐私"一词滥觞于古希腊著名思想家亚里士多德所提出的公共生活(城邦)与私人生活(家庭)之间的界分。② 相较于公共生活的"公开性"和他人干预,隐私强调私人生活的"私密性"和自我支配。作为隐私概念的早期萌芽,古希腊学者对隐私的定义以公私区域的划分为前提,但尚未形成隐私权的概念。直至 1890 年,美国学者塞缪尔·沃伦(Samuel D. Wallen)和路易斯·布兰代斯(Louis D. Brandeis)在《论隐私权》(*The Right to Privary*)一文中率先提出"隐私权"这一概念,并将其定义为"独处权"及保有自己个性的权利。③ 作为一个历史概念,隐私的内涵随着经济社会的发展、人类活动空间的变化及个人意识的觉醒而日渐丰富,隐私的意义和价值日益凸显,隐私权从最初仅指空间上的"独处权"逐步发展为"私生活信息"受到保护、"生活安宁"不被打扰等多重含义。部分自由主义学者将其定义为个人对自身信息的掌控权、自身事务的自主权,甚至自由追寻生活之权利。④

回溯我国隐私权立法进程,1988 年最高人民法院发布的《关于贯彻执行〈中

① 参见王利明:《隐私权概念的再界定》,载《法学家》2012 年第 1 期。

② 参见石佳友:《隐私权与个人信息关系的再思考》,载《上海政法学院学报(法治论丛)》2021 年第 5 期。

③ 参见王利明:《隐私权的新发展》,载《人大法律评论》2009 年第 1 期。

④ 参见张超:《隐私权的政治哲学辩护》,载《北方法学》2009 年第 3 期。

华人民共和国民法通则〉若干问题的意见》(已失效)首次提及“隐私”的概念,2005年修订《妇女权益保障法》首次明确规定了隐私权是一种权利,后《侵权责任法》(已失效)首次采用隐私权的概念并将其与名誉权相剥离。《民法典》的出台则进一步明确隐私权是一项具体人格权,并对隐私的内容作出具体规定。依据《民法典》第1032条之规定,隐私大致可分为四类,即私人生活安宁、私密空间、私密活动、私密信息,这表明立法中隐私的范围是广义且宽泛的。据此,客观上一切与个人有关且主观上不愿为人知晓的信息,均可被认定为隐私。

2. 概念限定:特殊空间

“空间”有两个维度,即物理空间及非物理空间。物理空间指传统意义上的三维空间,如房屋、庭院、操场等现实存在。非物理空间既包括个人享有的不被打扰的私密状态,也包括虚拟的互联网空间。我国隐私权相关法条中的“私密空间”独立于其他三类,通过四类隐私的并列关系和语义,可推断出“私密空间”主要限定于物理空间。

本文所述特殊空间,是指包括部分公共场所以及兼具公属性和私属性的场所。私密空间在实践中主要可表现为两种形式:一为绝对的私人空间,即私人所有的住宅、租住的房间、生活的船舱等不受打扰;二为相对的私人空间,即本文所指的特殊空间,包括部分公共场所,如院门前的道路、宅院围墙周围等能够反映个人生产、生活、会客等私密信息的场所,也包括某些兼具公属性和私属性的场所,如本案中自然人耕种的自留地。特殊空间虽没有长、宽、高等三维的封闭限制,也非个人所有,但因限于特定人使用而具有一定私属性。

3. 认定标准:如何认定特殊空间内生产、生活信息属于隐私

特殊空间中公共成分的参与,导致对特殊空间内生活信息是否属于隐私的判定存在一定困难,也造成司法裁判尺度不一。判定空间内的生产、生活信息是否属于隐私保护客体范畴,应当结合空间的特殊属性及案件的实际情况进行分析,并着重考量以下两点要素。

第一点,应当首先考量使用对象的特定性。若特殊空间由特定人员独自使用或共同使用,则相较一般社会公共空间,特殊空间使用人员更为具体特定,特定人员及其家人、亲友的相关信息就很有可能构成个人隐私。这些日常行踪信息、生活信息在长时间、有计划、有目的地被注视状态下,个人所愿意展示的信息难以完全受其控制,其所暴露的信息也很可能远远大于个人的主观意愿,事实上导致个人丧失对自身信息的选择暴露权和控制权,同时增加了个人隐私暴露的不安全感和精神压力。[①] 本案中,李乙监控摄录范围中的街道系李甲与李乙两

① 参见江西省上饶市中级人民法院民事判决书,(2021)赣11民终219号。

家宅院之间的东西向街道,该街道由李甲与李乙本人及其家人、亲友共同使用,是两方人员往来、会客的必经之路,因街道路面与特定人员的私人生活产生了密切关系,反映了个人不愿为人知晓的私人生活信息,故应认定该特定街道路面所反映的生活信息属于隐私保护范围。

第二点,还应当考虑相关信息的私密性。隐私以"羞耻心"为开端,源于人类早期"知羞耻""掩外阴"的心态。[①] 虽然随着社会发展隐私的内容日益丰富,但隐私作为人之为人的本质属性,其表现出的实质内核仍然为个人的"私隐",即个人不愿为人所知而愿自行其是的欲望。[②] 不同活动环境下,隐私权所涉及的自我成分也会因为内容不同而具有不同程度的私密性。本案中,考虑到农民劳作的特点和随意性,农民在自留地上进行耕种劳作时,极大可能会存在交谈、休息、更换衣物等私密行为,这些行为体现了个人不愿为人知晓、不愿公开的身体信息、劳动信息等。从这个角度说,自留地上特定人员的相关信息属于个人隐私,应当被纳入隐私保护的范围。

(二)持续摄录特殊空间是否构成对隐私权的侵犯

对于隐私权纠纷的案件来说,诉争行为是否构成侵犯隐私权是案件的核心争点。而《民法典》第1033条的规定仅对侵犯隐私权的几种类型进行了正向列举,并未对侵犯隐私权的行为做相对整体的解释,亦未对监控特殊空间的行为作出明确规定,这导致实践中对侵犯隐私权的认定存在一定困难。判定监控特殊空间是否构成侵犯隐私权,仍需从侵犯隐私权的责任构成要件着手,结合个案特点和法理原则予以综合考量。

侵害隐私权的侵权责任适用过错责任原则,在责任构成上须具备违法行为、损害事实、因果关系和主观过错四个要件。违法行为,即侵权人实施了侵害他人隐私权的行为,在我国立法上主要表现为刺探、侵扰、泄露、公开等积极作为的方式,如拍摄、窥视他人住宅、身体、私密活动等;损害事实,即私人隐私遭受某种不利益的影响,往往伴随精神损害结果的产生;因果关系,即侵害隐私权的违法行为与损害后果之间责任范围内引起与被引起的相当因果关系;主观过错,即行为人主观上存在过错,包括故意和过失两种心理。司法实践中,对违法行为及因果关系的判定可依据一般人的经验和常识作出,裁判者一般比较容易作出判断,故本文对此不做过多讨论。此类案件的争议焦点主要集中于对损害事实及主观过错的认定,下文主要对这两个方面进行分析。

---

① 参见张新宝:《隐私权的法律保护》,群众出版社1997年版,第13页。

② 参见王秀哲:《隐私、隐私观念与隐私权》,载《理论与改革》2005年第1期。

1. 客观方面:损害事实的认定

在客观方面如何认定隐私权损害事实?司法实践中,笔者认为应参考适用“事实上造成侵犯隐私的威胁”及“合理的隐私期待受到侵犯”两个标准。

第一,事实上造成侵犯隐私的威胁。在我国司法实践中,关于如何认定隐私侵权损害事实,存在三种宽严程度不同的认定标准,即严格的实质性损害①、事实上的隐私威胁②、侵权行为推定产生损害后果③。在认定侵害隐私权行为存在的前提下,过分强调损害后果需达到一定“门槛”方可认定侵权责任,可能会助长隐私权侵犯案件的发生;④损害后果推定原则的适用则会使侵权的认定过于容易,造成侵权责任被过分扩大。而“事实上造成侵犯隐私的威胁”这一标准既不过分严格,也不过分宽松,体现了法律的公平和公正,因而在对特殊空间内是否存在损害事实的认定上采用“事实上的隐私威胁”标准较为合适,达到一定的程度,存在隐私遭受侵害的现实威胁,就判定构成损害事实的要件。本案中,李乙监控设备可以持续监控李甲及其家人的一定生产、生活信息,事实上造成了侵犯隐私的威胁,因而法院最终认定该行为侵犯隐私权。

第二,合理的隐私期待受到侵犯。“合理的隐私期待”指客观上被一般人所认可的合理的隐私期待,即从一般人角度出发,该信息、活动、行为等应为个人支配、决断,而不被他人知晓、妨害。这种客观标准避免了主观合理隐私期待的随意性、不可判断性。

特殊空间有其特殊性,公共成分的参与使在对私人信息是否属于隐私的认定上存在困难。但如果从一般社会人的角度出发,认为该信息价值被法律、政策、风俗习惯等所肯定,应当被法律所保护,而违法行为恰好打破这种期待,那么应认定该行为侵犯了合理的隐私期待,进而导致了对隐私权的侵犯。本案中,李乙对特定街道路面及李甲的自留地进行长时间的跟踪监控、画面拍摄、内容存储。特定街道路面的特定人员往来信息、会客信息属于个人隐私客体项下的社会关系信息,公民在自留地的生产、生活活动也属于具有隐私性质的人格利益,二者均应受到法律的保护,对其进行监控难免使李甲主观上感到隐私期待性受到侵犯,并且客观上这种隐私期待性也被社会一般人所认可,故可据此认定损害事实的产生。

---

① 参见江苏省南京市中级人民法院民事判决书,(2014)宁民终字第5028号。

② 参见上海市嘉定区人民法院民事判决书,(2019)沪0114民初13714号;上海市第二中级人民法院民事判决书,(2016)沪02民终7204号。

③ 参见上海市浦东新区人民法院民事判决书,(2009)浦民一民初字第9737号。

④ 参见杨立新:《侵害公民个人电子信息的侵权行为及其责任》,载《法律科学(西北政法大学学报)》2013年第3期。

2. 主观方面:主观过错的来源

主观过错包括故意和过失两种心态,司法实践中因故意而侵犯他人隐私权的较为常见,在具体认定上也较为简单,本文不做详细论述。随着高新技术的发展,尤其是监控摄像的广泛应用,过失侵犯隐私权的案件日益多发。这里的“过失”主要是行为人负有注意义务而行为突破合理限度所致。注意义务指行为人负有的细心谨慎行事,避免给他人造成损害或损害威胁的责任,即在交往活动中,行为人在行为之时应合理预见可能的危险并据此作为或不作为,以防止危险的发生。注意义务既包括结果预见义务,也包括结果避免义务。

随着社会的发展,具有安全要求的规范越来越多,注意义务一方面能够将这些规范体系中隐形的安全保障义务转化为具有私法意义的行为规范,另一方面亦能在规范尚未覆盖的领域通过法官自由裁量获得特定的行为义务。[①] 司法实践中,在公共场所或特殊空间安装摄像监控装置主要是出于保护个人财产或集体财产安全,避免自身或集体的合法权益遭受不法侵害之目的,具有一定合理性,因此该自主救济权利在合理限度内受法律保护。但需注意,行为人在安装监控设备保障自身安全利益的同时,负有不妨害他人合法权益的注意义务,若未能善尽注意义务,导致行为超出合理限度,即构成对他人隐私权的侵犯。[②] 本案中,李乙安装监控的目的是防止李甲靠近其房屋墙体堆放自留地庄稼秸秆,消除安全隐患。但其在行为之时应考虑到该监控可能会拍摄到他人隐私,故其在监控朝向的设置上应慎之又慎。李乙违反注意义务,存在主观上的过错,故法院在综合考量各种因素的前提下,认为李乙负有调整监控摄像头朝向的责任,调整后的监控范围不得覆盖李甲房屋、院门、院落及其自留地。

综上所述,事实上,在信息技术不断实现跨越式发展的当下,公民在某些特殊空间内隐私权受到侵犯会越来越具有普遍性,个案呈现的样态也会越来越具有特殊性。为了更好地保护公民的隐私权,在司法审判中,裁判者应在现有法律规定框架下,回归隐私“隐”和“私”的本质,考察特殊空间内个人信息的特定性、秘密性、私人性及不愿为他人所知的主观性来判定该信息是否属于隐私权保护客体范畴;综合考量行为人是否尽到不妨害他人合法权益的注意义务、行为是否造成事实上的侵权威胁、是否侵犯公民的合理隐私期待等要素来判定诉争行为是否构成侵犯隐私权。

(责任编辑:王　晨)

---

① 参见金凌:《略论注意义务对我国侵权行为法的启示》,载《法学评论》2009 年第 2 期。

② 参见广东省深圳市南山区人民法院民事判决书,(2020)粤 0305 民初 28941 号。

基于劳动关系所获股票期权的行权争议作为劳动争议处理的裁判要素

——包某诉北京某甲科技有限公司、某乙公司劳动争议案相关法律问题探讨

杨　永*

裁判要旨

1. 劳动者因基于劳动关系建立、履行所获附条件赠与之股票期权产生的行权争议,可在劳动争议项下审理。

2. 在所附条件未决期间,股票期权作为期待权,劳动者与用人单位均应遵循诚实信用原则,尊重双方约定之条件成就或不成就之规则,协商解除劳动合同并非不正当阻止行权条件成就。

3. 在所附条件成就后,股票期权作为形成权,劳动者无正当事由未在约定的行权期权内行权视为放弃行权。

一、据以研究的案例

2011 年 5 月 7 日,北京某甲科技有限公司(以下简称某甲公司)向包某发送"来自某乙网的录用通知"的电子邮件,载明薪酬待遇为月薪税前 18 000 元,期权 5 万股。2011 年 5 月 30 日,包某入职某甲公司,担任市场媒介总监,签订了期限至 2016 年 5 月 29 日的劳动合同。2011 年 11 月 1 日,某乙公司经由董事王某签字,向包某作出《某乙公司—2011 年股权激励计划—股票期权授予通知》(以下简称《期权授予通知》),载明:"根据本期权授予通知、不时修正的某乙公司

* 杨永,北京市海淀区人民法院法官,北京理工大学法学硕士。

2011年股权激励计划及列为附件的股票期权授予协议,阁下已被授予一项购买股票的期权……授予日2011-11-01,授予起始日2011-08-01,每股行权价0.1美元,期权股票总数50 000,总行权价5000美元,期权类型非法定的股票期权,终止后行权期限三个月……在期权人基于一定事由终止持续服务时,除非管理人作出其他决定,期权人行权的权利应当随持续服务的终止而终止,公司有权以管理人决定的折扣价格回购期权人基于期权的行权而购买的股份。如期权人违反其与公司或公司关联方签订的协议项下的不竞争义务、参与与公司或关联方从事的业务有直接竞争关系的业务或在该等业务中有关联或利害关系,除管理人作出其他决定,期权人行使期权的权利应立即终止……"

2013年5月21日,某甲公司向包某作出解除劳动合同通知;2013年11月15日,法院作出民事调解书;某甲公司与包某之间的劳动关系于2013年5月21日解除,包某保留向某甲公司主张期权的权利。

2013年11月19日,某甲公司人事向包某发送电子邮件,通知其行权。2014年2月5日,包某回复电子邮件,此后双方就劳动合同解除日期认定、行权价格、个税数额等通过电子邮件进行沟通。2014年2月13日,公司向包某发送电子邮件就上述沟通内容进行答复后,包某未再回复,包某主张曾就此进行电话沟通,但并未就此提举证据,并于2014年5月19日就期权争议提起劳动仲裁。包某未向指定的银行账户交纳相应款项。

原告包某诉称,在其离职后,某甲公司向其发出行权通知,但其对可行权期权的股数、市场公允价,继而对据此计算的纳税额均持有异议,因二被告对此存在过错,导致其无法行权。其原持有的某乙公司的股票期权经过融资后对期权1拆4及2015年某乙公司与大众点评网重组后对期权1拆2,其起诉要求确认截至2015年10月6日其享有以0.0125美元/股的价格购买某乙公司的股票229 160股的权利,某甲公司、某乙公司在其向某甲公司指定的账户支付行权款后30日内,为其办理股权登记手续。

某甲公司、某乙公司共同辩称,(1)包某与某甲公司间仅存在劳动关系、包某与某乙公司间仅存在期权合同关系,期权授予的原因不能导致两种法律关系相互混同、吸收或转化,劳动争议与期权合同争议不属于相同或同一种类的诉讼标的,不应合并审理。劳动争议与期权合同争议分属两个独立的法律关系,不应适用相同法律规范进行裁判。(2)期权不符合劳动报酬经济性、对价性和确定性的本质特征,不属于劳动报酬。包某与某甲公司之间并无关于股票期权劳动报酬的约定,某甲公司不负有向包某给付任何公司的股票期权的义务。即便包某与某甲公司之间存在股票期权劳动报酬的约定,因包某早已从某甲公司离职,公司有权基于用人单位用工自主权,决定不予发放,或综合考虑包某对公司的贡献程度和损害程度,发放相应金额的劳动报酬。(3)行权期限是双方约定的履行期间,按照交易习惯理解,期权行权亦应是按照约定的价格支付行权价款购买约定数量股份的行为,包某在收到行权通知邮件后自主放弃了行权的权利,自行权期届满之日起其请求行权的权利已终止。

一审法院经审理认为:第一,本案中的股票期权争议可以纳入劳动争议案件中进行审理。股票期权的被授予方通常是公司的高级管理人员及其他员工,股票期权协议的双方通常存在劳动关系,在协议中经常约定员工一方需要履行的忠诚勤勉义务,违反义务的员工会被取消行权资格。在双方劳动关系解除或者终止时,会约定行权的有效期限。员工股票期权的取得及行权均与其劳动关系紧密相连,其中体现了劳动者从属于用人单位管理、通过劳动获得报酬的劳动关系典型特征。员工取得的股票期权收益与劳动报酬更为接近,或者属于一种福利待遇,而非一种单纯的投资收益。本案中,包某取得股票期权以与某甲公司存在劳动关系为前提,并且授予通知中所载的授予股数,系源自此前某甲公司向包某作出录用通知中的承诺。包某的期权权益与劳动关系的建立、履行、解除紧密相关,本案争议可以在劳动争议案由项下审理。

第二,包某未在行权期限内行权丧失了对股票期权行权的权利。期权授予条件成就后,作为形成权期权人有权选择是否行权,对行权期限加以设定符合制度设计的本意与交易习惯。《期权授予通知》对股票期权的授予日、行权价、行权条件、行权期等均作出约定,系当事人真实意思表示,并未违反法律、行政法规的强制性规定,亦符合公平原则,具备约束力。基于该授予通知约定,2013 年 11 月 19 日包某收到股票期权的行权通知,该通知中明确载明行权时限为自当日起 90 日内,若决定行权,应在 90 日内将相应行权金额、个人所得税汇至指定账户,办理相应手续。包某未向邮件中指定的银行账户交纳相应款项。针对包某提出的异议:首先,对于可行权股数,包某认可根据《期权授予通知》,劳动关系解除日为期权授权终止日,其应当知晓民事调解行为对期权权利的影响,现有证据不能证明该自认系其为达成调解协议作出妥协而认可的事实,故公司一方依据民事调解书中确定的劳动关系解除时间核算可行权股数符合约定,并非公司不正当阻止行权条件成就。其次,对于个人所得税金额,包某主张某乙公司尚未上市,故其不应缴纳个人所得税不具有法律依据。最后,针对其主张公司一方提供的市场公允价不合理,导致个人所得税金额畸高,鉴于授予通知中仅约定行权价,包某离职时某乙公司并未上市,无法以股票市值作为核算收益的依据,授予通知中并未对此情形作出约定,作为个人所得税的扣缴义务人,应合理核算税金,并在行权程序中予以代扣代缴。个人所得税的缴纳并非《期权授予通知》约定的权利、义务内容,而系基于股票期权行权所产生的税收法律关系。征税标准和税金核定,应由税务征管机关确定,公司应就依法计算税金尽到注意义务,并对员工进行合理解释,员工认为公司初步核算的个人所得税金额不当的,可申请税务征管部门进行核定。公司一方已就个人所得税问题在往来邮件中向包某作出了合理解释,包某提交的证据不足以证明公司一方以不当提高个人所得税的方式对其行权进行阻碍,亦未擅尽其作为期权权利人的注意义务,未申请税务征管部门对征税标准和金额进行核定。综上,在对包某的疑问均予以合理解释之后,包某未在行权期限内办理行权手续,应当认定其丧失了对股票期权行权的权利。

包某不服提起上诉,认为其没有行权具有合理理由,公司一方虽作出解释,但该解释非合理解释,其不应因此丧失股票期权的行权权利,请求撤销一审判决。二审法院经审理判决驳回上诉,维持原判。

二、相关法律问题探讨

本案系劳动者基于劳动关系获得股票期权,在劳动关系解除后请求行权而产生的争议,系员工股票期权争议作为劳动争议处理的典型案例。股票期权是上市公司按照规定程序授予本公司或其关联企业员工的一项允许被授权员工在未来时间内以某一特定价格或条件购买公司一定数量的股票的权利,[①]作为使用最为广泛的一种股权激励方式,其旨在构建起企业与员工之间利益共享、责任共担的利益分配机制,激励员工持续勤勉为企业提供服务。因对股票期权收益的性质、劳动关系与期权授予协议之间关系认定等存在分歧,且涉及劳动法与公司法、证券法等不同部门法律的交叉适用,而我国当前的法律、法规及司法解释对于员工股票期权行权产生的争议处理尚无明确的规范指引,实践中对于此类案件可否作为劳动争议案件处理分歧较大。本案引申出对于劳动者基于劳动关系建立、履行获得之股票期权的权利性质、期权授予合同与劳动合同之间的关系的讨论,分析此类行权争议可作为劳动争议处理的正当性及范围,并基于此分析认定行权条件成就的裁判思路与权利救济路径选择。

(一)此类争议作为劳动争议案件处理的正当性分析

司法实践中,存在劳动者以劳动争议为案由起诉,法院审理认为股票期权并非法定的劳动报酬或福利形式,也并非基于劳动者身份所享有的权利,不属于劳

---

① 《上市公司股权激励管理办法》第28条第1款规定:"本办法所称股票期权是指上市公司授予激励对象在未来一定期限内以预先确定的条件购买本公司一定数量股份的权利。"

动法的调整范围,不应纳入劳动争议受案范围,[①]亦存在劳动者以合同纠纷为案由起诉,法院经审理认为限制性股票属于其劳动合同建立形成过程中发生的纠纷,应属于劳动争议,以未经过仲裁前置程序驳回起诉的情形。[②] 不同认定直接影响到当事人权利救济路径选择与权利保护,而认定分歧主要在于股票期权收益的性质、期权授予合同与劳动合同之间的关系,因此有必要就此分析该等争议作为劳动争议案件处理是否具有正当性。

1. 股票期权的权利属性。针对股票期权的权利属性,主要有形成权说[③]、期待权说[④]、期待权与形成权结合说[⑤]三种观点。综合分析上述观点,以期待权与形成权结合说即分阶段说分析期权取得、行权更具合理性。股票期权于等待期属于期待权,其间劳动者勤勉、忠实提供劳动系股票期权赠予所附之条件,该条件并非形成权行使所附条件,而系作为既得权的形成权生效所附条件。待行权条件成就,劳动者取得的选择行权或不行权的权利系形成权,选择行权通知送达后,则劳动者与用人单位或期权授予主体之间形成股票买卖合同,劳动者负有支付行权款项、用人单位或期权授予主体负有交付股票的义务。本文针对股票期权授予、行权的分析均以分阶段说为前提进行分析。

2. 股票期权转让及行权收益属于可变薪酬。针对股票期权是否属于劳动报酬,持否定说的观点认为,根据《工资支付暂行规定》第 5 条的规定,工资应当以法定货币支付,不得以实物及有价证券替代货币支付[⑥]。对此,股票期权授予于等待期为期待权,期权人并未取得有价证券,而仅当所附条件成就且期权人选择行权后,其方可取得有价证券形式的股票。但在期权权利人选择行权或转让期权过程中,其选择行权支付的对价低于股票市场价格、转让期权的收益高于股票的市场价值,反之则其不会选择行权或转让期权。因此,在期权或股权转让时,必然会为劳动者带来差价的收益,该等收益虽系可变数额,但可以货币形式体现,且形式并非有价证券,该等收益具有劳动报酬的经济性。

《财政部、国家税务总局关于个人股票期权所得征收个人所得税问题的通

---

① 参见何某某、亿滋(中国)有限公司劳动争议案,北京市第三中级人民法院(2017)京 03 民终 3401 号民事判决书。法院认定因股票及股票期权等属于公司股东或股东相关权利问题,不属于本案处理范围,当事人可另行解决。

② 参见贺某与全美测评软件系统(北京)有限公司合同纠纷案,北京市第三中级人民法院(2015)三中民终字第 12139 号民事裁定书。该案一审裁定驳回起诉后,二审裁定撤销一审裁定,进行实体审理。

③ 参见许英林:《境外股票期权纠纷的几个实践问题》,载《人民司法 · 应用》2018 年第 25 期。

④ 参见高振雄:《论股票期权的法律性质》,载《商品与质量》2012 年 S3 期。

⑤ 参见常传领:《股票期权法律关系之分析》,载《社会科学辑刊》2009 年第 1 期。

⑥ 参见广东省高级人民法院民事裁定书,(2018)粤民申 4076 号。

知》规定,员工行权时,其从企业取得股票的实际购买价(施权价)低于购买日公平市场价(该股票当日的收盘价)的差额,是因员工在企业的表现和业绩情况而取得的与任职、受雇有关的所得,应按"工资、薪金所得"适用的规定计算缴纳个人所得税。员工将行权后的股票再转让时获得的高于购买日公平市场价的差额,是因个人在证券二级市场上转让股票等有价证券而获得的所得,应按照"财产转让所得"适用的征免规定计算缴纳个人所得税。

本案中,某乙公司与包某约定的行权价为每股行权价 0.1 美元,无论于劳动合同解除之时某乙公司的股票估价或是后续某乙公司上市后的股价均高于该行权价,这是包某选择行权的基础,势必将给包某带来收益,且该等收益应当按照"工资、薪金"所得交纳个人所得税,包某以公司未上市为由主张无须交纳个人所得税则缺乏依据。

另有观点认为,《国家外汇管理局关于境内个人参与境外上市公司股权激励计划外汇管理有关问题的通知》并未规定必须在劳动关系存续期间行使股票期权,①因而股票期权收益不属于劳动报酬,该分析系基于股票期权条件成就或部分成就后,作为形成权,其行使无须处于劳动关系存续期间,但期权授予协议的签署、履行系处于劳动关系存续期间,且劳动关系存续期间的长短,以及劳动关系存续期间及解除后合同义务的履行情况直接影响到股票期权行权条件成就及行权数额。事实上,在期权授予合同因劳动合同解除或终止而终止履行的情形下,期权行权多发生于劳动合同解除或终止之后,本案中包某主张行权亦发生在与某甲公司解除劳动合同之后。

3. 期权授予协议的签订系劳动合同约定的具体化。通过分析股票期权的取得形式,在劳动合同或附件中就薪酬约定可以选择固定数额薪酬或者数额较低的固定薪酬+股票期权的情形下,股票期权授予源于劳动合同的直接约定,若其中对于期权授予的内容约定不明确,需进一步签署期权授予协议或作出期权授予通知予以明确,②股票期权协议的签署系基于劳动合同及其附件之约定,系对劳动合同中不明确约定之具体化。

4. 期权授予协议的履行附随劳动合同义务。通过搭建 VIE 结构(Variable Interest Entities,可变利益实体)③进行境外上市是当前我国多数上市互联网企业的常用路径。随之导致境内用人单位与劳动者约定的股票期权的授予主体多为

---

① 参见最高人民法院民事裁定书,(2013)民申字第 739 号。

② 参见北京市海淀区人民法院民事判决书,(2013)海民初字第 17034 号。

③ 参见韩金红:《中国企业 VIE 模式境外上市的动机及效果研究》,东北财经大学出版社 2015 年版,第2~3 页。

境外关联主体,出现用人单位与期权授予主体不一致的情形。在此情形下,劳动关系建立于境内用人单位与劳动者之间,而劳动者另与期权授予主体签订股票期权授予协议。

劳动合同虽未直接约定期权授予,但期权授予协议约定的期权授予的附随条件包括稳定提供劳动的期限、业绩指标以及不竞争义务等劳动合同履行内容,期权权益与劳动关系的建立、履行、解除紧密相关,作为从合同的期权授予协议因作为主合同劳动合同的终止、解除而终止。此外,期权条件授予条件认定涉及的服务期、劳动合同解除或终止导致员工丧失行权资格的约定有效性的认定则属于劳动争议,无法在合同纠纷中直接处理。

劳动者作为期权授予协议的受要约人,虽可以选择接受或不接受期权授予协议或期权授予通知的要约,但并不等同于劳动者与期权授予协议签署或发出期权授予通知的相对方系完全平等的民事主体之间的关系。股票授予协议通常由用人单位或授予主体单方制定,相关文件多为外文条款,在相关条款的解释、权利义务平衡方面必须考虑劳动关系双方缔约时地位及谈判能力的不对等性。

本案中,包某与某甲公司建立劳动关系,某甲公司向包某发放之录用通知中明确约定期权作为薪酬待遇的组成部分,而后包某收到某乙公司向其发出的期权授予通知,就录用通知中承诺之股票期权的行权期限、行权价格、行权方式进行了约定,明确约定股票期权生效所附带的服务期限、竞业限制等,其中体现了劳动者从属于用人单位管理、通过劳动获得报酬的劳动关系典型特征。

5. 可在劳动争议项下处理的期权授予纠纷的范围。基于劳动关系取得,且附随的条件包括业绩目标、持续提供劳动期限、竞业限制等劳动合同义务的股票期权,其行权收益属于可变劳动报酬或福利待遇,劳动者与用人单位或期权授予主体因期权行权产生的行权争议可作为劳动争议处理,人员范围仅限于与期权授予主体或其关联主体存在劳动关系的人员、在劳动关系存续期间取得的股票期权,且不包括行权后基于股东身份与公司之间产生的争议。

非劳动者取得的期权产生的行权争议不应作为劳动争议处理。与公司之间不存在劳动关系的董事、监事系基于与股东会之间的委托关系行使董事、监事职责,该类人员取得的股票期权行权引发的争议与劳动合同无关,并非劳动争议,应作为合同纠纷处理,适用公司法、证券法有关规定。期权人行使股票期权取得股权后,基于股东身份而参与企业税后利润分配取得的所得的股息和分红,与劳动者身份与劳动合同履行无关,由此产生的争议亦不属于劳动争议。

(二)行权条件未决期间的期待权保护与形成权行使

1. 条件未决期间的期待权保护。作为一种附条件的法律行为,在行权条件成就状态未决期间,当事人应当遵循诚实信用原则,尊重双方约定之条件成就或不成就之规则,负有不实施不正当行为使条件偏离自然前行轨道的义务[①]。期权授予协议履行期间,股票期权所附条件尚未成就或未完全成就,协议相对人之间均应按照约定全面履行自己的义务,遵循诚实信用原则,不得不正当阻止或促成条件成就,期权授予协议所附义务主要为全面、忠实履行劳动合同。

用人单位不得不正当阻止劳动者提供劳动,若违法解除劳动合同,劳动者可主张继续履行予以纠正,其间不因劳动者未实际提供劳动而中止期权授予协议的履行与行权条件的成熟。作为劳动者,应当遵守用人单位的劳动纪律、规章制度、竞业限制及保密义务等;劳动合同解除或终止后,还需在约定期间履行竞业限制等后合同义务。

本案中,包某与某甲公司之间的劳动关系因双方通过法院调解认定解除时间,劳动合同的解除并非用人单位不正当阻止条件成就,因此,公司主张依据生效的调解书认定的解除时间核算可行权的股数并无不当。

2. 条件成就后的形成权行使。期权授予协议所附条件成就或部分成就后,劳动者享有选择行权的形成权,该权利的行使将于劳动者与期权授予主体之间形成股权买卖合同关系。作为双务合同,劳动者与期权授予主体需履行支付价款和交付股票的义务。双方亦应当遵循诚信原则,根据合同的性质、目的和交易习惯履行通知、协助、保密等义务。

本案中,某甲公司根据交易习惯已向包某履行通知义务,设置行权期限亦符合交易习惯,且为期权授予通知明确约定之义务,包某提出无须缴纳个人所得税缺乏依据,且在公司已就市场公允价作出合理解释后,包某未于行权期限行权,则其丧失了行权权利。

(三)请求权竞合下权利人可自由选择请求权行使

同一法律事实同时满足两个以上民事责任之构成要件,从而导致多个民事责任均告成立的法律现象为责任竞合,从权利人角度则为请求权竞合。基于劳动关系取得股票期权行权的请求权,存在劳动合同与期权授予合同请求权竞合的情形,当其中一个请求权得到满足,其余请求权均归于消灭;而某一请求权并不因另一个请求权因目的达到之外的原因消灭,而导致该请求权无法行使。[②]本案所涉争议作为劳动争议处理具备正当性,但若劳动者直接选择以合同纠纷为由要求期权授予主体给付股权亦具备请求权基础,其中如涉及劳动合同解除后竞业限制义务履行等劳动合同义务的认定仍应当作为劳动争议处理。

此外,选择不同的请求权路径可能涉及法院管辖权、仲裁条款的效力审查、

---

① 参见翟远见:《合同法第 45 条(附条件合同)评注》,载《法学家》2018 年第 5 期。

② 参见王泽鉴:《民法思维:请求权基础理论体系》,北京大学出版社 2009 年版,第 131 页。

域外法律的适用等认定。本案中,某乙公司系注册于境外开曼群岛,具有独立法人资格的公司,包某签署的某乙公司作出的《期权授予通知》中约定按照美国加利福尼亚州法律解释并受其管辖。如选择劳动争议起诉,在没有其他法律规定的情况下,劳动争议项下的股票期权争议应由用人单位所在地或劳动合同履行地的基层法院管辖,协议约定管辖条款无效,且因涉及劳动者权益保护,应当使用中华人民共和国法律,有利于劳动者权益的保护。

(责任编辑:王　晨)

【案例分析】

互联网股权众筹中融资人的民刑责任界限
——曾某某非法吸收公众存款案相关法律问题分析

张小旭*

裁判要旨

小微企业作为融资人通过互联网众筹平台进行公开、小额融资,应履行信息披露义务,不得向投资人承诺还本付息。互联网众筹平台在公开融资过程中,以向不特定社会公众承诺还本付息方式非法吸收公众存款的,对于融资人刑事责任的认定,应坚持主客观相一致原则,即融资人主观上具有非法吸收公众存款的犯罪故意,客观上实施了帮助扩大集资规模的行为,否则不应认定融资人为共同犯罪。

一、据以研究的案例

曾某某系A公司(成立于2005年)实际控制人,公司在某市经营品牌连锁餐饮店。B公司经营"××宝"股权众筹平台。2015年,B公司向曾某某提出可为对方融资。2015年8月至2016年,A公司与B公司多次签订《融资居间协议》,约定A公司委托B公司进行融资,B公司收取融资款的4%或5%作为居间费用。B公司在其经营的股权众筹平台上发布A公司的融资项目向社会公众进行资金众筹。以旗下C中心(有限合伙)名义与投资人签订《个人投资协议》,承诺固定收益,到期归还本金。A公司向投资该公司项目的投资人赠送特产礼包或厦门旅游礼包。

---

* 张小旭,北京市第一中级人民法院法官助理,北京大学刑法学硕士。

C 中心与 A 公司共同成立合伙企业，由 C 中心认购出资份额为实际投资人代持，将钱款投入项目企业。项目方每月支付 1%的固定收益，每年度进行剩余利润分配。投资期满 12 个月后，实际投资人可以申请撤出投资，C 中心优先将股份转让给其他投资人，无法转让的由 A 公司回购该份额（投资本金）。经统计，有 400 余名投资人向 A 公司项目投资共计 1800 余万元，B 公司扣除相应居间费用后，向 A 公司转款 1700 余万元。A 公司后将钱款用于餐饮门店经营。

2017 年，因 A 公司不能按照合伙协议回购投资本金，C 中心向 H 法院提起民事诉讼。H 法院认定双方系联营合同关系，对于尚在运营中的项目，判决 A 公司支付回购款及投资收益，对于已经关闭的项目，依据合同约定应当进行解散并清算，故驳回 C 中心要求 A 公司回购其代持的全部股权及支付每月固定收益的诉讼请求。投资人向公安机关报案后，公安机关对 B 公司立案侦查，并抓获了工作人员郝某等 3 人。2019 年 1 月 28 日，公诉机关对被告人郝某等 3 人作出不起诉决定（情节显著轻微、危害不大）。2018 年 11 月 3 日，公安机关将曾某某抓获归案。

在诉讼过程中，公诉机关以证据不足，不符合起诉条件为由，要求撤回对被告人曾某某的起诉。法院裁定准许公诉机关撤回对被告人曾某某的起诉。曾某某后未提起上诉，裁定已发生法律效力。

二、相关法律问题分析

本案涉及的争议问题为：曾某某所代表的 A 公司委托互联网众筹平台进行股权众筹融资，但该平台向不特定对象募集资金，且承诺还本付息。在平台涉嫌非法吸收公众存款罪的情况下，融资人是否有审查资金来源合法性的义务，其提供项目、投资赠品的行为是否属于非法吸收公众存款罪的共同犯罪？目前有两种对立的观点，一种是本案公诉机关的观点，认为曾某某委托 B 公司在向社会公众开放的股权众筹平台融资，其对于投资对象的不特定性、资金来源的社会性均有明知，依然以提供项目、投资赠品，承诺保本付息等方式帮助集资，构成非法吸收公众存款罪。另一种是本案辩护方的观点，认为曾某某作为用资方，主观上对于投资对象的“不特定”以及资金来源的“非法性”并无认识，客观上未直接向投资人募集资金，提供投资项目和投资赠品亦非基于犯罪故意的帮助行为，故曾某某不构成非法吸收公众存款罪，本案系发生在融资过程中的民事纠纷。

法院在审理中认为，民营企业在实际经营中基于真实的资金需要，委托互联网众筹平台进行股权众筹融资的行为要依法审慎对待，在众筹平台变相吸收公众存款时，须基于股权众筹融资的特点以及各方责任义务，厘清股权众筹融资与非法吸收公众存款罪的区别，以明晰融资人的民刑责任界分。

(一)合法股权众筹融资行为之界定

根据国际证监会组织的定义,众筹融资是指通过互联网平台,从大量的个人或组织处获得较少的资金来满足项目、企业或个人资金需求的活动。[①] 我国目前尚未出台针对股权众筹融资的专门性法律法规或部门规章,现有规范性文件关于股权众筹融资的表述构建起该制度的初步轮廓。2014 年 12 月 18 日,中国证券业协会发布了针对私募股权融资交易的专门性文件——《私募股权众筹融资管理办法(试行)(征求意见稿)》,指出"私募股权众筹融资是指融资者通过股权众筹融资互联网平台(以下简称股权众筹平台)以非公开发行方式进行的股权融资活动",将股权众筹界定为面向合格投资者的非公开融资活动。2015 年 7 月 18 日,中国人民银行等十部委发布了《关于促进互联网金融健康发展的指导意见》(以下简称《指导意见》),指出股权众筹融资是"通过互联网形式进行公开小额股权融资的活动"。将股权众筹融资界定为公开、小额的融资活动。从规范文件的位阶看,《指导意见》属于中央规范性文件,《私募股权众筹融资管理办法(试行)》(以下简称《管理办法》)属于行业协会自律性文件,因此,通过互联网进行的公开小额的股权融资活动,在性质上属于公募,与私募股权众筹融资存在本质区别。作为一项金融创新,作为公募性质的股权众筹,在监管政策方面存在松动,从《指导意见》的内容和精神看,合法的股权融资应符合以下四个条件:

1. 融资规模"小额":为小微企业进行小额股权融资。股权众筹融资的制度初衷在于解决小微企业融资渠道有限、"输血"困难问题。《指导意见》明确指出,股权众筹融资方应为小微企业。《企业所得税法实施条例》第 92 条明确了小微企业的条件,[②]不符合条件的企业不得通过互联网开展股权众筹融资。在融资规模上,基于解决小微企业紧迫资金要求,以小额融资为限,融资人不得借股权众筹的名义进行大规模公开融资。《指导意见》同时指出,融资人"应通过股权众筹融资中介机构向投资人如实披露企业的商业模式、经营管理、财务、资金使用等关键信息,不得误导或欺诈投资者"。在融资过程中,基于融投双方的信息不对称,融资人具有信息披露义务,对与交易相关的信息应当真实、完整地向投资人披露。

2. 融资方式"公开":以互联网形式寻找合格投资者。《证券法》明确规定,

---

① 参见《关于〈私募股权众筹融资管理办法(试行)(征求意见稿)〉的起草说明》。

② 《企业所得税法实施条例》第 92 条规定:"企业所得税法第二十八条第一款所称符合条件的小型微利企业,是指从事国家非限制和禁止行业,并符合下列条件的企业:(一)工业企业,年度应纳税所得额不超过 30 万元,从业人数不超过 100 人,资产总额不超过 3000 万元;(二)其他企业,年度应纳税所得额不超过 30 万元,从业人数不超过 80 人,资产总额不超过 1000 万元。"

公开发行证券必须依法报经国务院证券监督管理部门或者国务院授权的部门核准,未经核准,任何单位与个人不得公开发行证券。作为私募的互联网化,私募股权众筹融资必须遵循发行的非公开性,以及面向特定合格投资人融资的要求。但为小微企业融资的股权众筹,《指导意见》允许其“公开”发行,且降低了投资人的门槛。但降低投资者门槛不意味取消门槛,《指导意见》明确指出,“投资者应当充分了解股权众筹融资活动风险,具备相应风险承受能力,进行小额投资”,故并非所有普通大众都可以参与股权众筹,众筹平台有义务审查并筛选出符合条件的合格投资者。

3. 回报方式“特殊”:以股权方式给付回报。股权众筹是以小微企业的某个特定项目为投资对象,以股权作为回报形式的投资方式,即小微企业融资人作为项目发起人,通过众筹平台出让股权进行融资,众筹平台审核并向投资人推荐项目,投资人出资获得股权回报,与项目发起人共担风险、共享收益。

4. 众筹平台“居间”:为融投双方提供中介服务。《指导意见》明确“股权众筹融资必须通过股权众筹融资中介机构平台(互联网网站或其他类似的电子媒介)进行”,股权众筹平台的定位是为股权众筹投融资双方提供信息发布、需求对接、协助资金划转等相关服务的中介机构,众筹平台将融资人与投资人隔离开来,从服务于投资人的角度,平台有审核项目、帮助信息披露等义务;从服务于融资者的角度,平台有审核投资人资格、帮助划转融资款等义务。

综上可见,股权众筹融资是小微企业通过互联网众筹平台,以股权为回报,向特定投资人进行公开、小额的融资活动。在法律义务上,融资人具有信息披露义务,众筹平台为融资双方提供居间介绍服务,投资人与融资人就投资项目共享收益、共担风险。

(二)股权众筹融资行为与非法吸收公众存款的界限

非法吸收公众存款罪是行为人未经有关部门依法批准或者借用合法经营的形式,通过公开宣传,承诺在一定期限内以货币、实物、股权等方式还本付息或者给付回报,向不特定对象吸收资金,扰乱金融秩序的行为。股权众筹融资作为一种公开融资手段,在现行法律框架内面临极大的刑事风险,尤其是客观因素导致无法返还本金和股息的股权众筹行为,融资人或众筹平台极易被认定为非法集资犯罪。在审判实践中,对于涉及股权众筹的非法吸收公众存款案件,若依然围绕“四性”[①]审查罪与非罪,则明显偏离案件重点,迷失民刑责任区

① “四性”为:非法性,即“未经有关部门依法许可或者借用合法经营的形式吸收资金”;公开性,即“通过网络媒体、推介会、传单、手机信息等途径向社会公开宣传”;利诱性,即“承诺在一定期限内以货币、实物、股权等方式还本付息或者给付回报”;社会性,即“向社会公众即社会不特定对象吸收资金”。

分。可以通过以下四个方面论证及把握股权众筹融资与非法吸收公众存款之界限：

1. 融资人是否属于小微企业。股权众筹融资作为服务小微企业的融资渠道，监管政策上的“绿灯”仅为小微企业而开。股权众筹中的融资企业若属于工业企业，年度应纳税所得额不超过30万元，从业人数不超过100人，资产总额不超过3000万元；其他企业则要求年度应纳税所得额不超过30万元，从业人数不超过80人，资产总额不超过1000万元。如果融资人不属于小微企业，则不享有该政策“红利”，公开募集资金必须经过有关部门审批，若其通过互联网平台进行股权众筹融资，则涉嫌借用合法形式实施非法集资行为。

2. 众筹平台是否居中。如前所述，股权众筹融资中众筹平台的功能定位是为融资人和投资者提供中介服务的机构。一是禁止众筹平台实施“自融”，平台不得先融资后寻找项目进行出借，更不得假借项目进行融资，控制和支配融资款。二是禁止众筹平台向投资人承诺还本付息，平台应向投资人充分提示风险，明确不保证还本付息，不得以任何形式向投资人承诺还本付息。三是禁止众筹平台建立“资金池”，在融资过程中，投资人将资金注入平台开设的账户，待融资成功后，由平台拨付给融资人，在此过程中平台极易形成资金池，产生平台挪用或侵占资金的风险。对此，《指导意见》规定了客户资金第三方存管制度，即“从业机构应当选择符合条件的银行业金融机构作为资金存管机构，对客户资金进行管理和监督，实现客户资金与从业机构自身资金分账管理”。融资平台若突破“居间”性质，进行资金自融、建立资金池以及向投资人承诺还本付息的行为，则涉嫌非法集资犯罪。

3. 投资者是否特定。为避免社会公众盲目投资产生巨大损失，国家对股权众筹投资者的资格以及投资金额都有所限制。股权众筹融资虽然不限制公开宣传，但依然要求投资者对于投资活动风险充分了解，具备风险承受能力，对于投资风险的正常实现能够接受“盈亏自负”。非法吸收公众存款中的投资者是不特定的社会公众，且行为人对投资者有无风险识别和风险承受的能力根本不做区分。司法实践中，非法吸收公众存款案件的投资人大多数为没有任何金融知识背景的中老年群众，明显不符合股权众筹对投资者能力的要求。

4. 投资收益是否允诺“必然”。股权众筹的本质是以股权回报形式筹集资金，对于投资本金不保证还本付息，融资者、众筹平台不能作出必然给付回报的承诺，而是由投资者与融资者共担风险。非法吸收公众存款罪的本质是以承诺还本付息或给付回报为条件向公众筹集资金，此回报具有对价性、必然性。故股权众筹与非法吸收公众存款罪的根本区别在于行为人是否允诺必然给付回报。[1]融资人和股权众筹平台均不得向投资人保证还本付息,而应向投资者充分揭示投资风险,并明确提示投资收益无法保证、投资本金可能出现亏损。

(三)融资人借股权众筹之名行非法吸收公众存款之实的司法认定

1. 作为正犯:融资人的行为符合非法吸收公众存款罪的构成要件。如前所述,股权众筹融资中的融资人应为小微企业,具有信息披露义务,不得向投资人承诺还本付息,且融资款应投入实际生产经营项目。如果融资人不具有股权众筹的资格,以开展股权众筹融资为名,通过公开宣传的方式,向不特定的投资人承诺还本付息,则其行为构成非法吸收公众存款罪;如果不是将集资款投入生产经营,而是非法占有,则构成集资诈骗罪。

2. 作为帮助犯:融资人的行为帮助扩大非法集资规模。如果融资人具有资格,履行了信息披露义务,亦未承诺还本付息,但众筹平台通过非法吸收公众存款募集资金的,如何界定融资人的民刑责任?基于主客观相一致的原则,如果融资人主观上对于众筹平台的犯罪行为明知,依然通过站台宣传、提供投资赠品等形式帮助平台扩大非法吸收公众资金规模,后进行资金使用的,应认定为共同犯罪的帮助犯。如果融资人主观上对众筹平台的融资模式并无认识,或融资人客观上并未参与融资的具体环节中,不得以融资人使用资金为由,认定其构成共同犯罪。

在司法实践中,对于融资人经营失败导致无法返回本金和股息的情形,要谨慎对待,应坚持刑法的谦抑性原则,厘清融资人与众筹平台的责任义务,避免将正常的商业融资行为,或是融资中支付用资成本(如接待投资人考察、赠送礼品)的行为,认定为非法公众存款行为。

(四)回归本案:曾某某不构成非法吸收公众存款罪

本案的争议焦点是众筹平台涉嫌非法集资犯罪时,融资人能否以共同犯罪论处。本案中曾某某经营的A公司作为年度应纳税所得额不超过30万元,从业人数不超过80人,资产总额不超过1000万元的小微企业,具有开展股权众筹融资的资格;股权众筹融平台负有寻找合格投资人的义务,故曾某某对于投资人是否"特定"并无明确认识;A公司与投资人之间的关系为共负盈亏的联营合同关系,并未承诺还本付息;A公司应平台要求提供投资礼包的行为,在缺乏犯罪故意的前提下,仅能认定为支付用资成本的商业行为;A公司基于生产经营需要,以真实的投资项目进行融资,融资款亦投入生产经营中,并未非法占有集资款。

---

① 参见刘宪权:《互联网金融股权众筹行为刑法规制论》,载《法商研究》2015年第6期。

综上所述,在廓清股权众筹特点,厘清股权众筹融资与非法吸收公众存款罪界限的基础上,基于融资人在股权众筹中的责任义务,法院认为融资人的行为不属于非法吸收公众存款或帮助非法吸收公众存款的行为,融资人的法律责任以已生效的民事判决确定的民事责任为限,不因融资人无法返还本金和股息为由,认定融资人为平台非法吸收公众资金的行为承担刑事责任。故公诉机关以证据不足,不符合起诉条件为由要求撤回起诉,法院经审查后作出了准予撤回起诉的裁定。

(责任编辑:张新平)

利用信息网络实施“软暴力”犯罪也可构成恶势力犯罪集团

——赵某恶势力信息网络寻衅滋事案相关法律问题分析

欧春光* 武宙鹏**

裁判要旨

1.“软暴力”的类型分为威胁恐吓与滋扰纠缠两类,后者是指通过长期滋扰、纠缠等行为对被害人造成厌烦、疲倦等精神压制,从而形成心理强制,迫使被害人作出违背自身意愿的行为以达到特定不法目的。通过信息网络长期实施滋扰、纠缠等“软暴力”手段符合恶势力犯罪的具体行为特征。

2.对以公司形式呈现的恶势力犯罪集团的认定,只要该组织符合恶势力犯罪集团的认定标准,即使仅以“软暴力”为主要犯罪手段,也应当依法认定为恶势力犯罪集团。

一、据以研究的案例

自2015年4月以来,被告人赵某先后成立并控制元海慧诚公司及多家关联公司,下设催收部、质检部、招聘部等工作部门,为智融时代公司用钱宝、第三方网贷公司催收欠款。被告人郭某担任公司副总经理,被告人郑某、许某等人分别担任公司催收部、质培部、招聘部、数据部、市场部、运营支持部的部门负责人、催

* 欧春光,北京市昌平区人民法院刑事审判庭(未成年人案件审判庭)庭长,首都师范大学在职本科学历。

** 武宙鹏,北京市昌平区人民法院刑事审判庭(未成年人案件审判庭)法官助理,国际关系学院法学学士。

收部高级主管、高级组长、培训师。催收部根据债务人欠款时间成立 30 余个催收组,共计雇佣 300 余名业务员。催收过程中,催收员采用辱骂、恐吓等“软暴力”方式,滋扰欠款人及其紧急联系人、通讯录联系人,严重影响他人正常工作、生活,破坏社会秩序,形成恶势力犯罪集团。

2015 年 4 月至 2019 年 4 月,元海慧诚公司业务员在催收过程中,采用反复拨打电话、“P 图”、群呼、使用轰炸软件发短信等“软暴力”手段,对欠款人及其紧急联系人、通讯录联系人进行言语辱骂、威胁、恐吓。被害人涉及全国大部分省份,侦查机关已取证的被害人达 700 余人。上述行为造成某区公安分局及某派出所、某医院及 120 急救中心等众多单位、个人无法正常工作,众多被骚扰人因此产生恐惧心理,导致家庭矛盾,工作、生活受到严重影响。

经审计,2017 年至 2019 年,该公司催收员通过上述方式收取服务费 1.87 亿余元,待收服务费 1.13 亿余元,公司所收服务费部分用于公司运营及以工资、业绩提成等名义发放给各催收人员等。

一审法院经审理认为,被告人赵某、郭某纠集被告人郑某、许某等人通过电信网络有组织地采用滋扰、纠缠等“软暴力”手段威胁、恐吓他人,足以使他人产生恐惧、恐慌进而形成心理强制,严重影响他人正常工作、生活,破坏社会秩序,情节恶劣,其行为均已构成寻衅滋事罪,依法应予惩处。被告人赵某成立元海慧诚公司实施“软暴力”催收,组织严密、层级清晰,长期使用群呼、群发短信、呼死你软件、“P 图”、揭发隐私等“软暴力”手段催收,严重扰乱社会生活秩序,造成恶劣的社会影响,形成恶势力犯罪集团,其中被告人赵某、郭某系犯罪集团的首要分子,纠集他人多次实施犯罪行为,应当按照集团所犯的全部罪行处罚。首要分子赵某、郭某虽然签署认罪认罚具结书,但本案性质恶劣、社会危害严重,不足以从轻处罚。其他被告人应当根据其在共同犯罪中的作用、情节和社会危害程度予以处罚。依照《刑法》第 293 条第 1 款第 2 项、第 2 款,第 25 条第 1 款,第 26 条,第 52 条,第 53 条,第 55 条第 1 款,第 56 条第 1 款,第 61 条,第 64 条,第 67 条第 3 款及《刑事诉讼法》第 15 条之规定,一审法院作出判决:以寻衅滋事罪判处被告人赵某有期徒刑 7 年,剥夺政治权利 1 年,并处罚金 100 万元;判处被告人郭某有期徒刑 6 年,并处罚金 80 万元。以寻衅滋事罪对其余 40 名被告人分别判处 1 年 5 个月至 3 年有期徒刑。

一审宣判后,全案被告人均未提出上诉,公诉机关亦未抗诉,判决发生法律效力。

二、相关法律问题分析

本案系北京市首例信息网络“软暴力”恶势力集团犯罪案件。本案争议焦点之一在于:以赵某、郭某为首的犯罪集团通过信息网络所实施的“软暴力”行为是否必须以暴力性手段为基础,以及在仅有“软暴力”犯罪的情况下,是否符合恶势力犯罪集团的特征。根据《最高人民法院、最高人民检察院、公安部、司法部关于办理恶势力刑事案件若干问题的意见》的规定,黑恶势力为谋取不法利益或形成非法影响,有组织地采用滋扰、纠缠、哄闹、聚众造势等手段扰乱正常的工作、生活秩序,使他人产生心理恐惧或者形成心理强制,分别属于我国《刑法》第293条第1款第2项规定的“恐吓”与第226条规定的“威胁”。然而,随着信息网络技术的发展以及互联网大数据时代的到来,传统的黑恶势力犯罪模式也随之演变,行为方式趋于温和,犯罪手段更加隐蔽,滋扰纠缠型的“软暴力”开始出现并逐渐成为主要犯罪手段。对此类恶势力的认定,应重点围绕恶势力犯罪的具体行为手段、成员人数规模以及社会危害性进行综合判断。

(一)网络形态黑恶势力犯罪与传统刑法的冲突

法益保护前置化、帮助犯正犯化、预备犯实行化、过失危险行为犯罪化及行政犯、义务犯的出现,表明刑事立法在应对网络犯罪的打击手段上不断向控制性、预防性扩张。如前所述,随着信息网络技术的发展以及互联网大数据时代的到来,滋扰纠缠型的“软暴力”开始出现并逐渐成为主要犯罪手段。面对不断代际升级的网络犯罪行为,需要更新刑法理论并实现适度扩张,客观评价网络黑恶犯罪的属性,充分运用刑罚手段,加大打击网络黑恶势力犯罪力度,以适应日益严峻的网络黑恶势力犯罪发展态势。在案件定性及定量过程中,对于传统的证据标准和证明标准对网络形态犯罪形成的束缚,需注意及时更新刑法思想,确立犯罪控制思路,从而解决网络黑恶犯罪的刑事可罚性以及如何罚的问题。

(二)网络形态下的寻衅滋事罪的认定

《最高人民法院、最高人民检察院、公安部、司法部关于办理利用信息网络实施黑恶势力犯罪刑事案件若干问题的意见》第7条第1款规定:“利用信息网络辱骂、恐吓他人,情节恶劣,破坏社会秩序的,依照刑法第二百九十三条第一款第二项的规定,以寻衅滋事罪定罪处罚”;同时,《最高人民法院、最高人民检察院、公安部、司法部关于办理实施“软暴力”的刑事案件若干问题的意见》第5条第1款规定:“采用‘软暴力’手段,使他人产生心理恐惧或者形成心理强制,分别属于《刑法》第二百二十六条规定的‘威胁’、《刑法》第二百九十三条第一款第(二)项规定的‘恐吓’,同时符合其他犯罪构成要件的,应当分别以强迫交易罪、寻衅滋事罪定罪处罚。”我国刑法规定寻衅滋事罪,旨在保护公共秩序和社会秩序,但公共秩序与社会秩序的概念十分抽象,保护法益的抽象化必然导致对构成要件的解释缺乏实质限制,故认定寻衅滋事犯罪应当联系《刑法》第293条所规定的具体行为类型以确定寻衅滋事罪的保护法益。该案中,据以评价的犯罪行为即为被告人长期利用网络系统平台采用频繁拨打电话、群发短信等手段，以辱骂、威胁等方式滋扰欠款人及其紧急联系人、通讯录联系人及工作单位。传统线下实施的寻衅滋事犯罪中，惩治“追逐、拦截、辱骂、恐吓他人”所保护的法益应是公民在公共生活、公共活动中的行动自由、名誉与意思活动自由。通常在没有多人在场的情况下，辱骂、恐吓特定个人的，不属于寻衅滋事罪中的辱骂、恐吓行为。结合本案的犯罪形态，被滋扰的欠款人及其联系人不存在在网络公共空间共同生活或者从事公共活动的情况，或者说并不存在以网络空间作为公共场所，在被欠款人的联系人在场的情况下，对被欠款人实施辱骂、恐吓等“软暴力”的催收行为。但应当注意的是，网络空间作为公共空间，同时亦是被告人实施恶势力犯罪的行为手段，各被告人的“软暴力”催收行为除针对欠款人拨打电话、发送短信外，亦包括对欠款人的联系人及工作单位进行滋扰，利用涉及逾期欠款的相同内容反复拨打电话及发送相关短信，使用言语辱骂、恐吓、“P 图”、揭发隐私等威胁手段，致使大量不特定的欠款人及更为不特定范围的联系人处于基于同一事实被施以同类滋扰的情境下。虽上述人员未处于同一“公共场所”，但客观上亦造成了扰乱正常工作、生活秩序，造成恶劣社会影响的危害后果，符合《最高人民法院、最高人民检察院关于办理寻衅滋事刑事案件适用法律若干问题的解释》第 3 条的规定，即追逐、拦截、辱骂、恐吓他人，破坏社会秩序，应当认定为“情节恶劣”的情形①。

(三)具体犯罪的认定与法律规制

刑法理论的通说认为，寻衅滋事罪的成立要求行为人出于寻求精神刺激、填补精神空虚、发泄不良情绪等流氓动机。但实际上寻衅滋事罪的“犯罪动机”本身并无具体意义和明确的概念范围，将其作为寻衅滋事罪的责任要素并不具有限定犯罪范围的意义。② 结合司法实践来看，寻衅滋事罪的司法认定也常常突破这一限制，行为是否侵犯了公共秩序亦并不取决于行为主观上是否具有流氓动机。寻衅滋事罪所保护的法益也渐渐由打击具体“流氓”行为向保护公民的社会生活不受侵犯发展，即使没有流氓动机的行为，也可能严重侵犯了寻衅滋事罪保护的法益，即对公共秩序的侵犯。故法院综合本案事实和情节、社会危害程

---

① 《最高人民法院、最高人民检察院关于办理寻衅滋事刑事案件适用法律若干问题的解释》第 3 条规定：“追逐、拦截、辱骂、恐吓他人，破坏社会秩序，具有下列情形之一的，应当认定为刑法第二百九十三条第一款第二项规定的‘情节恶劣’：(一)多次追逐、拦截、辱骂、恐吓他人，造成恶劣社会影响的；(二)持凶器追逐、拦截、辱骂、恐吓他人的；(三)追逐、拦截、辱骂、恐吓精神病人、残疾人、流浪乞讨人员、老年人、孕妇、未成年人，造成恶劣社会影响的；(四)引起他人精神失常、自杀等严重后果的；(五)严重影响他人的工作、生活、生产、经营的；(六)其他情节恶劣的情形。”

② 参见张明楷：《刑法学》(下册 · 第 5 版)，法律出版社 2016 年版，第 1068 页。

度，最终认定各被告人的行为构成寻衅滋事罪。

在量刑档位上，如果按照犯罪次数或被滋扰的被害人数对应计算刑罚量，即便是公司最低层级的催收业务员也将被科以不切实际的刑罚，而催收组长因长期组织组内催收员进行“软暴力”催收，按照寻衅滋事罪的传统构成评价来看，将均须以 5 年有期徒刑作为起刑点，明显罪责刑不相适应，故对于寻衅滋事罪的网络形态的刑罚量的认定，应当区别于线下方式实施的传统形态。本案中，被告人赵某、郭某作为公司的组织和发起者，属于犯罪集团的首要分子，将其认定为寻衅滋事犯罪的纠集者，以《刑法》第 293 条第 2 款的规定，“纠集他人多次实施前款行为，严重破坏社会秩序的，处五年以上十年以下有期徒刑，可以并处罚金”更符合罪责刑相适应原则的要求，而其他人员，均被处以 5 年以下不等刑罚。

（责任编辑：张新平）

非法定赡养义务人之间签订的赡养协议的效力与解除

——袁某、陈某甲诉陈某乙婚姻家庭纠纷案相关法律问题分析

孙玲杉* 陈 贝**

裁判要旨

非法定赡养义务人之间签订的赡养协议,内容未违反法律强制性规定的,应当认定有效。协议一方当事人去世,另一方当事人要求解除协议的,法院应予支持。协议解除后,应当秉持利益平衡原则和维护老年人权益原则确定返还赡养人所支付的对价。

一、据以研究的案例

袁某与陈某丙系夫妻关系,二人育有一子陈某甲。陈某乙系陈某丙之胞姐。陈某丙于2018年3月20日去世。2008年1月1日,陈某丙与陈某乙签订《赡养协议》,约定如下:被赡养人陈某乙和赡养人陈某丙经友好协商,双方自愿达成如下协议,共同遵守认真履行。(1)被赡养人陈某乙因年老多病,孤独一人,从今开始由陈某丙对其尽赡养义务;(2)陈某丙要对被赡养人陈某乙的饮食起居给予关心照顾,及时解决被赡养人的困难,满足被赡养人的合理要求,经常与被赡养人联系;(3)陈某丙要妥善安排好被赡养人陈某乙的就医、护理、外出交通、家庭劳务等事项;(4)陈某丙要负担被赡养人陈某乙就医中自费部分的费用;

---

* 孙玲杉,北京市东城区人民法院法官助理,对外经济贸易大学民商法学硕士。

** 陈贝,北京市东城区人民法院法官,河北大学民商法学硕士。

(5)陈某丙要负责解决被赡养人陈某乙的住房问题;(6)被赡养人陈某乙原住房的拆迁补助款除留5万元自用外,其余交陈某丙用于为陈某乙购、租房,不足部分由陈某丙负担,产权归陈某丙所有;(7)以上协议是双方真实意愿的反映,单方不得反悔;(8)此协议一式四份,双方各执一份,两个见证人各执一份,具有同等法律效力。

陈某乙原住房于2007年拆迁,拆迁补助款共计409 612.38元,陈某乙自留5万元,还剩余359 612.38元由陈某丙保管。自2008年1月1日起至2021年7月31日止,陈某乙居住在陈某丙提供的房屋中。2017年2月14日,陈某丙为陈某乙购买了位于北京市通州区的某房屋一套,于2017年6月6日取得房屋所有权,购房款431 093元、住宅专项维修资金11 428元由陈某丙支付。因安置指标系陈某乙本人的,故该房屋购买后直接登记在了陈某乙名下。房屋交付后至2021年7月1日,房屋由陈某丙出租,自2021年7月31日起,该房屋由陈某乙居住。

因陈某乙不再履行《赡养协议》的约定,袁某、陈某甲向法院起诉,要求陈某乙返还袁某、陈某甲、陈某丙在照顾陈某乙过程中支出的各项费用共计491 527.55元。被告陈某乙辩称,陈某丙履行《赡养协议》存在严重违约行为;原告主张房屋租金和其他租房产生的费用计算有误、主张的购房款金额有误,原告将被告房屋出租获得的租金收益应当进行折抵;双方签订的赡养协议本质为遗赠扶养协议,但陈某丙属于被告的继承人,故协议无效;陈某丙于2018年去世,协议已经终止,不存在解除问题。

一审法院于2022年5月26日作出民事判决:(1)解除陈某丙与陈某乙于2008年1月1日签订的《赡养协议》;(2)本判决生效之日起15日内,陈某乙向袁某、陈某甲返还250 000元;(3)驳回袁某、陈某甲的其他诉讼请求。

判决作出后,双方均未上诉,该判决已生效。

法院生效判决认为:第一,本案的争议焦点为本案所涉《赡养协议》的性质及效力问题。首先,赡养协议,是指赡养人就履行赡养义务与被赡养人订立的协议,或赡养人相互间为分担赡养义务订立的协议。赡养人,是指老年人的子女以及其他依法负有赡养义务的人。本案中,依据现有证据,无法确认陈某乙与陈某丙之间存在法律规定的具有扶助赡养义务的情形,故陈某丙并非陈某乙的法定赡养人,其二人签订的涉案《赡养协议》并非实质意义上的赡养协议。其次,遗赠扶养协议,是指遗赠人(被扶养人)与扶养人订立的,以被扶养人的生养死葬及财产的遗赠为内容的协议。根据我国法律规定,自然人可以与继承人以外的组织或者个人签订遗赠扶养协议。因陈某丙系陈某乙之胞弟,系陈某乙的第二顺位的法定继承人,故其二人签订的涉案《赡养协议》亦不应属于遗赠扶养协议。最后,根据涉案《赡养协议》的内容,其中不仅约定了陈某丙对陈某乙的赡养义务,还约定了陈某乙安置所得房屋的产权应归陈某丙所有,故该赡养协议应属于具有一定人身依附属性的无名合同。陈某乙与陈某丙签订《赡养协议》时均系完全民事行为能力人,现原、被告均认可陈某乙与陈某丙签订的《赡养协议》的真实性,故法院对其效力予以确认。第二,当事人协商一致,可以解除合同。本案中,因涉案《赡养协议》具有人身依附性,现陈某丙已去世,陈某乙不愿再由其法定继承人,即本案二原告代替陈某丙继续履行《赡养协议》,故法院对于二原告要求解除《赡养协议》的诉讼请求予以支持。第三,当事人应当按照合同约定全面履行自己的义务。《赡养协议》签订后,陈某丙依据《赡养协议》对陈某乙履行赡养义务,并按约用陈某乙的拆迁补偿款为其购、租房,其履行合同的行为并无不当。关于被告陈某乙主张陈某丙未在2008年为其购置经济适用房,陈某丙违反合同约定、损害其财产权利的抗辩意见,由于市场房屋价格发生巨大改变,导致购房成本增加,并非陈某丙之过错,故法院对被告陈某乙的抗辩意见不予采信。鉴于《赡养协议》已解除,位于通州区的房屋现登记在被告陈某乙名下,且二原告认可该房屋今后归陈某乙所有,法院对此不持异议,故陈某丙为陈某乙购房、租房的支出,陈某乙应当返还。法院综合考虑房屋租金、购房款及装修款支出情况、日常生活花销来源、拆迁款抵扣情况,以及陈某乙作为孤寡老人今后面临的生活养老问题等因素,酌情确认陈某乙返还袁某、陈某甲250 000元。

二、相关法律问题分析

(一)赡养协议概述

1. 赡养协议的定义

赡养协议是赡养人之间在平等协商、自愿合法的基础上,就赡养义务的履行订立的民事协议。[①] 其内容一般包括赡养义务的具体内容、赡养义务的履行及其监督机制等。赡养协议的适格主体应当为赡养义务人与被赡养人。

根据《民法典》的规定,赡养义务应当包括如下几类:(1)成年子女对缺乏劳动能力或者生活困难的父母负有赡养义务;(2)有负担能力的孙子女、外孙子女,对于子女已经死亡或者子女无力赡养的祖父母、外祖父母负有赡养义务;(3)由兄、姐扶养长大的有负担能力的弟、妹,对于缺乏劳动能力又缺乏生活来源的兄、姐负有扶养义务。

---

① 参见吴高盛主编:《〈中华人民共和国老年人权益保障法〉释义及实用指南》,中国民主法制出版社2014年版,第128页。

2. 赡养协议的效力

赡养协议增加了赡养制度的灵活性,在赡养法律规定尚不完善的情况下,不失为当前解决赡养问题的具有可操作性的有效方法。赡养协议的效力应依据《民法典》中有关民事法律行为的规定来判断。根据《民法典》第143条之规定,具备下列条件的民事法律行为有效:(1)行为人具有相应的民事行为能力;(2)意思表示真实;(3)不违反法律、行政法规的强制性规定,不违背公序良俗。

如果赡养协议符合民事法律行为的上述要件,协议约定的内容未侵害被赡养人的合法权利,则赡养协议之约定应为有效,从成立时起具有法律约束力,行为人非依法律规定或取得对方同意,不得擅自变更或者解除。

需要明确的是,赡养协议并没有改变赡养的本质属性。子女赡养父母是一项法定义务。如果父母与部分子女签订赡养协议,即使该协议约定的赡养费金额已能满足父母日常生活、医疗需要的,也不能因此免除其他子女应对父母承担的法定赡养义务。[①] 父母对与子女所订立的协议不满意或者情势发生变更的,仍可要求子女履行赡养义务。无论协议内容如何,当出现纠纷或者客观条件发生变化时(如当事人双方经济条件发生重大变化或者物价水平变化较大等),赡养权利人都有重新向赡养义务人请求给付赡养费的权利。

3. 赡养协议无效的法律后果

根据审判实践,赡养协议被认定为无效的案件主要是因为涉案赡养协议免除了赡养义务人法定的赡养义务,因违反法律的强制性规定而无效。具体而言包括以下三种:

(1)免除部分子女赡养义务的赡养协议无效。子女对父母均有赡养义务,都与父母存在法律上的赡养关系,不因任何原因而免除。赡养协议中免除部分子女法定赡养义务的,应属无效约定。

(2)子女之间签订的分别赡养父母的协议无效。子女因赡养父母订立的各自承担赡养一方父母的协议,因该协议免除了子女对父或母一方的赡养义务而被认定为无效。在重新确定子女赡养义务的份额时,审判实践中往往在以经济为内容的赡养义务上,酌情减轻已经对一方父母尽过较多赡养义务的子女的份额。

(3)赡养义务不得以单方协议的形式予以免除。在父母有两个以上子女的情形下,子女之间可以签订赡养协议,就赡养义务的履行作出约定。但由于子女的赡养义务具有法律强制性和人身性,且涉及基本的社会公德,故子女不得通过

---

① 参见沈志先主编:《婚姻家庭案件审判精要》,法律出版社2013年版,第201页。

赡养协议单方免除其赡养义务。法律虽规定合同被认定无效应相互返还因履行合同而取得的财产,但该返还行为与赡养协议具有的特殊身份属性和伦理道德不符。因此,即使赡养协议无效,父母亦无须返还先前接受的赡养财物,可认定已履行的赡养协议有效。但在赡养协议被确认无效后,对于已尽较多赡养义务的一方子女,可酌情减轻其应承担的份额,用以平衡子女间的赡养义务。①

(二)本案中赡养协议效力的认定

1. 本案协议应认定为有效

本案中的赡养协议系陈某丙与陈某乙之间签订,双方系同胞姐弟关系。陈某丙并非由陈某乙抚养长大,故陈某丙并非陈某乙法定的赡养义务人,双方并非赡养协议的适格主体。双方签订的协议名为"赡养协议",但实际上并非典型的赡养协议。从该协议的内容看,系陈某丙与陈某乙就陈某乙的养老及财产归属问题所签订的一揽子协议,与遗赠扶养协议的内容更相类似。遗赠扶养协议是遗赠人和扶养人之间关于扶养人承担遗赠人的生养死葬的义务,遗赠人的财产在其死后转归扶养人所有的协议。但本案中的"赡养协议"显然也并非遗赠扶养协议。首先,遗赠扶养协议的主体系遗赠人与受遗赠人。根据《民法典》之规定,受遗赠人应当为法定继承人以外的人。而本案中陈某乙之父母均已去世,其未婚无子女,陈某丙作为其胞弟,系其法定继承人。其次,从内容上看,本案中双方约定陈某丙用陈某乙之拆迁补偿款所购买之房屋归陈某丙所有,陈某丙负担陈某乙生老死葬之义务,而遗赠扶养协议系约定遗赠人之财产在其死后归受遗赠人所有。

综上所述,本案中的"赡养协议"并非典型的婚姻家庭协议,其具有多种协议的属性,无法将其归于某一类协议,因此只能将其认定为一种无名合同。本案中双方当事人认可该协议系出自双方的真实意思表示,签订协议时双方均具有完全民事行为能力,经法院审查不存在违反法律强制性规定的情形,故该协议合法有效。

2. 协议一方去世的情况下,协议应当根据当事人的意愿解除

遗产是自然人死亡时遗留的个人合法财产。合同权利应当也是被继承人的财产权利之一。根据《民法典》第1161条第1款之规定,继承人以所得遗产实际价值为限清缴被继承人依法应当缴纳的税款和债务。因此,继承人在继承合同权利的同时也应当负责负担与之相对应的债务。本案中陈某丙履行《赡养协议》所约定的义务长达十年直至其去世,对于其依据该协议所享有的权利,其法

① 参见胡凤滨主编:《婚姻家庭继承纠纷裁判规则与适用标准》,法律出版社2015年版,第53页。

定继承人有权承继。因此，袁某、陈某甲作为陈某丙之法定继承人系本案的适格主体，其有权利依据《赡养协议》向陈某乙主张权利。

但本案中的协议是一种婚姻家庭协议，具有一定的人身依附属性。陈某乙与陈某丙签订《赡养协议》系基于双方之间同胞姐弟的关系以及深厚的感情基础。在陈某丙去世后，双方之间签订协议的基础发生了变化，陈某乙不愿意与陈某丙之继承人继续履行协议，并不构成违约，双方之间的协议可根据其意愿解除。

（三）本案中赡养协议解除后果的认定

1. 保护老年人权益原则在本案中的适用

保护老年人合法权益是《民法典》婚姻家庭编的基本原则之一。本案中，被告陈某乙是一位典型的孤寡老人。其与陈某丙签订涉案的《赡养协议》是为了自己能够老有所养。居家养老，亲人的照顾与陪伴不可或缺。陈某乙正是选择了一种居家养老的模式，但因陈某丙突然去世，致使协议履行产生了变化，协议双方出现了纷争。

涉案标的系陈某乙名下唯一住房。若按照原告的要求，根据原告一家为照顾陈某乙之支出填平其损失，势必造成陈某乙无家可归的局面，与敬老爱老的传统美德和法律原则相违背。

2. 利益平衡原则在本案中的适用

利益平衡原则，是指通过法律的权威协调各方面的冲突因素，使相关各方的利益在共存和相容的基础上达到合理的优化的状态。权利的平等性与保护的优先性之间存在固有的矛盾，法官需要依据裁判的艺术维护二者之间巧妙的平衡。

在确认协议解除后果时，法院认为，双方对于协议的解除均不具有过错，但因该协议已经履行了10年，陈某丙一家为履行该协议付出了时间与金钱上的成本，应当对其损失予以弥补。陈某乙每月均有退休金供其日常生活所需，且名下还有一套房屋，故其应当在力所能及的范围内弥补原告一家的损失。本案的处理既维护了当事人的合法财产权利，又较好地保护了老年人的合法权利，是利益平衡原则得到运用的一个典型体现。

（责任编辑：何　琴）

自甘冒险规则的适用
——宋某某诉周某身体权纠纷案相关法律问题分析

郭天天*

裁判要旨

1. 竞技体育运动的目的即为争胜,具有对抗性、人身危险性等特点。参加者事先了解但仍自愿参加,将自身置于潜在危险之中,其他参加者在不具备故意或重大过失的情况下无须对损害后果担责。

2. 公平责任对于化解矛盾、救济受害人有一定的合理性,但不具有普遍适用性,其适用应受到严格限制,否则容易影响过错责任和无过错责任应有规范功能的发挥。基于自甘冒险而产生的侵权责任纠纷的定责规则已由《民法典》第1176条第1款予以明确规定,无公平责任的适用空间。

一、据以研究的案例

原告(上诉人)宋某某诉称,2020年4月28日9时许,其与周某及案外人在红领巾公园进行羽毛球3对3比赛,其与周某异队,面对面站立。比赛中,其被周某击打的羽毛球击中右眼。同日,其到北京大学人民医院就诊,被诊断为"羽毛球击打伤3小时视力下降",于5月28日入院接受手术治疗,于6月1日出院。2020年7月6日复查被诊断为"术前见右眼视神经萎缩,术后5周验光提示右眼最佳矫正视力0.05""不建议晶体植入"。周某明知其年纪大、反应慢、眼睛受过伤,仍未履行注意义务,选择大力扣球,致使其右眼受伤,接近失明,构成重大过失。退一步讲,即使周某的行为不构成重大过失,也应适用公平责任,由双方分担损失。据此,宋某某要求周某赔偿其医疗费7170.73元、护理费800

* 郭天天,北京市朝阳区人民法院南磨房人民法庭法官,中国人民大学法学硕士。

元、住院伙食补助费400元、营养费200元。

被告(被上诉人)周某辩称:羽毛球运动本身具有一定的对抗性和人身危险性,宋某某作为具有完全行为能力的羽毛球业余爱好者,应当能够预见潜在风险,但仍自愿选择参加,就意味着接受该危险、自愿承担风险和相应损害后果,其只有在具有过错或严重违背活动规则的情况下才承担责任。宋某某已经七十多岁,眼睛曾受过伤,对于球速、方位判断会存在误差,此次受伤是宋某某在连续参加三场比赛过程中发生的,宋某某应当知道在此情况下自己的身体条件是否适宜参加比赛及风险、后果。此外,事发时其处于场地的中后场位置击球,没有重力扣杀,一般人可以闪躲,因此其没有过错,不应承担责任。

法院经审理查明,宋某某、周某均为羽毛球业余爱好者,自2015年起自发参加羽毛球比赛。2020年4月28日上午,宋某某、周某与案外四人在北京市朝阳区红领巾公园内露天场地进行羽毛球3对3比赛,宋某某与周某异队。运动中,宋某某站在发球线位置接对方网前球后,将球回挑到周某一方中场,周某迅速杀球进攻,宋某某直立举拍防守未果,被羽毛球击中右眼。事发后,宋某某至北京大学人民医院就诊,经查体显示:右眼结膜混合充血、前房积血、前房浮血、可见晶体复合体下移等。此后,宋某某住院接受手术治疗,术后5周余验光提示右眼最佳矫正视力为0.05。截至2020年7月6日,宋某某支出医疗费7170.73元。诉讼中,宋某某自述,其右眼曾于2007年因打羽毛球致伤,于2010年接受手术治疗,2017年、2018年右眼裸眼视力分别为0.8和0.6,视物不重影但影响方位判断。

一审法院于2021年1月4日作出判决,驳回宋某某的全部诉讼请求。宋某某因不服该判决,提起上诉。二审法院于2021年5月25日作出判决:驳回上诉,维持原判。

一审法院经审理认为,本案双方争议焦点主要有以下三点:其一,宋某某的行为是否构成自甘冒险;其二,周某对宋某某受伤是否存在重大过失;其三,本案是否可以适用公平责任分担损失。

关于争议焦点一,宋某某行为是否构成自甘冒险。根据《民法典》第1176条、《最高人民法院关于适用〈中华人民共和国民法典〉时间效力的若干规定》第16条的规定,宋某某参加羽毛球比赛受伤的事实虽然发生在《民法典》施行前,但应适用《民法典》第1176条的规定。本案所涉及的羽毛球运动系典型的对抗性体育竞赛,除扭伤、拉伤等常规风险外,更为突出的风险即在于羽毛球自身体积小、密度大、移动速度快,运动员未及时作出判断即会被击中。宋某某作为多年参与羽毛球运动的爱好者,对于自身和其他参赛者的能力以及此项运动的危险和可能造成的损害应当有所认知和预见,而宋某某仍自愿参加比赛,将自身置于潜在危险之中,应认定为自甘冒险的行为。在此情况下,只有周某对宋某某受伤的损害后果具有故意或重大过失时,周某才需承担侵权损害赔偿责任,否则无须担责。

关于争议焦点二,周某对宋某某受伤是否存在重大过失。诉讼中,宋某某并不主张周某对其受伤存在故意,法院对此不持异议,认定周某不存在故意。对于宋某某主张周某存在重大过失,法院认为,"重大过失"是指行为人未尽到普通人的基本注意义务。高度紧张、刺激的比赛氛围会导致参赛者注意力集中于运动,很难要求参赛者每次行为都经过慎重考虑,且对参赛者强加以生活中的一般注意义务,也会导致比赛的精彩性、竞技性大打折扣,故而应将此情形下的注意义务限定在较一般注意义务更为宽松的体育道德和规则范围内,在保障运动竞技性的同时保护参赛者的人身安全。本案中,周某系在宋某某将羽毛球回挑到其所在场地后迅速移动并杀球进攻,并无过多考虑、判断的时间,而周某系羽毛球业余爱好者、未经专业训练,不具备精准控制落球点的专业素质和能力,且杀球进攻系羽毛球运动的正常技术动作,而球速快、力量大也正是这一技术动作的主要特点,故周某不存在明显违反比赛规则的情形,不应认定其具有重大过失。

关于争议焦点三,本案是否可以适用公平责任分担损失。法院认为,《侵权责任法》(已失效)第 24 条规定,受害人和行为人对损害的发生都没有过错的,可以根据实际情况,由双方分担损失。根据本案查明情况,难谓双方当事人均无任何过失,且综合考虑双方当事人损益情况等因素,本案并不存在适用公平责任的情形。而且,《民法典》第 1186 条规定的公平责任,其适用条件之一是必须具有法律规定适用公平责任的情形,而现行法律并未就本案所涉情形应适用公平责任进行规定,相反,本案所涉情形该如何定责已由《民法典》第 1176 条第 1 款予以明确规定,故本案不具有适用公平责任的条件。

综上所述,由于宋某某的行为构成自甘冒险,而周某对宋某某损害的发生不具有故意或重大过失,故宋某某不得请求周某承担侵权责任。同时,由于本案并不具备适用公平责任规则的条件,宋某某亦不得请求周某分担损失。因此,宋某某要求周某赔偿各项损失的诉讼请求,缺乏法律依据,法院不予支持。

二、相关法律问题分析

(一)自甘冒险的认定

"自甘冒险"规则作为适用于过错责任原则一般侵权领域的抗辩事由,在满足过错侵权构成要件的基础上,还应包括以下四个构成要件:

1. 受害人参加的活动是"具有一定风险的文体活动"

首先,此类活动须为文体活动,包括文艺活动和体育活动。体育活动,如篮球、羽毛球、足球等;文艺活动相对风险较低,但戏曲表演中的武术、杂技等表演也会存在一定风险。追逐打闹可能存在一定的人身危险性，但其并非文体活动，不受自甘冒险规则规制。

其次，此类活动须具有"一定风险"。此处的风险是特定的，而非抽象的，且程度要高于日常社会生活的风险。例如，篮球、排球、羽毛球、拳击等体育活动，因活动本身所具有的群体性、竞技性、对抗性等特点，并受参加者的竞技水平的影响，而存在高于日常社会生活的不确定的人身危险性。而象棋、五子棋类的对弈，虽然也具有竞技性，但不需要参加者进行身体上的接触和对抗，不具有对抗性和人身危险性，故而不能视为具有一定风险的文体活动。

2. 受害人对于危险和可能产生的损害有认知和预见，但是自愿参加

首先，竞技运动，即比赛性的体育运动，是游戏的一种特殊形态，区别于运动精英参加的高水平竞技比赛。就活动本身而言，是需要技能、谋略和运气，并依靠体能进行的竞争性玩耍，其目的为争胜，要求参赛者在比赛规则允许的情况下尽可能给对方制造不便或障碍，故而此类运动具有较强的对抗性和人身危险性。参加者应当对于竞技体育伴随的危险和损害有正确的、充分的认知和预见。这种认知，既包括对于行为的性质、条件的认知，也包括对于行为所面临的危险和可能发生的损害的认知①。参加者对于风险的认知可以从两个方面进行判断：其一，活动的组织者对风险进行了明确和充分的告知或者提示；其二，依据参加者的经验和知识应当知道风险的存在及风险的程度，从而推定参加者应当知道风险②。其次，受害人自愿参加，是指受害人在对危险和损害具有认知和预见的前提下，非出于强迫或欺骗，而是基于自己的主观意愿亲身参与活动之中。

3. 行为人明示或默示同意承受风险

通常情况下，受害人并不追求损害结果的发生，而是持排斥态度。这也是自甘冒险区别于受害人同意的主要特征。自甘冒险中，受害人在决定参加某项具有风险的文体活动时，该运动所伴随的危险或损害尚未实际发生，仅仅处于一种风险状态，而受害人在对于该状态有所认知或预见的情况下，仍有意一赌，自愿参加活动，则应推定其已经接受活动本身所伴随的风险，并在风险现实化时予以承受。

4. 其他参加者并非出于故意或重大过失而致使受害人受到损害

首先，行为人应当是与受害人参加的同一文体活动的其他参加者。如果受

---

① 参见最高人民法院民法典贯彻实施工作领导小组主编：《中华人民共和国民法典侵权责任编理解与适用》，人民法院出版社 2020 年版，第 116 页。

② 参见张新宝：《中华人民共和国民法典侵权责任编理解与适用》，中国法制出版社 2020 年版，第 50 页。

害人所参加的活动为单人项目，或者所受损害系因自然环境、天气、场地问题导致，则不适用自甘冒险规则。例如，某人参加街头篮球比赛，因中暑晕倒并被送医就诊，该人虽参加了篮球比赛，但其损害后果系因天气炎热导致，并非其他参加者的行为导致，则不具有适用自甘冒险规则的前提。

其次，行为人对损害的发生是出于非故意或重大过失。如前所述，受害人参加运动是基于对文体活动本身固有风险的认知，而受害人所愿意承担的风险也限于该活动固有的、正常的风险，并不包括其他参加者故意或重大过失所带来的损害。[①] 行为人只有出于非故意或重大过失致使受害人损害，才可依据自甘冒险规则进行免责的抗辩。

民法上的"故意"，是指行为人明知其行为会发生侵害他人民事权益的后果，仍有意为之的一种主观心理状态。例如，体育比赛中的故意犯规、恶意冲撞、拉拽他人等行为。

民法上的"重大过失"是程度最为严重的一种过失，是指行为人连最基本的注意义务都没有尽到，或者说，行为人是以一种"异乎寻常的方式"违背了必要的注意义务。[②] 具体到竞技体育比赛中，高度紧张、刺激的氛围会导致参赛者将注意力集中于运动，很难要求参赛者每次行为都经过慎重考虑。对参赛者强加以生活中的一般注意义务，也会导致参赛者顾虑重重，难以发挥拼搏进取的运动精神，使比赛的精彩性、竞技性大打折扣，因而应当将此种情况下参赛者的注意义务限定在较一般注意义务更为宽松的体育道德和规则范围内，在保障运动竞技性的同时保护参赛者的人身安全。因此，参赛者出现未违反比赛道德或规则的过错，不应认定为重大过失。

(二)公平责任的适用

公平责任是以财产之有无、多寡作为责任分担的依据，是道德规范的法律化，实践的是分配正义而非矫正正义。适用公平责任，看似是通过法律对遭受损害的人给予了救济，使其利益得到恢复，但实际上损失的也是他人的利益。[③] 要求无过错的一方进行补偿，势必会极不合理地限制行为人的行为自由，使文体活动无法正常开展。因此，对公平责任的适用范围须严加限制，避免过错责任和无过错责任无法发挥应有的预防损害规范功能，软化侵权法归责原则的体系构成。《民法典》第1186条规定的公平责任的适用条件之一是必须具有法律规定的适用公平责任的情形，而现行法律并未就参加具有一定风险文体活动所产生的侵

---

① 参见王利明：《论受害人自甘冒险》，载《比较法研究》2019年第2期。

② 参见程啸：《侵权责任法》(第3版)，法律出版社2021年版，第296页。

③ 参见程啸：《侵权责任法》(第3版)，法律出版社2021年版，第106页。

权纠纷应当适用公平责任进行规定。相反,此类纠纷该如何定责已由《民法典》第 1176 条第 1 款予以明确规定。而且,自甘冒险规则在设立之初已经充分考量了参与者在文体活动中的风险和收益,以避免显失公平的结果出现。综上,基于自甘冒险而产生的侵权责任纠纷无公平责任的适用空间。

(责任编辑:王　晨)

VIE 协议对公司股东间"对赌协议"的限制
——杨某、李某诉扬州某投资有限公司股权转让案相关法律问题分析

李晓飞* 李振凡**

裁判要旨

VIE 模式,即可变利益实体(Variable Interest Entities),是一种境外间接上市的法律架构,由境外上市主体依靠合同安排控制境内营运实体,从而实现境内业务境外融资并上市的目的。实践中,会发生公司境内首次公开发行股票失败后转而通过 VIE 模式寻求境外上市的情况,从而产生本案的争议。VIE 模式下的协议通常包括由境内营运实体的股东承担股权回购义务或保证责任的股权"回赎条款",其与以 VIE 公司完成境内上市为触发条件的股权回购"对赌协议"相比,根据境外上市需要变更了拟上市主体、回购价格等内容。因上述两类条款均系公司创始人与投资人之间达成的估值调整协议,且 VIE 协议通常包括限制股东转让股权的约定,因此,对投资人签订 VIE 协议后主张继续履行"对赌协议"股权回购约定的诉讼请求,法院不予支持。

一、据以研究的案例

2013 年 11 月 22 日,北京某甲投资有限公司(以下简称某甲公司)等甲方与北京某乙网络科技有限公司(以下简称北京某乙公司,乙方)及杨某(丙方)等共同签订《增资协议》,某甲公司应支付的增资价款为 1000 万元。2013 年 11 月 22 日,某甲公司等甲方与北京某乙公司(拟上市公司,乙方)及杨某(丙方)、李某

* 李晓飞,北京市第四中级人民法院法官助理,首都经济贸易大学行政法学硕士。
** 李振凡,北京市第四中级人民法院法官助理,中国政法大学行政诉讼法博士。

(丁方,杨某之配偶)签订《补充协议》,约定,甲方合称为投资人,丙方、丁方合称承诺人。投资人承诺按时足额缴付增资款。承诺人承诺在2016年12月31日前实现首次公开发行股票并上市。各方一致同意,公司未能如期实现首次公开发行股票并上市时,各投资人均有权要求承诺人按照协议所约定的时间及价格回购各投资人所持全部或部分股权。公司、承诺人对回购义务承担连带担保责任。

2014年10月10日,扬州某投资有限公司(以下简称某公司)受让某甲公司持有的北京某乙公司的股权及债权。2014年10月20日,某公司(甲方)、北京某乙公司(乙方)、杨某(丙方)、李某(丁方)签订《协议书》,约定乙方、丙方、丁方应当继续按照《增资协议》及《补充协议》中所约定的条件履行回购义务。

2015年2月13日,网络科技公司与北京某乙公司签订、某公司等主体签订《独家业务合作协议》《独家购买权合同》《股权质押合同》《授权委托协议》。约定除网络科技公司和被指定人外,任何第三人均不得享有股权购买权或其他与北京某乙公司股权有关的权利。约定网络科技公司被授权作为某公司等的唯一的代理人和授权人,就有关乙方股权的所有事项代表某公司等行事。至此,北京某乙公司VIE架构搭建完毕。

网络科技公司公司章程显示,网络科技公司股东为在我国香港特别行政区登记注册的China Lotto Holdings Limited。

2015年2月13日,Globaltainment Limited与Shinning China Company Ltd.、Asiatainment Limited、China Lotto Holdings Limited、网络科技公司、北京某乙公司、杨某、李某以及各A系列优先股股东、各B系列优先股股东、各C系列优先股股东共同签订《股东协议》,约定如果Globaltainment Limited在2016年12月31日后的任何事件,未能完成合格的首次公开发行,则按照开曼群岛的适用法律,如果A系列优先股持有人或B系列优先股持有人或C系列优先股持有人有要求,其有赎回义务。杨某、李某承担保证责任。

北京某乙公司在2016年12月31日前未能实现首次公开发行股票并上市。2019年8月6日,某公司通过公证邮寄方式向杨某、李某送达《关于要求履行回购义务的函》。

基于上述事实,原告(被上诉人)某公司诉称,截至目前,北京某乙公司未能实现首次公开发行股票并上市,按照《补充协议》约定,杨某、李某应回购某公司持有的北京某乙公司股份。故请求法院判决杨某、李某向某公司支付股权回购款、违约金等损失。

法院生效判决认为:关于股权回购条件是否成就问题。杨某、李某所称的政策原因并非协议约定的免除回购义务的情形,该政策原因并非不可抗力。本案杨某、李某提及的《关于对利用互联网销售彩票行为有关问题的公告》等文件虽然对通过互联网销售彩票的行为进行了严控和监管,但并未完全禁止通过互联网销售彩票。同时,《补充协议》的约定强调的是公司上市主管部门在审批申报公司上市方面的相关政策规定,杨某、李某提及的政策并非此类政策。

关于被上诉人某公司签订一系列 VIE 协议后,其是否还可以依据《增资协议》及《补充协议》中的约定要求杨某、李某承担回购义务。(1)从意思表示的真实性看,某公司在北京某乙公司股东会上对搭建 VIE 架构去海外上市的决议事项都投了赞成票,接受了搭建 VIE 架构涉及的系列协议的安排,VIE 架构下的系列协议对某公司具有法律约束力。(2)从《增资协议》《补充协议》与 VIE 架构下系列协议的关系看,VIE 架构下系列协议的签订实际是《增资协议》《补充协议》的签约各方或权利继受者通过签订新的书面协议的方式,对原《增资协议》《补充协议》项下北京某乙公司拟上市交易具体方案进行了变更。在各方就上市方案达成新的约定的情况下,《补充协议》项下的回购条款已不再适用。(3)依据 2015 年 2 月 13 日签订的 VIE 系列协议的相关约定,某公司已经向网络科技公司让渡了与其持有的北京某乙公司股权相关的权利。在系列 VIE 协议有效成立且没有网络科技公司同意的前提下,某公司已经不具有请求杨某、李某回购的权利基础。(4)从签约的顺序看,某公司与北京某乙公司、杨某、李某确认享有某甲公司回购权的《协议书》签订于 2014 年 10 月 20 日,而为搭建 VIE 架构的一系列协议则签订于 2015 年 2 月 13 日,故应当以在后的协议内容确定缔约当事人的意思表示。基于上述分析,某公司已无向杨某、李某主张支付回购本金、利息及违约金的请求权基础。故法院判决驳回某公司的诉讼请求。

二、相关法律问题分析

本案涉及公司股东签订 VIE 协议后,股东间过去签订的以公司境内上市为触发条件的"对赌协议"能否继续履行的问题。VIE 模式由一系列协议组成,其中存在和"对赌协议"性质类似的关于公司上市的投资协议,因而产生了两者能否同时履行的问题。随着《全国法院民商事审判工作会议纪要》的出台,"对赌协议"的法律效力已得到司法认可,改变了过去与公司"对赌"无效而与股东"对赌"有效的司法实践。[①] "对赌协议"一般为公司实际控制人为引入投资而与投资人约定,如果公司在预期内成功上市,则投资人将继续投资,反之则由实际控制人通过股权回购或现金补偿等方式补偿投资人。不同于司法对"对赌协议"法律效力的明确认可,一直以来我国监管层对 VIE 模式的合法性问题始终没有

---

① 参见最高人民法院民事审判第二庭编著:《〈全国法院民商事审判工作会议纪要〉理解与适用》,人民法院出版社 2019 年版,第 115~116 页。

明确结论。VIE 模式是公司实现境外间接上市的一种方式。自 2000 年新浪采取 VIE 模式在美国纳斯达克成功上市后，该模式成为大多数中国企业境外上市的方式。因 VIE 涉及我国外资准入制度及公司控制权结构问题，兹事体大，虽然实践中不时暴露出 VIE 面临的法律风险，监管层对其合法性却始终没有明确表态。本案涉及的投资人在签订 VIE 协议后“对赌协议”的履行问题，属于新类型案件，需要司法尽快明确裁判规则。应当指出的是，该问题不仅是一个法律适用问题，还涉及现行法律制度下对资本市场进行治理的深层次、系统性问题。该类案件的司法裁判，将会对资本市场起到重要的风向标作用。法院在审理此类案件时，应审慎对待其中的公司治理冲突，充分发挥司法能动性，防范未来其他企业受困于 VIE 模式带来的不确定性风险，为营造良好营商环境提供有力的司法保障。

（一）“对赌协议”的结构、功能及其司法审查

“对赌协议”是股权投资的一类常用工具，而股权投资的主要内容为对公司进行价值评估。然而，因价值评估存在的天然不确定性，“对赌协议”作为一种缓和评估风险、调整评估结果的新型评估方式，被企业界所广泛采用。一般在私募股权投资中，投资方买入目标公司的一定股权，双方就公司评估价值不一致时约定一种调整方式，在约定的条件满足后，估值条款将立即执行，根据公司实际情况，双方通过弥补对方投资款、变更持股比例、改变公司控制权等方式，补偿一方因高估或低估公司价值所遭受的投资损失，上述约定构成了“对赌协议”的核心内容①。

1. “对赌协议”的主体类型及其履行

“对赌协议”面临的主要问题是法院能否支持股东要求履行协议的诉讼请求。就协议签订的主体类型而言，“对赌协议”的一方为投资方，另一方既可以是目标公司的实际控制人，也可以是目标公司本身。以本案股权回购型“对赌协议”为例，依据《全国法院民商事审判工作会议纪要》第 5 条的规定，投资方请求目标公司回购股权的，法院应当依据《公司法》第 35 条关于“股东不得抽逃出资”或者第 142 条关于股份回购的强制性规定进行审查。经审查，目标公司未完成减资程序的，法院应当驳回其诉讼请求。《公司法》采取事由列举的方式对股权回购进行限制。该法第 142 条列举了股权回购的事由限制，其中只有“减少公司注册资本”属于对赌协议场景下股权回购的事由。但因减资行为需履行股东大会同意、编制资产负债表及财产清单、通知债权人、变更登记的程序，实际上难

① 参见陈朝毅：《“对赌协议”法律效力问题分析与制度建构》，中国政法大学 2017 年博士学位论文，第 11 页。

以操作，且面临投资金额中转为资本公积金的部分无法通过减少注册资本予以返还等困难，再加上公司往往不会主动减资，实践中极少有公司通过减资释放资金履行股权回购义务。[①] 由目标公司回购投资方股权或进行现金补偿实际上难以通过减资来完成，而由公司股东进行股权回购或现金补偿则没有此类障碍，故为规避无法履行的法律风险，国内"对赌协议"一般为投资人与目标公司股东之间进行对赌。

2. "对赌协议"触发条件成就的认定

对赌标的是构成"对赌"性质的核心因素，在协议中体现为触发条件，主要包括"赌业绩""赌上市"。其中，"赌上市"是最常见的估值触发条件，即目标公司能否在规定期限内完成首次公开发行股票。因公司成功上市能够大幅度提升股权价值，增强股权流动性，对投资人而言，上市是实现其投资预期的最佳方式。VIE 模式亦是如此，公司在境外上市能够获得可观融资。VIE 一系列协议中，又包含了境内外投资者为实现估值调整签订的类似于"对赌协议"的"回赎"条款。根据各国的实践，可以由公司自由配置的种类股股权内容包括偿还权事项。偿还权事项，是指公司发行偿还股后，在法定事实发生时，偿还股股东可以请求公司返还股款。[②] 偿还权就是股权回赎，其偿还条件在股东取得股权时即已明确。本案中，正是由于《股东协议》相关回赎条款的存在，考虑两者具有相似性，法院认定 VIE 协议"回赎"条款代替了"对赌协议"。案件审理过程中，被告主张目标公司无法上市系政策因素，属于不可抗力。根据《民法典》第 180 条第 2 款的规定，不可抗力是不能预见、不能避免且不能克服的客观情况。一般认为，对于不可抗力应当严格认定，只有自然原因或社会原因才能纳入不可抗力的范畴。[③] 本案中国家对彩票销售进行了限制但并未完全禁止，尚不属于不可抗力的范畴，仍属于正常的市场经济风险。笔者认为，在"赌上市"类约定中，不可抗力应限定于公司上市主管部门在审批申报公司上市方面的相关政策规定因素，应将其与可预见的市场风险严格区分开来。

3. "对赌协议"的责任承担方式

根据"对赌"标的物不同，对赌协议可以区别为弥补价款的对赌协议和弥补股权的对赌协议。弥补股权对赌协议是用补充增加标的公司股权对原先标的公司估值过高的方式进行弥补。本案属于该类型中常见的股权回购型对赌协议。

---

① 参见贺剑：《对赌协议何以履行不能？——一个公司法与民法的交叉研究》，载《法学家》2021 年第 1 期。

② 参见任尔昕：《关于我国设置公司种类股的思考》，载《中国法学》2010 年第 6 期。

③ 参见刘凯湘、张海峡：《论不可抗力》，载《法学研究》2000 年第 6 期。

值得注意的是,VIE 中"回赎"条款的回购义务主体一般是目标公司,而"对赌协议"的回购义务主体为公司股东。这是因为 VIE"回赎"的纠纷一般约定适用英美法系法律。在英美法律中,公司回购股权受到"财源限制"或偿债能力规则等限制①,与我国《公司法》上列举事由的规定不同,"财源限制"等能够解决多少资金可以用于回购的问题,具有现实履行性。如前所述,国内要求履行特定程序才能进行股权回购则面临较大的现实阻力②。

(二)VIE"股权回赎"条款与"对赌协议"的同一性

1. VIE 模式解读

VIE 模式又称协议控制,即由创始人在境外上市公司之外,于境内另设营运实体,持有因我国外资管制而无法为外资持有的经营牌照等资源,通过一系列控制合同将境内营运实体的收益输入境外上市实体中。VIE 的概念源于美国出台的会计报表合并规则。VIE 模式一般包括三个部分:一是境外上市的特殊目的实体(Special Purpose Vehicle, SPV),通常系为避税设置在开曼群岛的壳公司,本案中为 Globaltainment Limited。二是境外上市主体在境内设置的外商独资公司(Wholly Foreign Owned Enterprise, WFOE),本案中为网络科技公司(China Lotto Holdings Limited)。三是境内营运实体公司(VIE 公司),本案中为北京某乙公司。上述三类主体间往往并不存在直接的股权投资关系,但是通过一系列合同在 VIE 公司实际控制人和上述主体之间的缔结,完成了境外间接上市中跨境多层次法律主体之间权利义务关系的搭建,实现了境外上市主体对境内营运实体的有效控制。其中的合同族群主要包括向境外上市主体转移控制权和收益的合同,如独家服务合同、委托管理合同、资产运营合同等;维持境外上市主体控制权的合同,如股权委托合同、股权质押合同、独家股份购买权合同等;补充合同,如优先购买权、优先认购权、系列优先股、赎回权等,其中赎回权有关的内容即为 VIE 协议中与"对赌协议"具有最密切关系的条款,是本案的争议核心。

在股权授权委托合同下,境内营运实体的股东将其基于中国法律及公司章程所拥有的一切公司权利授予境外上市主体在境内设置的外商独资公司。在股权质押合同下,境内营运实体的股东同意将其在境内营运实体的股权质押给外商独资公司,作为其履行义务的担保。独家购买权合同规定,外商独资公司在境内允许外资持股时,有权以象征性的对价购买境内营运实体的全部或部分股权。

---

① 参见潘林:《股份回购中资本规制的展开——基于董事会中心主义的考察》,载《法商研究》2020年第4期。

② 参见刘燕:《"对赌协议"的裁判路径及政策选择——基于 PE/VC 与公司对赌场景的分析》,载《法学研究》2020年第2期。

通过上述合同安排，VIE 公司虽然表面上是内资企业，但其经营活动实际上已经被境外上市 SPV 所控制，其相应的资产、利润和收入均传递给了 SPV。在境外证券市场满足国内企业上市需求的大背景下，VIE 从一个美国会计准则的合并报表要求，配合协议控制，成为中国企业境外上市问题的解决之道，为中国资本市场带来了一个新事物——合同化的公司控制权。①

2. VIE 协议合法性的争议

迄今为止，中国境内 VIE 纠纷诉诸国内争议解决机制的仅见于上海国际经济贸易仲裁委员会 2010 年至 2011 年裁决的两个案件，两个案件都是围绕同一家中国公司申请解除 VIE 架构展开的。最终仲裁庭认定，该案相关 VIE 协议违反了“外商不得签订相关协议或提供技术支持等间接方式实际控制和参与境内游戏企业的网络游戏运行业务”，依据《合同法》(已失效)第 52 条②等，认定 VIE 协议“以合法形式掩盖非法目的”及“违反国家行政法规的强制性规定”而无效。③ 在监管层面，虽然有关部门于 2009 年 9 月 28 日出台了《关于贯彻落实国务院〈“三定”规定〉和中央编办有关解释，进一步加强网络游戏前置审批和进口网络游戏审批管理的通知》，禁止外商以独资、合资、合作等方式在中国境内投资从事网络游戏运营服务。但 2011 年儿童网络游戏公司淘米网仍以 VIE 形式赴美上市成功(2016 年退市)，未见监管层对此采取禁止措施。在司法层面，还未曾审理过一起直接涉及 VIE 协议有效性的案件。

本案虽然未直接涉及 VIE 协议的效力问题，但依据 VIE 协议中“回赎”的条款否定“对赌协议”的履行，从侧面肯定了 VIE 协议的有效性。笔者认为，在我国尚无明确法律法规禁止 VIE 模式的情况下，法院应谨慎对待 VIE 协议有效性问题，不宜以“以合法形式掩盖非法目的”或“违反行政法规”等理由否定其有效性，应尽量在纠纷解决路径上依靠法律条文之字面含义，而非综合性的政策考量对 VIE 案件作出裁判，防止引发 VIE“暴雷”带来的连锁风险。

3. VIE“回赎”条款与“对赌协议”的关系证成

本案中法院关于“对赌协议”与 VIE 协议的关系论证，实际上反映出两者具有相同的经济实质，即均为估值调整的方式。④ 笔者认为，可以从以下三个层面论证 VIE 协议应替代“对赌协议”：

---

① 参见黄凯：《VIE 模式的法经济学分析及治理路径》，载《南方金融》2021 年第 9 期。

② 相关规定参见《民法典》第 146 条。

③ 参见刘燕：《在“默认合法”中爆发的法律风险——协议控制-VIE 模式下风险事件及案例评述》，载《证券法苑》2013 年第 9 卷。

④ 参见任湧飞、丁勇：《估值调整协议的法律适用》，载《人民司法·应用》2019 年第 4 期。

(1)经济实质层面。"对赌协议"的核心内容为投资方买入目标公司的一定股权,双方就公司评估价值不一致时约定一种调整方式,在约定的条件满足后,双方通过弥补对方投资款、变更持股比例、改变公司控制权等方式,补偿一方因高估或低估公司价值所遭受的投资损失。就本案VIE"回赎"条款的主要内容而言,涉及拟上市交易主体、承担回购责任的主体、回购价格的计算公式等达成新的约定,相当于投资人和原始股东间就公司估值达成新的调整约定,这完全符合"对赌协议"的经济特征,因而VIE"回赎"条款可以视为双方就估值调整达成的新协议。

(2)意思表示层面。从VIE模式的架构看,VIE公司的原始股东需要将基于国内法律拥有的企业控制权移交给境外上市SPV。本案中《独家购买权合同》约定,除外商独资企业和被指定人外,任何第三人均不得享有股权购买权或其他与乙方(一般为VIE公司的股东)股权有关的权利。在VIE架构中,VIE公司的境内股东相当于原始股东,共同将其持有的企业控制权移交给外商独资企业。本案中《股权质押合同》约定,质权人(外商独资企业)按本合同取得的对质权的权利不得被出质人(一般为VIE公司的股东)或出质人的任何继承人或代表或任何其他人通过法律程序中断或妨害。根据《民法典》第443条第2款的规定,基金份额、股权出质后,不得转让。某公司作为《股权质押合同》的签订方,应当遵守合同约定,不得转让其质押股权,其要求相对方进行股权回购也就失去了权利基础。

(3)诚实信用原则层面。法院应当引导企业股东在公司治理的框架内解决争议。如果认定VIE架构对"对赌协议"没有限制力,则可能产生打破VIE结构的隐患,在监管部门对VIE合法性持续缄默、VIE面临较大违约风险的市场大背景下,增加公司股东带走VIE资产的机会主义动机。

(三)法院的立场:合法合规与尊重意思自治

VIE模式和"对赌协议"都是典型的商事交易,依附民商法特别是合同法律立身,而以合同自由为代表的意思自治是民商法的基石。VIE模式下各方当事人基于自身利益的考量达成了控制协议,是平等自愿协商的结果。在VIE模式合同路径下法律风险通常以司法机关的最终裁决为风向标的情况下,法院应当充分尊重当事人意思自治,审慎对待新型商业模式的履行问题,将目光穿透纷繁复杂的商业合同安排,充分考虑不同合同的内在关联,探寻商业主体真实的意思表示,主动维护交易市场的稳定性,为打造市场化、法治化、国际化的营商环境,更大程度激发市场活力和社会创造力提供有力的司法保障。

(责任编辑:阚道祥)

建设工程合同质保金返还期条款与工程保修期条款的甄别与效力认定

——甲材料公司诉乙建设公司建设工程分包合同纠纷案相关法律问题分析

田雅娟* 赵群彩**

裁判要旨

建设工程质保金返还期限内未产生工程质量问题的，发包人应向承包人返还质保金并支付迟延支付期间的质保金利息，返还质保金不影响承包人在法律、行政法规规定或双方合同约定的保修期限内承担保修责任，合同约定的保修期限低于法律、行政法规规定的最低保修期限的，约定无效。

一、据以研究的案例

2013年10月24日，乙建设公司与甲材料公司签订合同约定：乙建设公司将某安置房项目1~10楼外墙保温工程分包给甲材料公司施工，甲材料公司负责交工前的成品保护工作及保修责任期2年内的保修工作并承担保修费用，分包工程的保修期起算日期自分包工程竣工验收后且甲材料公司办理工程移交之日起计算。在保修责任期内，甲材料公司对其所承担的工程质量负有全部经济与法律责任，保修责任期满后，如无质量问题则支付质保金。质保金为工程结算造价的5%，待工程保修责任期满后视实际情况支付。

后甲材料公司依约施工，双方于2014年10月23日办理竣工验收，于2016

* 田雅娟，北京市昌平区人民法院回龙观人民法庭副庭长，中国政法大学法学硕士。

** 赵群彩，北京市昌平区人民法院南口人民法庭法官助理，中国社会科学院法律硕士。

年 1 月 22 日办理工程结算,工程款总计 19 874 620.09 元。庭审中双方均认可工程款已付 19 230 889 元,尚欠 643 731 元质保金未给付。工程完工后,甲材料公司于 2017 年 4 月 9 日至 24 日对涉案部分房屋屋面外墙保温开裂和未到位的保温进行了维修修补。乙建设公司主张涉案工程外墙保温在 2018 年仍出现质量问题,经甲材料公司多次维修后仍不合格。乙建设公司向一审法院提交证据显示涉案房屋多户出现阳台、窗户、卧室、客厅漏水现象。

2018 年 9 月 27 日,该安置房项目开发公司向乙建设公司发函称,涉案房屋外墙多次出现质量问题且维修效果不佳,公司管理层决定委托第三方维修单位对因外保温质量缺陷造成的多处质量问题进行处理,预计产生维修费用 41.6 万元,该费用应由乙建设公司承担。2018 年 10 月 8 日,乙建设公司向甲材料公司发函转述了前述函件内容并告知应从甲材料公司质保金中扣除维修费用 41.6 万元。2018 年 10 月 12 日,甲材料公司向乙建设公司回函称,根据约定,涉案工程质保期为 2 年,该工程已于 2014 年 12 月交付使用,质保期止于 2016 年 12 月 30 日,保修责任期满后出现的问题不属质保范围,故不应克扣甲材料公司质保金,且开发公司所称的部分质量问题与甲材料公司施工工程无关,在涉案外墙保温工程质保期满后,开发公司单方确定维修工程量、单方委托第三方维修、单方测算维修费用的行为与甲材料公司无关。故甲材料公司诉至法院要求:乙建设公司向甲材料公司给付质保金款 643 731 元并支付自 2016 年 11 月 1 日起至付清之日止的利息。乙建设公司不同意甲材料公司诉求并反诉要求甲材料公司支付 41.6 万元维修款。

审理过程中,一审法院向开发公司核实涉案工程维修情况,开发公司向一审法院提交合同、发票等证据,显示开发公司委托某节能科技公司维修涉案房屋的建筑外墙(含外保温)等部位出现的多项质量问题,支出维修款共 413 664 元。甲材料公司对上述证据不予认可,主张涉案工程材料由乙建设公司提供,不能证明涉案工程出现的质量问题系因其施工所致,双方约定的工程质保期为 2 年,现质保期已过,超出质保期外的质量问题不应由其承担维修责任,且开发公司委托第三方维修的范围与其施工范围不符,故其对乙建设公司主张的维修费用不予认可。经一审法院释明,甲材料公司以乙建设公司应承担举证责任为由不就涉案工程出现质量问题的原因及维修费用申请司法鉴定。

一审法院经审理认为:建设工程施工合同中约定正常使用条件下工程的保修期限低于法律、行政法规规定的最低期限的,该约定无效。当事人就工程质保金返还期限有约定的,依照其约定,但不影响承包人在保修期限内承担质量保修责任。《最高人民法院关于审理建设工程施工合同纠纷案件适用法律问题的解释(二)》(已失效)第8条[①]规定:“有下列情形之一,承包人请求发包人返还工程质量保证金的,人民法院应予支持:(一)当事人约定的工程质量保证金返还期限届满。(二)当事人未约定工程质量保证金返还期限的,自建设工程通过竣工验收之日起满二年。(三)因发包人原因建设工程未按约定期限进行竣工验收的,自承包人提交工程竣工验收报告九十日后起当事人约定的工程质量保证金返还期限届满;当事人未约定工程质量保证金返还期限的,自承包人提交工程竣工验收报告九十日后起满二年。发包人返还工程质量保证金后,不影响承包人根据合同约定或者法律规定履行工程保修义务。”《建设工程质量保证金管理办法》第2条规定:“本办法所称建设工程质量保证金(以下简称保证金)是指发包人与承包人在建设工程承包合同中约定,从应付的工程款中预留,用以保证承包人在缺陷责任期内对建设工程出现的缺陷进行维修的资金……缺陷责任期一般为1年,最长不超过2年,由发、承包双方在合同中约定。”第9条第1款规定:“缺陷责任期内,由承包人原因造成的缺陷,承包人应负责维修,并承担鉴定及维修费用。如承包人不维修也不承担费用,发包人可按合同约定从保证金或银行保函中扣除,费用超出保证金额的,发包人可按合同约定向承包人进行索赔。承包人维修并承担相应费用后,不免除对工程的损失赔偿责任。”第10条规定:“缺陷责任期内,承包人认真履行合同约定的责任,到期后,承包人向发包人申请返还保证金。”第13条规定:“建设工程实行工程总承包的,总承包单位与分包单位有关保证金的权利与义务的约定,参照本办法关于发包人与承包人相应权利与义务的约定执行。”《建设工程质量管理条例》第40条规定:“在正常使用条件下,建设工程的最低保修期限为:……(二)屋面防水工程、有防水要求的卫生间、房间和外墙面的防渗漏,为5年……”根据上述规定,工程保修阶段包括缺陷责任期与工程保修期。缺陷责任期内,由承包人原因造成的缺陷,承包人负责维修,并承担鉴定及维修费用。缺陷责任期届满,发包人应当返还工程质量保证金,发包人不能以保修期未届满为由拒绝向承包人返还工程质量保证金。保修期则是承包人按照合同约定对工程承担保修责任的期限,从工程竣工验收合格之日起计算。保修期内,承包人对建设工程的保修义务属于法定义务,不能通过合同约定予以排除。

本案中,甲材料公司与乙建设公司签订的合同约定,以涉案工程结算造价的5%作为工程质保金,工程保修金待工程保修责任期满后视实际情况支付,本工程保修期为2年,自分包工程竣工验收后,甲材料公司向乙建设公司办理工程移

① 相关规定参见《最高人民法院关于审理建设工程施工合同纠纷案件适用法律问题的解释(一)》第17条。

交之日开始计算;在保修责任期内,甲材料公司对其承担的工程质量负有全部经济与法律责任,保修责任期满后,如无质量问题,质保金予以支付。根据上述约定,双方关于2年期限的约定既是关于工程质保金返还期限的约定,亦是关于甲材料公司承担保修义务期限的约定。其中关于工程质保金返还期限的约定未违反法律、行政法规的强制性规定,应属有效。但双方关于涉案工程保修期为2年的约定低于《建设工程质量管理条例》关于屋面防水工程最低保修期为5年的强制性规定,应属无效。因涉案工程于2014年10月23日进行了竣工验收,缺陷责任期至2016年10月22日届满,故乙建设公司应当将质保金643 731元返还甲材料公司并支付逾期利息。因涉案工程最低保修期限为5年,双方关于涉案工程保修期为2年的约定无效,故甲材料公司应当承担涉案工程自竣工验收合格之日起5年内的保修义务。关于涉案工程出现的质量问题,因涉案工程尚在保修期内,甲材料公司作为工程施工方应对工程质量承担相应责任,甲材料公司对涉案工程出现质量问题并非因其施工原因产生的主张应承担相应的举证责任,但其经法院释明明确表示不就工程质量产生的原因申请司法鉴定,故甲材料公司应承担举证不能的法律后果。甲材料公司主张开发公司维修的范围超出了其施工的范围,但涉案合同约定的施工范围包括了维修所涉及工程,双方办理工程结算的内容亦涉及开发公司维修所对应的工程。且甲材料公司于2017年4月9日至24日针对涉案工程维修的范围和问题亦说明了开发公司维修的范围与甲材料公司施工的工程直接相关,其关于开发公司维修的范围明显超出其施工范围的主张,依据不足,法院不予采信。因甲材料公司于2018年10月12日给乙建设公司复函时明确表示质保期至2016年12月30日,保修责任期满后的维修问题不属质保问题。在此情况下,开发公司另行委托第三方对涉案工程出现的质量问题进行维修,并从乙建设公司的质保金中予以扣除,而维修期间尚处于涉案工程的保修期限内,乙建设公司据此要求甲材料公司负担相应的维修费用于法有据。关于维修费数额的问题,法院向开发公司调查核实的情况及开发公司向法院出具的证据显示,涉及甲材料公司施工部分的维修费用为413 664元,上述证据能够相互印证,甲材料公司虽对该笔维修费用不予认可,但经法院释明后明确表示不就维修费用申请司法鉴定,甲材料公司应对此承担举证不能的法律后果,法院对上述证据予以采信,据此法院认定甲材料公司施工部分的维修费用为413 664元,乙建设公司要求甲材料公司负担该笔维修费用的诉讼请求,理由正当,于法有据,法院予以支持。

最终,一审法院判决乙建设公司支付甲材料公司质保金643 731元及自2016年11月1日至付清之日的利息,甲材料公司支付乙建设公司维修费413 664元。宣判后,甲材料公司提出上诉,二审法院依法审理后判决驳回上述,维持原判。

二、相关法律问题分析

本案主要争议焦点为工程质保金的返还问题及建设工程质量的责任承担问题。住房和城乡建设部、财政部《建设工程质量保证金管理办法》规定，建设工程质量保证金（质保金）是指发包人与承包人在建设工程承包合同中约定，从应付的工程款中预留，用以保证承包人在缺陷责任期内对建设工程出现的缺陷进行维修的资金。根据该规定，质保金对应的责任期限为缺陷责任期。上述规定同时明确了缺陷责任期一般为1年，最长不超过2年，由发、承包双方在合同中约定，以及缺陷责任期的起算日期等。由此可知，发包人与承包人可在最长2年的时限范围内协商工程质保金返还期限问题。如此规定，一方面，是为了约束承包人按照法律规定及双方约定的标准完成工程建设，否则发包人有权从预留的质保金中扣除为修复工程所花费的合理支出；另一方面，亦是为了避免缺陷责任期限约定过长，发包人长期占有剩余工程款导致对承包人资金占用损失的不公平。

鉴于我国实行建设工程质量保修制度，故质保金的到期返还并不能完全免除承包人对工程质量的保修责任。亦即，当正常使用条件下建设工程的法定最低保修期限或发、承包双方约定的质量保修期限超过双方约定的质保金返还期限（未约定时依照规定认定的2年质保金返还期限）时，即使发包人向承包人支付保证金，承包人仍应对剩余保修期限内的工程质量问题承担保修责任。原《最高人民法院关于审理建设工程施工合同纠纷案件适用法律问题的解释（二）》第8条第2款规定，发包人返还工程质保金后，不影响承包人根据合同约定或者法律规定履行工程保修义务。因此，质保金返还期限不必然等同于质量保修期限，即使当事人在同一合同条款中以非规范用语约定了发包人在一定期限届满后返还质保金，当产生工程质量责任纠纷时，亦应对该条款结合合同全文进行分析，判断是否既包括责任缺陷期即工程质保金返还期限的意思表示，又包含了建设工程质量保修期限的意思表示。若两者兼具，则需分别进行效力审查与责任认定。

前文已论述了发、承包双方可在不超过2年的期限内自行约定缺陷责任期问题。关于质量保修期限问题，《建设工程质量管理条例》第40条规定了正常使用条件下部分建设工程的最低保修期限要求。本案中，甲材料公司与乙建设公司关于“保修责任期满后，如无质量问题者，保修金予以支付”的约定便是将质保金返还期限与质量保修期限杂糅在一个合同条款之中，而其中关于质量保修期限为2年的约定因违反《建设工程质量管理条例》中屋面防水工程5年最低保修期的强制性规定而属无效。因建设工程涉及的名目和内容丰富繁多,法院在审查具体的工程质量保修期限时应穷尽法律法规检索工作,在确保法律、行政法规对具体建设工程最低保修期限无明确规定后,方可依据合同当事人关于工程保修期的约定确定承包方的维修责任问题。

此外,在质保金返还期限届满前产生工程质量问题,承包人确需对工程质量承担责任但未在质保金返还期限内对工程进行修复的情形下,承包人要求发包人返还质保金并支付利息的,质保金部分工程款的数额应为扣除经依法鉴定确定的修复费用或已实际产生的维修费用后的数额,并以此作为利息计算基数。对于质保金返还期限届满前因承包人原因导致的工程质量问题,若发包人在质保金返还期限届满前已自行修复或委托他人修复,则利息应从双方约定的质保金返还时间或依照法律规定确定的质保金返还时间之次日起算;若工程质量问题尚未修复或在质保金返还期限届满后修复的,鉴于在修复费用确定前,发包人无法确定质保金部分欠付工程款的数额,故对该部分工程款的利息应从修复费用确定日之次日起算,具体日期需根据司法鉴定程序或当事人举证证明合理维修费用产生时间、双方协商的维修费用产生时间等情况确定。

在质保金返还期限届满后产生工程质量问题的,发包人仍应按照约定或法律规定向承包人返还工程质保金并支付利息,就工程质量责任问题,发包人可根据保修期限约定或法律、行政法规规定另行向承包人主张责任。

（责任编辑:何　琴)

新就业形态下关联企业“混同用工”的司法识别及法律责任认定
——赵某诉北京某甲公司等劳动争议案相关法律问题分析

汪 洋*

裁判要旨

新就业形态下，具有关联关系的用工主体对劳动者交叉、轮换用工，人事管理和工作内容交叉重叠，构成对劳动者的混同用工；无法明确界分出权利义务节点的，多家用工主体应当向劳动者连带承担用人单位的相关责任。

一、据以研究的案例

2019 年 3 月 12 日，赵某与被告之一某乙公司签订劳动合同书，工作部门在微信组，工作内容为短视频发布。三被告，即某乙公司、北京某甲公司、天津某丙公司主体混同，“一套人马、多块牌子”，财务、人事、实际控制人均为“一套人马”，每月工资由三被告共同发放，考勤、报销等事宜均通过统一系统管理。故赵某向法院提出如下诉讼请求：确认 2019 年 3 月 12 日至 2020 年 8 月 10 日其与某乙公司存在劳动关系；三被告连带支付拖欠工资等。三被告辩称，赵某与某乙公司签订书面劳动合同，北京某甲公司、天津某丙公司与赵某均不存在劳动关系，也没有为赵某支付过工资。因为赵某做网络主播，有时会为其支付一些临时费用。天津某丙公司与赵某签订有经纪合同，双方约定盈利分成。

法院经审理认为：赵某与某乙公司签订劳动合同，某乙公司亦认可与赵某存

* 汪洋，北京市朝阳区人民法院立案庭副庭长，北京师范大学法学硕士。

在劳动关系,法院不持异议,赵某要求确认 2019 年 3 月 12 日至 2020 年 8 月 10 日与某乙公司存在劳动关系的诉讼请求,法院予以支持。关于混同用工的认定。一方面,从工作内容上看,各方均认可赵某的主要工作内容为拍摄、上传短视频并通过"真相测评"账号对外发布。根据在案证据,某乙公司、北京某甲公司及财务人员定期向赵某转账,电子邮件等也体现出三被告与赵某在工作中的关联,三被告虽主张北京某甲公司及财务人员支付款项系报销测评产品及道具费用,但上述报销金额发生与赵某的工作内容存在直接关联。另一方面,三被告法定代表人、工作地点同一,业务存在混同,通过证据亦无法对包括赵某在内的工作人员的用人单位作出明显区分,故综合案件事实查明情况,法院采信赵某关于三被告对其构成混同用工的主张,赵某要求三被告在劳动争议中承担连带责任的请求,法院予以支持。

二、相关法律问题分析

随着互联网技术和数字经济的飞速发展,参与其中的从业人员数量不断增加,带动了就业形态出现巨大变化,快递送餐、直播销售、自媒体制作等新就业形态在吸纳大量就业的同时,由于打破了原有市场机制和法律秩序下的利益规则和管理规范,对传统人力资源配置、管理模式、劳动法律体系、民事法律关系、权利义务分配等形成了一定的冲击,产生了一系列新类型法律问题。本案就涉及新就业形态下多个用工主体之间出现业务渗透、人事连锁等情形时的劳动关系及劳动权益保障的司法认定问题。

(一)劳动法视域下引入"关联公司"概念的正当性思考

在我国民商事法律中,尚未对"关联公司"进行准确的定义,[①]"关联公司"的规定主要在税收征管领域,[②]"关联企业"或者"关联公司"已经是经济社会中普遍存在的运作模式,特别是越来越多的集团化公司,股权关系复杂,各个子公司之间的关联关系更加常见。由于关联企业之间经常发生转移风险、逃避法律责任等问题,因此,在公司法理论和实践领域均对法人人格独立原则进行了一定程度的突破,运用独立人格否认和"公司面纱刺破"等制度规制关联公司行为,保

---

① 《公司法》第 216 条第 4 项定义了"关联关系",即"公司控股股东、实际控制人、董事、监事、高级管理人员与其直接或者间接控制的企业之间的关系,以及可能导致公司利益转移的其他关系。但是,国家控股的企业之间不仅因为同受国家控股而具有关联关系。"

② 如《税收征收管理法实施细则》第 51 条第 1 款规定:"税收征管法第三十六条所称关联企业,是指有下列关系之一的公司、企业和其他经济组织:(一)在资金、经营、购销等方面,存在直接或者间接的拥有或者控制关系;(二)直接或者间接地同为第三者所拥有或者控制;(三)在利益上具有相关联的其他关系。"

护债权人利益。而在劳动争议领域,关联公司之间人事制度、员工劳动关系存在混同,劳动者同时与多家公司存在劳动关系勾连,在出现纠纷后,关联公司之间往往相互推诿责任。

目前,有关“关联公司”的研究无论在理论上还是实践中均多见于公司法领域。一般认为,我国《公司法》第20条第3款规定的情形,即对这一理论的适用。2013年最高人民法院发布的指导案例15号:“徐工集团工程机械股份有限公司诉成都川交工贸有限责任公司等买卖合同纠纷案”,在裁判要点中载明:“(1)关联公司的人员、业务、财务等方面交叉或混同,导致各自财产无法区分,丧失独立人格的,构成人格混同。(2)关联公司人格混同,严重损害债权人利益的,关联公司相互之间对外部债务承担连带责任。”据此,我国法人人格否认制度的司法适用范围从股东和公司之间拓展到了关联企业之间。

关联企业是企业之间为达到特定的经济目的,通过特定手段形成的企业之间的联合。[①] 在企业集团、关联公司发展迅速的今天,公司、企业不仅在经济交往中纷纷竭尽所能地控制风险,在人力资源的利用上也不免采取各种手段规避法律,降低成本。当数个公司之间出现了违背企业责任、破坏劳资关系平衡的情形时,将“法人人格否认”的理论内涵引入劳动法领域,劳动者就有途径维护自己的正当权益。据此,在“用人单位主体混同”的情形下旨在保护公司债权人利益的法人人格否认制度,当然可以适用于劳动者的劳动债权。参考域外的法律或者案例,也能找到相似的规定。[②]

(二)新就业形态下混同用工的识别标准与类型化提炼

1. 劳动法“混同用工”与公司法“法人人格否认”之辨

“在学理上,由于关联方式的不同,关联企业可以分为事实上的关联企业和合同上的关联企业。事实上的关联企业是通过控股方式建立起关联关系的企业,而合同上的关联企业则是以签订合同的方式建立起关联关系的企业。”[③]实践中,这两种关联企业均会出现混同用工的情形。需要承认的是,劳动争议中对于“关联公司”的认识在基础上借鉴了公司法理论,法官在参考公司诉讼规则的同时,主要依据公司间是否存在股权控制关系、法定代表人或股东是否存在关联等进行判断。但是,较之于商事审判,劳动争议案件在关联公司混同用工的认定标准与责任分配上还存在一些不同。具体而言,笔者认为劳动争议中对于关联

---

① 参见施天涛:《关联企业法律问题研究》,法律出版社1998年版,第6页。

② 例如,美国联邦法院归纳了下列四个标准:“共同所有;共同管理;劳动关系的集中控制;经营的互联性(或经济一体化)。”参见朱慈蕴:《公司法人格否认法理研究》,法律出版社1998年版,第326页。

③ 参见郑慧玫、张亮亮:《关联企业“混同用工”劳动争议问题探讨》,载《中国劳动》2017年第3期。

公司混同用工的认定与公司诉讼中的“法人人格否认”在认定标准和处理模式上可以从两个方面予以区分与考量：

其一，劳动争议不同于公司对外债权债务关系，事实上大多数劳动者较公司处于相对弱势地位，因而劳动法以保护劳动者的利益作为立法原则，对于关联公司认定的标准把握较为宽泛，审查标准也侧重于人事管理方面，如审查劳动合同签订主体、工资发放主体、社会保险缴纳主体与实际用工主体、人事管理主体是否存在不同、是否有所混同。而公司法中通过认定关联公司人格混同，导致公司独立法人地位否认，从而对外承担连带责任，保护债权人之利益；商事诉讼中双方当事人地位平等，通过司法途径否认法人独立人格较为审慎，审查内容囊括人员、财产、业务、财务账面等，因而对于关联公司的认定标准把握严格。

其二，在劳动争议案件中，劳动关系能够明显“分段”的，或者劳动关系要素主要集中在同一公司的，并不必然导致公司间的连带责任。因此，对于向劳动者承担赔偿或给付责任的主体，还要综合考量劳动关系的履行情况，进行最终的判决认定。但在公司诉讼中，若对法人独立人格进行否认，将导致关联公司对外承担连带责任。

2. 新就业形态下关联公司混同用工的识别

目前，法院对于关联公司混同用工的认定，尚未形成较为统一的裁判标准。有的裁判案例比照公司法理论，重点关注数个用人单位之间是否存在办公场所一致、人员一致等要素的混同；有的裁判案例则兼顾了用人单位主体混同和用工行为混同两个方面的因素；亦有的裁判案例，对于混同用工的情形持回避或否定的态度。长此以往，将导致司法实践中同案不同判的情形，进而损害司法判决的权威性。

在劳动争议司法裁判中，在对关联企业进行认定时，更多的是准用或参照其他领域相关立法的规定，结合具体的裁判实务，在关联企业的认定上裁判机构形成了两个普遍遵循的标准，即人的关联性标准和资本的关联性标准。① 人的关联性标准，是指企业间由同一个人或同一个团队进行业务经营和人事管理，即便企业间并无资本关联，亦可认定为关联企业。资本的关联性标准，是指如果企业拥有其他企业相应份额的资本或股权，导致企业间具有资本上的联系的，即认定为关联企业，如控股公司与子公司、参股公司与被参股公司等。②

新业态经济的发展突破了传统用工模式下对从业者工作时间和工作场所的束缚，多头任务分配、多头组织管理更加简便和常见。但是从业者同时与多个主

---

① 参见郭文龙：《关联企业与劳动者之间的劳动关系认定》，载《中国劳动》2010年第11期。

② 参见李盛荣、马千里：《劳动争议案件司法观点集成》，法律出版社2017年版，第62页。

体存在关联,这种用工形式的复杂性也暗含争议发生的风险。在出现纠纷后,各用工主体可能通过独立的法人资格推诿、规避法律责任。通常情况下,法院会综合考量劳动关系实际履行情况,从业务关联、人事关联、财产关联、工资发放、日常用工管理、社会保险缴纳等方面对企业间是否具有劳动法律意义上的混同关系作出判断。

上文案例中,从工作内容上看,劳动者的主要工作内容为拍摄、上传短视频、运营公司的短视频平台账号,并对外发布短视频。根据在案证据,三公司定期向劳动者支付报酬,并通过电子邮件与劳动者联系,与劳动者的工作内容存在直接关联;另外,三被告法定代表人、工作地点相同,业务存在混同,通过证据无法对包括劳动者在内的工作人员的用人单位作出明显区分,故综合案件事实查明情况,法院最终认定三被告对劳动者构成混同用工的情形。

3. 新就业形态下关联公司间混同用工的类型化表现

新就业形态下,涉及关联公司之间混同用工的案件,主要有以下四种类型:

第一,"一套人马、两块牌子"。这种形式在实践中较为常见,为了避税或降低用工成本,"一套人马"往往设立两家公司甚至多家公司,一家公司负责对外开展业务经营,另一家公司负责内部运营管理,两家公司的法定代表人、实际控制人、股东构成、财务人事、办公地点具有同一性,人格的混同容易导致在公章使用等内部管理事项上随意粗放,在劳动争议纠纷发生后又往往相互推诿责任,导致劳动关系的认定存在困难。

第二,上下级公司之间的混同用工。这种关联公司形式多存在于集团化的母公司与子公司之间,或者上级控股公司与下级公司之间。在构成混同用工的情形下,母公司或上级公司负责劳动者的招聘、劳动合同的签订,甚至工资支付、社会保险缴纳等人事管理事项,而劳动者被指派到不同的子公司或下级公司进行工作,劳动合同签订企业与实际用工企业不一致,抑或劳动者的工资发放主体、社会保险缴纳主体与实际用工企业不一致。劳动者亦会对自身劳动关系的归属产生困惑与疑问。

第三,以"项目合作"为名的混同用工。从形式上看,这类混同用工中的劳动者一般同时受到两家或多家单位管理,出现纠纷后,关联公司往往主张其之间存在"项目合作"关系,彼此否认用人单位身份,架空劳动者权益,即使提交合作协议或类似证据,也很难对抗实际存在的混同用工行为。

第四,关联公司之间轮流交替用工。具有关联关系的公司之间为了业务发展需要或者逃避用人单位主体责任,经常进行内部间的员工分配与调动,频繁更换用工主体,交替轮流用工。一方面,可能影响劳动者工作年限的计算,进而导致劳动者应当享受的解除补偿金、赔偿金、带薪年休假等权益受损;另一方面,也可能侵犯劳动者签订无固定期限劳动合同的权利。

（三）新就业形态下混同用工的法律后果与责任承担

在当前的司法实践中，已经产生了许多混同用工的关联公司承担连带责任的判例。本案中，在确定三被告对劳动者构成混同用工之后，如何确定责任承担的问题成为本案审理的关键，即三被告是否当然地对劳动者赵某承担连带责任。

1. 混同用工情形下的劳动关系的认定

目前认定劳动关系仍是根据我国《劳动法》第 16 条的规定，劳动关系认定的首要依据是劳动合同，或是参照《劳动和社会保障部关于确立劳动关系有关事项的通知》的规定，主要审查劳动者是否受用人单位的劳动管理，劳动者是否从事用人单位安排的有报酬的劳动，劳动者提供的劳动是否属于用人单位工作的组成部分等。鉴于混同用工类案件中，往往存在没有签订劳动合同或者劳动合同的签订主体与实际用工主体不一致的情形，故对于建立劳动关系的认定，应结合双方权利义务的实际履行情况作出。劳动关系，是指劳动者向用人单位提供劳动、接受用人单位的管理，用人单位为劳动者提供劳动条件并支付工资，双方之间因履行上述权利义务形成的一种法律关系。在关联公司之间用工的时间段存在明显界分的情况下，如劳动者被先后调动、派驻到不同公司，劳动关系可以分段认定，但工作年限连续计算。而公司之间用工交错混乱，无法明确界分出时间节点的，则可以认定关联公司连带对劳动者承担用人单位的主体责任。

2. 本案认定连带责任的法理基础与现实考量

《人力资源社会保障部、国家发展改革委、交通运输部、应急部、市场监管总局、国家医保局、最高人民法院、全国总工会关于维护新就业形态劳动者劳动保障权益的指导意见》为规范新就业形态提供了政策依据。如何准确适用法律和政策意见，妥善保护新就业形态下劳动者的权益，是司法实践面临的现实问题。

根据上述指导意见，新就业形态中从业人员与平台或企业的法律关系可以分为三种类型：第一种是符合确定劳动关系的情形。企业雇佣并管理劳动者，通过发布指令安排劳动者开展特定工作；第二种是个人依托平台自主开展经营活动；第三种是不完全符合确立劳动关系特征但企业对劳动者进行劳动管理的情形。本案中，从劳动组织方式上看，很明显属于第一种类型。

然而，目前在劳动法律法规框架内，基于同一个劳动法律关系，由数个主体对劳动者承担连带给付义务的情形，仅有两种：基于《劳动合同法》第 92 条规定的劳务派遣情形，以及基于《劳动合同法》第 94 条规定的违法发包情形。尚无直接的法律依据能够适用于混同用工的情形。但是在本案中，法院最终认定三被告构成混同用工，并对劳动者承担连带责任，主要基于以下两点原因：

第一,学理上普遍认为,劳动关系具有从属性和人身专属性的基本特征,[①]这是决定和影响劳动者权利和义务及其实现方式的基本要素。[②] 连带责任的正当性基础在于"用人单位"的明确性和独立性而在新就业形态中,传统固定作息和工作场所的时空条件被淡化,模糊甚至丧失,在劳动关系连接点上难以区分。比照公司法中"法人人格否认"理论,三被告作为关联公司,为逃避法律义务或责任而违反诚实信用原则,损害劳动者赵某的权益,法院要求构成混同用工的关联公司连带承担法律责任,符合法理逻辑与《人力资源社会保障部、国家发展改革委、交通运输部、应急部、市场监管总局、国家医保局、最高人民法院、全国总工会关于维护新就业形态劳动者劳动保障权益的指导意见》的政策目的。

第二,从现实意义上,企业间采取混同用工的模式,往往将劳动者的劳动关系置于"有名无实"的单位主体下,该主体的劳动保障能力和偿付能力通常较弱,目的就是利用"空壳企业"最大限度地降低纠纷后的执行成本。因此,基于维护劳动者合法权益的考量,在本案劳动者明确要求三被告承担连带责任的情况下,三被告作为关联公司共同承担对劳动者的相关给付义务,可以保障劳动者权利的实现,也达到对混同用工行为进行规制的目的。

新业态、新模式是促进经济发展、保障民生稳定的重要形式。但是新就业形态发展过程中,容易出现"混同用工"的情形,导致劳动关系确认难、责任分配认定难、劳动权者"找全对象"维权难等问题。为求长远发展,相关企业需要创新人力资源组织管理方式,在劳动者用工管理、报酬给付、社会保障等方面进一步优化完善,避免因企业间相互推诿用工责任引发劳动纠纷,共同维护劳动关系的和谐稳定。

(责任编辑:王　晨)

① 参见王全兴:《劳动法》,法律出版社 2004 年版,第 31 页。

② 参见谢增毅:《我国劳动关系法律调整模式的转变》,载《中国社会科学》2017 年第 2 期。

劳动合同解除事由的"恒定性审查"及用人单位过错性解除程序要件之重构

——从某诉某能源服务有限公司等劳动争议案相关法律问题分析

侯　军*　王梦琦**

裁判要旨

用人单位依据《劳动合同法》第39条行使过错性解除权应具有明确且具体的事由。法院应对用人单位提出解除时依据的事实和理由进行合法性与合理性审查,用人单位不能随意于事后增加或变更解除事由。

判断用人单位解除时依据的事由与诉讼中主张的事由是否具有恒定性,应注重运用实质标准与整体思维,分析用人单位诉讼中主张事由是否构成对解除时依据的实质性变更。

一、据以研究的案例

2014年1月1日,丛某与某能源服务有限公司签订《劳动合同》,约定:本合同为无固定期限劳动合同,自2014年1月1日起,丛某应遵守国家法律和法规,遵守某能源服务有限公司各项规章制度和工作程序。

2016年12月16日,某能源服务有限公司向丛某发出《劳动合同解除通知书》,载明:"很遗憾地通知您,您与某能源服务有限公司的劳动合同将于2016年12月16日解除。公司与您解除劳动合同的原因为——违反公司的商业行为

* 侯军,北京市第三中级人民法院立案庭庭长,清华大学法律硕士。
** 王梦琦,北京市第三中级人民法院立案庭法官助理,中国人民大学民商法学硕士。

准则。根据劳动合同法第三十九条第(二)款的规定,特此通知您与公司的劳动合同正式解除。您的最后工作日为 2016 年 12 月 16 日;工资将结算至 2016 年 12 月 16 日。请按照‘ExitChecklist’的要求于当日完成离职手续。”

丛某在下方员工签收处签字,日期为 2016 年 12 月 19 日,载明:“我,丛某,收到此劳动合同解除通知书。经员工再三要求,公司无法提供具体违规事实,证据及具体原因,因此我无法同意以上情况。”

后丛某诉至法院,请求确认某能源服务有限公司解除与丛某的劳动关系违法,并请求立即恢复劳动关系、补发工资等。丛某认为某能源服务有限公司以抽象、笼统的“违反商业行为准则”为由解除劳动合同,拒绝向丛某说明具体事实和理由,其劳动合同解除行为缺乏事实和法律依据,其在诉讼中主张丛某存在的违规行为系事后罗织,不符合劳动合同解除的法定程序。某能源服务有限公司辩称,其向丛某发出的书面《劳动合同解除通知书》中明确告知其存在违反公司商业行为准则的行为,并无任何法律规定要求用人单位在书面解除劳动合同通知中详细列明具体违纪行为细节,以及未详细列明则属于违法解除劳动合同。某能源服务有限公司北京分公司辩称,其并非丛某的用人单位,无须承担相应的连带责任和法律责任。

庭审中,某能源服务公司主张其向丛某发送的《劳动合同解除通知书》所载解除原因“违反公司的商业行为准则”包含三方面违规行为:(1)骚扰,制造恐慌、不公平的工作环境,滥用职权给公司造成财产损失;(2)未按照要求披露潜在利益冲突,并在年度《合规声明和利益冲突的披露》中进行虚假陈述;(3)伪造、变造票据进行虚假报销的不诚实和欺诈行为。

北京市朝阳区人民法院认为,某能源服务有限公司主张其向丛某发送的《劳动合同解除通知书》所载解除原因“违反公司的商业行为准则”包含三方面违规行为,但某能源服务有限公司未举证证明其已于解除劳动合同时向丛某明确告知该三方面原因,特别是在丛某签收《劳动合同解除通知书》时已明确要求公司方面说明的情况下。因此,法院对于某能源服务有限公司已明确告知丛某解除原因的主张不予采信。结合某能源服务有限公司主张丛某存在的违规事实,法院认为现有证据无法认定丛某存在严重违反公司公章制度的情形。需要说明的是,法院的上述处理并非要否定用人单位通过内部规定对于《劳动合同法》第 39 条第 2 项的“严重违反用人单位的规章制度”进行细化。相反,法院积极倡导和建议用人单位结合自身经营实际对于何种行为属于严重违反规章制度进行具体明确,用人单位亦应客观、合理、科学、审慎地对违规行为进行严重程度区分,并作出明确书面规定,明确告知劳动者制度规定和违规行为调查结论,避免因将严重违纪行为泛化而无法获得司法支持,最终影响企业管理权威。故判决:(1)撤销某能源服务有限公司于2016年12月16日对原告丛某作出的《劳动合同解除通知书》,双方继续履行劳动合同;(2)某能源服务有限公司于判决生效之日起7日内按照每月71 746元的标准,自2016年12月17日起补发丛某的工资至2021年6月8日;(3)某能源服务有限公司北京分公司对上述第二项与某能源服务有限公司承担连带责任;(4)驳回原告丛某的其他诉讼请求。丛某、某能源服务有限公司、某能源服务有限公司北京分公司均不服原审判决,提起上诉。北京市第三中级人民法院判决,驳回上诉,维持原判。

二、相关法律问题分析

为保障劳动者的工作权,我国《劳动合同法》对用人单位的劳动合同解除权,从实体条件、程序条件、解雇成本三个维度予以控制,以预防和减少解雇权的不当行使或滥用。然而自《劳动合同法》实施以来,关于用人单位因劳动者过错单方解除劳动合同的程序宽严问题,理论界与实务界一直充满争议。相较于实体解除事由的清单式规定,我国劳动法对程序性要件规定较少且相对模糊。如何认定用人单位的解除事由、统一程序审查标准,是我国《劳动合同法》实施以及未来修改亟须解决的现实问题。

(一)观点分歧:解除事由审查中实质正义与程序正义之冲突

我国《劳动合同法》赋予了用人单位过错性解除权。司法实践中,存在用人单位笼统以“劳动者违反公司规章制度”为由解除劳动合同而在庭审中又主张劳动者存在若干违纪事由,或用人单位在解除劳动合同时明确告知劳动者某个解除事由而在庭审中又主张劳动者还存在其他违纪事由的情形,对于上述情形下劳动合同解除事由如何认定?法院是否应审查用人单位事后主张的事实和理由?对此,司法实践中存在分歧,存在实质审查论、程序正当论、瑕疵补正论三种观点。

实质审查论认为,现行法律并无明文规定要求用人单位在单方解除劳动合同时明确告知劳动者解除的具体事由,如果劳动者还存在其他严重违反用人单位规章制度或符合用人单位单方解除劳动合同事由的,用人单位享有针对后一事由的解除权。因劳动者本身具有过错,从追求实质公平正义和避免诉累的角度考虑,应允许用人单位补充该解除事由,法院应对用人单位补充的事由进行实质审查。

程序正当论认为,确认用人单位解除劳动合同是否合法,应当审查用人单位解除劳动合同时所依据的事实和理由是否成立,而不是针对其事后主张的事实和理由进行审查。如果用人单位没有在解除劳动合同时明确告知劳动者解除合同的事实和理由,仅在庭审中提出,则用人单位可能会滥用其解除权,甚至有可能在随意解除劳动合同后再罗列相关的事实和理由，这将不利于维护劳动者的合法权益，故不应支持用人单位的该解除行为。

瑕疵补正论认为，如用人单位在诉讼中增加或变更解除事由，应提供证录音等证据证明该事由系劳动合同解除时依据的事实和理由，或者用人单位通过事后补充通知等形式已告知劳动者该解除事由。如用人单位能提供充分证据证明，则其主张事由经补正为正当性事由，法院应对用人单位主张事由进行审查。

(二)价值厘清：解除事由"恒定性审查"的理论基础

笔者认为，用人单位行使过错性解除权时应明确具体事实和理由，以劳动者"违反用人单位规章制度"解除劳动合同的，应明确劳动者具体的违规行为和制度依据，法院应以用人单位提出解除时依据的事实和理由为审查范围，而不应扩大至用人单位在诉讼中增加或变更的事实和理由。上述观点的理论基础在于用人单位过错性解除权之程序限制论及现行法律框架下的解释论分析。

1. 用人单位过错性解除权之程序限制论

程序的主要目的是形成决定，用人单位所作出的有效的劳动合同解除决定，如果缺乏相对合理化法律程序的过滤，将丧失权利行使的正当性。解除程序的存在，就是要通过对解除权行使过程中相关当事人角色的分配，使各个主体既参与其中，又相互牵制，最终使用人单位的单方解除决定成为一个有序的、合理化的结果。对于用人单位不能在诉讼中增加或变更解除事由的程序限制，主要基于以下三个理论支撑。

第一，正当事由理论。从用人单位过错性解除权的发展史来看，经历了从解雇自由到禁止解雇权滥用再到正当事由理论的三次重大演变。正当事由理论认为解雇事由是解雇权的核心要素，用人单位解除劳动合同必须具有正当性理由才能行使。雇主必须证明其解雇理由，即使雇主并未滥用权利。因此，用人单位单方解除权的行使必须首先进行客观公正的调查，并证明其理由，[①]如用人单位不告知劳动者具体解除事由和违规行为调查情况即单方作出解除决定，可能加剧用人单位解除事由的泛化和随意化，不利于解除事由的实质正当性与合理性。

第二，最后手段理论。单方解除权的最后手段性原则，强调劳动合同解除应当是用人单位无法回避、不得已而为之的最终手段。[②] 单方解除权所蕴含的交错与矛盾的利益关系要求对用人单位及劳动者的利益进行比较与选择，最终确定法律保护的范围。最后手段性理论可以作为比例原则在社会法领域的具体运用，要求用人单位的解除权行使为必须不得已的选择，故对其程序应具有较为严

① 参见闫冬：《论正当解雇事由的体系范式》，载《法学》2020 年第 4 期。

② 参见熊晖：《解雇保护制度研究》，法律出版社 2012 年版。

格的限制。如允许用人单位在诉讼中变更或增加解除事由，则可能存在用人单位随意行使解除权后，再于事后罗织事由的可能性，将使劳资关系长期处于不稳定的状态，加剧劳资冲突。

第三，资强劳弱的传统关系理论。市场经济运行中，由于主体能力、社会资源占有以及信息不对称等原因，形成了具有强弱分层特质的主体结构。具体到劳动合同主体，也存在因用人单位与劳动者在经济能力、人身属性及信息等方面的不对称导致的两者难以在形式平等的基础上通过绝对意思自治达到利益平衡。尤其是在劳动合同解除方面，如果任由处于强势地位的用人单位通过单方意思表示行使，则难以保障处于弱势地位的劳动者的工作权甚至生存权。[①] 基于此，用人单位单方解除劳动合同时需科学合理地对于劳动者违规行为进行区分，明确告知劳动者解除依据与违规行为调查情况，使劳动者能参与其中，压缩用人单位恣意的空间，缓解劳资矛盾。

2. 法院“恒定性审查”之解释论分析

其一，从劳动合同解除制度的立法理念来看，劳动合同解除是对用人单位和劳动者双方劳动关系最为严重的否定性评价，应确保劳动者全面参与到不利于其自身利益的结果的形成之中。在此过程中，劳动者应享有充分的陈述、申辩权，用人单位在作出解雇决定之前也需要进行充分的调查核实，并接受工会组织的监督，这既是对劳动者生存权与就业权的保障，也是实现程序正义的必然要求，司法审判应对此予以确认和保护。

其二，从现有劳动合同法体系解释的角度来看，《劳动合同法》第 43 条规定，用人单位单方解除劳动合同，应当事先将理由通知工会。用人单位违反法律、行政法规规定或者劳动合同约定的，工会有权要求用人单位纠正。用人单位应当研究工会的意见，并将处理结果书面通知工会。根据上述条款的规定，如用人单位在诉讼中事后增加或变更劳动合同解除事由，则意味着其在劳动合同解除时未将该事由事先通知工会并征求工会意见，故用人单位的解除行为存在程序瑕疵。

其三，从劳动合同解除之诉的性质来看，劳动合同解除只能提起确认之诉，而非形成之诉。劳动合同的解除时间在用人单位解除劳动合同的意思表示到达劳动者后方可实现。故法院审查用人单位解除行为的合法性应依据其提出解除劳动合同时所主张的事实和理由，而非用人单位在诉讼中事后增加或变更的事实和理由。

---

① 参见张艳：《关系契约理论对意思自治的价值超越》，载《现代法学》2014 年第 2 期。

本案中，某能源服务有限公司在解除劳动合同时仅说明劳动者违反用人单位行为准则，而未载明与劳动者解除劳动合同的具体事实和理由，且在劳动者要求用人单位说明后依然拒绝对解除劳动合同的事由进行说明。某能源服务有限公司在诉讼中主张劳动者存在三方面违反用人单位行为准则的事由，但未提供充分证据证明其在解除劳动合同时系依据上述三项事由，故法院认定某能源服务公司的解除行为违法。

（三）恒定性审查：运用实质标准与整体思维判断是否构成“实质变更”

司法实践中，判断用人单位在诉讼中主张的解除事由是否符合“恒定性”标准，须注重运用实质标准与整体思维判断用人单位事后主张事由是否构成对解除依据的实质变更。

首先，从类型化角度分析，用人单位在诉讼中增加或变更解除事由的，主要存在两种情形：一是法定事由补充型，即解除时仅以劳动者违反《劳动合同法》第 39 条或其中一项为由提出解除，诉讼中又补充具体事由或援引其他事由；二是规章制度补充型，即仅以劳动者违反用人单位规章制度或以劳动者违反某项规章制度提出解除，诉讼中又补充具体违规行为或主张存在其他严重违反用人单位规章制度的行为。

其次，用人单位前后主张多个不同解除事由的，认定用人单位提出解除时依据的事实与理由通常应依据用人单位发送的解除劳动通知书等载明的解除事由。特别要注意的是，用人单位以劳动者“严重违反用人单位规章制度”为由提出解除的，应以解除通知中载明的劳动者违反规章制度的具体事实行为与制度条文为依据。

再次，如用人单位发送两份以上解除通知的，应结合各解除通知的标题、内容、间隔时间等判断两次解除通知系独立的解除行为抑或两次解除通知具有整体性与不可分性。如在后发送的解除通知书明确系在先解除通知的补充通知，则在后通知中载明的解除事实和理由应认定为在先解除行为的具体事由。

最后，在审查中要注重运用实质标准综合评判解除事由是否具有恒定性。如用人单位在诉讼中就其增加或变更的事由进一步提交录音等证据证明该事由系解除时依据的事由，则法院应对用人单位增加或变更的事由进行审查，否则用人单位应承担相应不利后果。

（四）本案引申：用人单位过错性解除制度之程序要件重构

从我国劳动法、劳动合同法及司法解释的内容看，鲜见对用人单位过错性解除劳动合同施加详细的程序性要求。用人单位在启动解雇程序后，没有明确规定用人单位对劳动者本人的提前告知义务，亦没有规定劳动者对解除事由解释、澄清和提出异议的权利。就世界各国法律以及国际劳动基准的内容来看，用人单位单方解除行为的程序规范主要涉及四个方面,即“解雇理由之明示”“预告期限之设计”“事前之劳资协商”“向主管机构报备”。其中,劳动合同解除前告知表现为用人单位向被解雇劳动者个人的事前告知和向劳动者的代表机构的事前告知。部分国家用人单位单方解除的程序要件如表1所示。

表1　部分国家用人单位单方解除的程序要件

国家	预告期	事前告知劳动者	事前通知劳动者代表机构
德国	4周至7个月	—	解雇前通知劳资协议会解雇理由并与其协商,该解雇理由系将来可能导致的诉讼中用人单位可以援引的理由
法国	最长2个月	面谈中,用人单位告知劳动者具体的解雇理由,并听取劳动者的解释和辩护,完成上述程序之后发出解雇通知	—
荷兰	1个月至4个月	口头或书面通知个人	—
西班牙	30天	书面通知个人	—
英国	1周至12周	通知员工与员工面谈	通知工会,听取工会意见

结合我国现有实际及其他国家的通行做法,就信息沟通以及缓解对抗性解雇心理的角度而言,我国应在劳动立法的过错性解除环节中明确用人单位应提前告知劳动者解雇事由并有义务给予被解雇劳动者辨明的机会。具体而言,应增设两项程序保障:

第一,明示用人单位的事前告知义务。劳动合同解除的事前告知表现的是对劳动者的一种基本尊重。从世界范围来看,对用人单位的单方解除程序施加提前告知的程序限制已经成为一个重要趋势。用人单位行使过错性解除权应首先以书面通知的形式告知劳动者,书面通知中必须记载劳动合同解除事由。劳动合同解除事由应具有确定性与具体性,若欠缺劳动合同解除事由的具体说明,则劳动合同解除因程序瑕疵而系违法解除。

第二,赋予劳动者申辩权。在用人单位单方解除权的行使过程中设置申辩程序的意义在于提供一种公正的途径,给予劳动者解释和说明的机会。赋予劳动者申辩权,除可以检验单方解除权行使是否正当外,对于预防因劳动合同解除引起的纠纷,促进纠纷实质化解、矛盾源头预防也具有重要意义。

(责任编辑:阚道祥)

杂技艺术作品的认定及其著作权保护范围

——杂技团甲诉杂技团乙、某电视台及腾讯公司著作权权属、侵权纠纷案相关法律问题分析

刘玥彤*

裁判要旨

以杂技动作、技巧为主要表现形式,在动作衔接和编排上存在个性化安排、取舍和设计的,可以认定为著作权法上的杂技作品。杂技作品保护具有独创性的杂技动作技巧的编排设计,单纯的动作技巧本身、常规动作组合以及作品中的配乐、演员服装、舞美设计不属于杂技作品的著作权保护范围。在著作权侵权行为认定中,双方作品对应内容是否构成侵权的判断标准为"接触加实质性相似"原则,被诉侵权作品与权利作品的部分相对完整的独创性表达构成实质性相似的,被诉侵权人存在接触权利作品的可能性且排除偶然相似后,即可以认定构成侵权。

一、据以研究的案例

某杂技团(以下简称杂技团甲)创作的杂技节目《俏花旦——集体空竹》,经多次公开表演,具有较高社会知名度。另有某杂技团(以下简称杂技团乙)未经授权,公开表演杂技节目《俏花旦》并获得收益。杂技团甲认为其享有杂技作品《俏花旦——集体空竹》的著作权,杂技团乙表演的杂技节目从背景音乐、动作组合、演员服装、表演形式等方面与其权利作品存在多处相似之处,上述行为侵犯其表演权、署名权、修改权、保护作品完整权、获得报酬权。故杂技团甲起诉要求三被告立即停止侵权行为,在媒体进行公开道歉,赔偿经济损失、律师费、公证

* 刘玥彤,北京市西城区人民法院民事审判四庭法官助理,中国政法大学法学学士。

费以及其他维护知识产权的必要花费。

一审法院审理认为:首先,关于杂技团甲是否享有涉案杂技作品《俏花旦——集体空竹》的著作权。杂技艺术作品属于我国《著作权法》所保护的作品。杂技团甲的杂技节目《俏花旦——集体空竹》主要表达内容为"集体抖空竹",其中穿插、融合的戏曲动作、舞蹈动作与"抖空竹"技能动作密不可分,形成一个艺术表达整体,区别于既有的"抖空竹"民间技艺本身,构成著作权法意义上的作品,杂技团甲享有《俏花旦——集体空竹》除各作者的署名权之外的著作权。

其次,关于杂技团乙表演的杂技节目是否构成侵权。判断标准为"接触加实质性相似"原则,即后者是否对先者有接触的可能,二者核心表达内容是否构成实质性相似。一审法院将两个杂技节目的杂技动作、背景音乐、演出服装进行比对,得出以下结论:(1)关于杂技动作编排。在排除演出舞台、空竹工具对演出效果的评价影响,排除公知、公有的杂技常规动作、有限表达动作之后,二者在开场表演桥段高度相似,存在舞蹈动作与抖空竹动作之间的衔接、舞蹈脚步律动编排上的部分内容一致,在部分演出环节,演员在演出场地的走位编排等设计相似,以时长计,占比约为1/3,两个杂技节目仍有一定比例的核心表达相似,不能用"巧合""偶然相似"来解释,故杂技团乙构成对杂技团甲杂技作品表演权、获得报酬权的侵犯。(2)关于背景音乐。杂技团乙使用的背景音乐与杂技团甲的原创音乐作品基本相同,杂技团乙不能证明其已经获得了该音乐作品的合法使用授权,故侵犯了杂技团甲对该音乐作品的表演权、获得报酬权。(3)关于演出服装。杂技团甲通过设计师创作、定制的演出服装,兼具实用功能和艺术美感,其艺术性部分可以作为美术作品受到著作权法的保护。杂技团乙使用的演出服装与上述原创演出服装在衣服图案、颜色、款式方面高度相似,且诉讼中未就其服装的来源进行举证、说明,其行为构成对杂技团甲演出服装美术作品复制权的侵犯。

综上所述,一审法院判决杂技团乙停止上述侵权行为,就其涉案侵权行为在《人民法院报》上登报声明消除影响,并赔偿杂技团甲经济损失及合理支出。

杂技团乙不服原审判决,提起上诉。二审法院认为:(1)关于《俏花旦——集体空竹》是否属于著作权法上的杂技作品,各方实质争点在于其表达是否具有独创性。《俏花旦——集体空竹》中的形体动作编排设计体现了创作者的个性化选择,属于具备独创性的表达,构成著作权法规定的杂技作品。(2)并非对原作不经裁剪的原样照搬方构成抄袭,在表演权侵权认定中,如认定未经许可表演的内容与权利作品的部分相对完整的独创性表达构成实质性相似,被诉侵权人存在接触权利作品的可能且排除其系独立创作后,同样可以认定侵权成立,故一审法院认定二者构成实质性相似,并无不当。综上所述,二审法院驳回上诉,维持原判。

二、相关法律问题分析

我国《著作权法》自2001年修正以来,将杂技艺术作品作为与音乐、戏剧、曲艺、舞蹈等作品并列的独立作品类型加以保护。但自该立法以来,理论界对于“杂技艺术作品”存在之必要性一直争议不断。如王迁教授认为,杂技活动展示的仅仅是技巧,并非具有美感的艺术表达;另有学者认为,杂技技巧属于一种“操作方法”,根据著作权法的“思想与表达二分法”原则,任何操作方法、技术方案或实用性功能均不在著作权法的保护范围。

笔者认为,杂技是我国拥有上千年悠久历史的艺术形式,全国多地形成了各具特色、门类多样的具体技艺类型,具有丰富的作品资源,将杂技艺术规定为独立的作品予以保护,具有鲜明中国特色,此种立法创举体现了立法者通过现代著作权法律制度推动传统文化传承保护与创新发展之目的。具体分析如下。

(一)“杂技艺术作品”的作品认定规则

独创性是某一智力成果表达能够构成著作权意义上的作品之核心要素。不同类型作品,由于创作方式、表现形式等方面的不同,对其独创性的判断角度和判断标准亦不相同。

就杂技艺术作品而言,我国《著作权法实施条例》对其明确定义为“杂技、魔术、马戏等通过形体动作和技巧表现的作品”,可见杂技作品以形体动作与杂技技巧为表现形式。但需要注意的是,其据以认定为作品的“独创性”并不体现在单纯杂技动作、技巧本身,而是体现在创作者对连贯杂技技巧、动作的编排、设计上。认定杂技节目能否构成著作权法意义上的杂技作品时,应当从杂技技巧、动作编排、设计的角度对其“独创性”进行判断,即排除单一技巧及固定动作组合等公有领域表达后,判断其是否具有区别于前人、源于创作者本人的表达。本案中,杂技团甲表演的杂技节目《俏花旦——集体空竹》以杂技技巧“抖空竹”为主要表现形式,其中额外融入了传统戏曲、舞蹈等艺术表达元素、动作乃至表情设计;在具体走位、连续动作的衔接和编排上存在个性化安排、取舍和设计,使相应连贯动作在展示高超身体技巧的同时传递着艺术美感,其形体动作编排设计体现了创作者的个性化选择,属于具备独创性的表达,构成著作权法规定的杂技作品。

(二)“杂技艺术作品”的著作权保护范围

合理界定杂技作品的“独创性”表达,不仅关乎著作权法上的杂技作品之认定,同时亦决定着该作品的著作权保护范围。

单一的杂技动作、技巧本身,类似于体育竞技运动,虽然部分动作技巧通过表演者娴熟的技艺可能在视觉表现上具有一定的美感和艺术观赏性,但其本质上仍属于个体身体力量的生理展示或技能展示,故难以认定为著作权语境下具有美感的艺术表达,不能纳入著作权法保护的客体范畴。从另一个角度看,杂技艺术作为中华民族的文化瑰宝,历经悠久传承,其中许多杂技动作、技巧往往来自前人的传承,有些或已成为非物质文化遗产,如果将某一杂技表演者首创的单一杂技动作或技巧赋予著作权法的"垄断性"保护地位,将严重影响和制约传统文化的传承与发展。

杂技表演过程中,为完成某一动作、技巧的预备动作,动作技巧之间惯常性、特定化的衔接动作,基本动作技巧组合等均属于对连贯杂技动作进行编排中的有限表达,案涉杂技作品中的"抖空竹+叠罗汉""点翻身+抖空竹""串翻身+抖空竹"等动作组合即属于此类"有限表达"情形,亦无法纳入杂技艺术作品著作权保护范围内。只有创作者对于杂技动作技巧之间的衔接、与舞蹈动作的融汇、协调,演员出场顺序、站位等方面作出选择、取舍、编排、设计后,体现在其编排、设计中的独创性表达部分才是杂技艺术作品的著作权保护范围,才具有判定作品是否构成"实质性相似"的比对价值。

(三)杂技作品与其他类型作品的区分保护问题

在确定杂技艺术作品的著作权保护范围时,还需要注意杂技作品与其他类型作品之间的融合与区分保护问题。

在现代艺术中,常常存在将多门类艺术语言、元素进行融会贯通创作作品的情况,本案中双方杂技节目均是以"抖空竹"等杂技动作表达为基础,同时在动作设计与衔接编排中吸收舞蹈、戏曲等其他艺术元素,形成"一整台戏"。此种情形下,如强行将连贯动作分割为支离破碎的舞蹈动作与杂技动作,将使原作的美感大打折扣,分离后的动作编排亦难以单独作为舞蹈或杂技作品保护。因此,以"一台戏"进行表达的作品,可以基于其主要表达内容来确定作品的艺术类型。

同时需要注意的是,《著作权法实施条例》将杂技艺术作品的含义明确限定为"通过形体动作和技巧表现"。由此可见,杂技艺术作品并非如视听作品般的复合型作品,其著作权保护范围无法囊括其表演中的伴奏音乐、舞美设计、演员服饰等其他形式的艺术表达。对于杂技艺术作品中的配乐、表演者的专门服装以及相应舞台美术设计,应按照其具体表现形式判断是否构成音乐作品或美术作品,并按照具体作品类型予以独立保护。

(责任编辑:何　琴)

可信时间戳电子数据的证据审查标准

——北京某文化公司与某网络公司侵害作品信息网络传播权纠纷案相关法律问题分析

经雯洁[*] 张 帆[**]

裁判要旨

1. 可信时间戳对于取证数据来源的可靠性并非当然具有证明效力，这一待证事项是否能够被可信时间戳固化，有赖于取证主体对具体的取证流程及操作的设计和选择。

2. 对于技术漏洞导致造假可能性的抗辩，不能仅以技术造假可能性来否认证据真实性，要回归个案具体情况，关注是否有其他证据予以佐证。

一、据以研究的案例

原告诉称，其经合法授权取得涉案影视作品的信息网络传播权，通过可信时间戳的方式固定证据，拟证明被告未经许可擅自在其经营的小程序中提供该作品的在线播放服务，侵害了原告的信息网络传播权，故诉至法院，要求判令被告承担相应法律责任。

被告辩称，其运营微信小程序并未侵害原告的作品信息网络传播权。原告在6月取证的证据显示小程序更新时间为“两周前”，与被告方最后一次于4月更新小程序的实际情况不符。原告使用的可信时间戳取证App并不能检测手机是否纯净，亦不能检测原告取证的“微信”是否为腾讯官方版本，而非官方版本“微信”存在信息被篡改的可能性。

* 经雯洁，北京互联网法院综合审判三庭法官，中央民族大学法学学士。

** 张帆，北京互联网法院审判管理办公室（研究室）法官助理，中国社会科学院法学硕士。

法院经审理查明:原告经过合法授权取得涉案作品的信息网络传播权。2021年6月6日,原告申请了可信时间戳电子证据固化保全,全程使用可信时间戳取证App进行录屏取证,并当庭通过验证,录屏内容显示:在被告运营小程序中涉案作品可直接、完整播放,小程序基本信息显示更新时间为2周前,且未显示引用插件信息。

庭审中,被告打开微信小程序助手(账号主体为深圳市腾讯计算机系统有限公司,简介为"是帮助开发者管理小程序的移动管理平台"),查询显示其运营小程序最近更新时间为"4/3 10:46"。被告当庭登录微信小程序电脑管理端,插件管理显示:2020年12月19日、2020年12月19日被告运营的小程序分别申请了腾讯视频、小程序直播组件插件。法官分别使用搭载安卓、IOS系统的手机,打开官方微信搜索涉案小程序进行信息核实,该小程序的"更多资料"页面中均显示:"更新时间:8个月前;引用插件:小程序直播组件、腾讯视频。"

此外,为证明原告使用的可信时间戳取证App并不能检测手机是否纯净,亦不能检测原告取证的"微信"是否为腾讯官方版本,而非官方版本"微信"存在信息被篡改的可能性,被告于2021年11月8日、9日分别申请可信时间戳电子证据固化保全,全程使用可信时间戳取证App进行录屏取证。录屏内容显示,取证App在取证环境检测通过后,取证手机上可分别打开6个不同版本的微信应用,其中存在与腾讯官方微信布局相似、功能类似的非官方微信应用程序。

在腾讯版本微信中页面内容为网购的小程序,在非腾讯版本微信中页面内容显示为"最新电影""同步剧场"等,两者开发团队均显示为A公司。

一审法院经审理认为:

根据《民事诉讼法》第63条①的规定,电子数据是一种法定证据类型。《最高人民法院关于适用〈中华人民共和国民事诉讼法〉的解释》第116条规定,电子数据是指通过电子邮件、电子数据交换、网上聊天记录、博客、微博客、手机短信、电子签名、域名等形成或者存储在电子介质中的信息。本案中,原告为证明被告侵权事实,使用"权利卫士App"的录屏取证功能固定的微信小程序相关内容属于电子数据类证据。

根据《最高人民法院关于民事诉讼证据的若干规定》第90条②的规定,存有疑点的视听资料、电子数据不能单独作为认定案件事实的根据。

---

① 本案中适用的是2017年修正的《民事诉讼法》,相关规定参见2021年修正的《民事诉讼法》第66条。

② 本案中适用的是2019年修正的《最高人民法院关于适用〈中华人民共和国民事诉讼法〉的解释》,现行2022年修正版相关规定无变化。

本案中，首先原告于2021年6月6日使用"权利卫士App"取证的涉案微信小程序显示更新日期为"2周前"，即最近一次更新时间约为5月中下旬，且无引用插件信息。2021年12月17日，通过当庭核实，微信的IOS版本、安卓版本中涉案小程序显示的更新时间均为"8个月前"，引用插件包括腾讯视频、小程序直播组件。当庭查验的"微信小程序助手"中显示，涉案小程序的最近一次更新日期为"2021年4月3日"，与8个月前的时间相吻合。据此可以看出，涉案小程序的实际更新时间与取证中显示的更新时间存在明显矛盾。

其次，可信时间戳是通过固化电子证据的内容完整性和存在的时间点，达到防止电子数据内容和签署时间被伪造和篡改的目的。根据北京联合信任技术服务有限公司回函以及一审法院当庭验证取证证书的情况，法院认为，该可信时间戳证书及相关取证录屏，可以证明原告在可信时间戳证书显示时间点进行了录屏内容显示的相关操作，且通过该操作获取的内容未被篡改。但可信时间戳对于取证数据来源的可靠性并非当然具有证明效力，这一待证事项是否能够被可信时间戳固化，有赖于取证主体对具体的取证流程及操作的设计和选择。本案原告进行微信小程序的固化取证操作时，在可以采取在应用市场重新下载软件，重新登录微信账号、查看应用内相关功能、微信版本信息等诸多操作辅助验证微信版本来源的可靠性的情况下，其取证过程仅为打开桌面"微信"后直接搜索涉案小程序，并未通过任何步骤检验该"微信"是否为腾讯官方版本。

而被告提交的时间戳取证视频，恰恰也反映出在网络中确实存在多种与腾讯官方微信布局相似、功能类似且数据可篡改的非官方微信应用程序的情况。综合考虑上述情况，以及电子数据可复制、易篡改的特殊属性，结合本案查明的涉案小程序实际更新时间与取证视频显示情况不一致等相关事实，法院认为原告取证的电子证据中的微信应用软件版本来源不清，可靠性存疑。

《最高人民法院关于适用〈中华人民共和国民事诉讼法〉的解释》第108条第2项规定，对一方当事人为反驳负有举证证明责任的当事人所主张事实而提供的证据，法院经审查并结合相关事实，认为待证事实真伪不明的，应当认定该事实不存在。一审法院认为，结合法院认定事实及前文分析，原告提供的证据尚不足以证明被告实施了涉案作品的信息网络传播行为。故原告要求赔偿损失及合理支出的诉讼请求没有事实依据，法院不予支持。

一审法院于2021年12月31日作出判决：驳回原告北京某文化公司的全部诉讼请求。

宣判后，双方均未提出上诉，该判决于2022年1月17日生效。

二、相关法律问题分析

可信时间戳作为由可信时间戳服务中心签发的，证明数据电文（电子文件）在一个时间点是已经存在的、完整的、可验证的电子凭证，主要用于电子文件的防篡改，可以确定电子文件产生的准确时间。本案争议焦点为可信时间戳电子数据的证据审查标准，积极回应了当前司法实践中当事人大量采用的可信时间戳电子数据证据的采信说理难、认定标准难问题。

（一）可信时间戳电子数据证据采信的司法实践

司法实践中，对可信时间戳电子数据证据的采信主要有直接采信、不予采信与通过高度盖然性标准予以采信三类。

直接采信的包括如下情况：(1)待证事实同时有公证书、可信时间戳电子数据证据予以证明，法院一般在采信公证书的情况下，基于证据效力规则认可时间戳证据，而未对时间戳证据质疑或解读；(2)待证事实同时有当事人自认、可信时间戳电子数据证据予以证明，法院一般在当事人自认的情况下，未进一步审查可信时间戳证据的效力而直接予以认可；(3)基于对时间戳能够证明电子数据在特定时间存在且不可篡改之原理的认可，对时间戳证据效力直接予以认可。

不予采信的包括如下情况：(1)认为电子签名或证据固化由第三方进行时应当提供第三方合法经营以及相关资质的文件，未提供相关文件的，证据存疑；(2)认为当事人所要证明的事实超出时间戳证据本身的范围，不能证明其相关主张；(3)认为时间戳证据取证过程存在瑕疵，如无法证明数据电文在上传到第三方时间戳服务中心之前是否经过篡改。

通过高度盖然性采信的，则结合其他证据及证据链形成情况，在民事证据高度盖然性标准下对时间戳证据予以认可。

（二）可信时间戳电子数据审查的难点探究

从司法实践可以发现，可信时间戳电子数据审查的标准并不明确，在审查和认定上，对可信时间戳取证证据审查标准较为宽泛，究其原因，主要在于法律规定的可操作性不足、电子数据本身的特殊属性和审判人员对司法实践中新技术应用的不了解。

首先，《最高人民法院关于适用〈中华人民共和国民事诉讼法〉的解释》第116条仅对电子证据的定义作出了规定，但目前暂未对电子证据的审查认定作出具有可操作性的专门规定，例如，举证质证、认证过程，以及审查相关电子证据是否随原始存储介质移送、提取复制的规范和程序，对电子数据有疑问的能否进行鉴定或者检验等。这导致在具体的司法实践中出现对电子证据的认定标准宽严不一的情况。

其次,可信时间戳作为联合信任时间戳服务中心签发的一个电子证书,用于证明电子数据(电子文件)在一个时间已经存在且内容保存完整、未被更改。该中心发布了《可信时间戳电子证据取证与证据使用操作指引 V2.0》,为使用者使用联合信任时间戳服务中心提供的电子证据取证工具进行取证、固证以及对电子证据进行验证提供指导,亦为司法裁判机关的证据审查认定提供说明和依据。故实践中对于该类时间戳取证的证据,一般经过形式审查,符合第三方取证的操作指引即对其真实性予以认可。但该类操作指引本身是否具有合法性、是否存在技术漏洞,在当事人按照操作指南进行操作后是否仍存在技术篡改的可能仍有待商榷。

再次,不同于传统的证据形式,电子数据证据具有可复制、易篡改等特殊属性。尽管时间戳取证能确保自保存时起数据不被更改,但可信时间戳对于取证数据来源的可靠性并非当然具有证明效力,这一待证事项是否能够被可信时间戳固化,有赖于取证主体对具体的取证流程及操作的设计和选择。如侵权行为发生于某软件内,取证过程建议包括从官方途径搜索软件、下载软件、安装软件、使用软件的完整过程,否则软件来源不明,即使证据形式有效,由于证据内容的来源无法证实,也可能导致证据不被采信。

最后,电子证据采信标准是传统司法审判经验与专门科学知识相结合的客观标准,其专业性同一般证据采信原则之间存在天然冲突,不同审判人员对信息科学、可信时间戳技术原理的了解程度不同,加之电子数据本身可复制、易篡改的特殊属性,使相关证据采信标准难以达到可重复或可校验的程度。

(三)可信时间戳电子数据证据审查的标准明晰

2021 年,最高人民法院公布《人民法院在线诉讼规则》,以司法解释的形式进一步规范在线立案、调解、询问、证据交换、庭审等诉讼活动,电子数据成为电子诉讼中推进庭审活动的基础。而且实践中,可信时间戳作为成本低、效率高、易操作的电子存证方式受到当事人的青睐,故而明确该类证据的审查标准十分有必要。对此,笔者结合证据认定规则、司法实践及本案审理情况,提出如下审查标准:

第一,对可信时间戳服务机构的资质进行审查。重点审查可信时间戳服务机构的资质、运营条件和中立性。

第二,对可信时间戳电子数据取证流程的审查。一方面,需要审查证据获取过程是否存在虚拟、伪造的可能性,重点审查取证环境清洁性及网络真实性。另一方面,要审查取证主体对具体的取证流程及操作的设计和选择是否具有明显不当,主要审查证据收集过程的真实性。

第三,对可信时间戳电子数据取证内容的审查。当可信时间戳取证证据作为权属证据时，如果对作品底稿等形成过程中的文件进行时间戳固定，需要审查是否能达到《著作权法》中规定的能够认定作品权属的初步水平。当可信时间戳取证作为侵权证据时，要审查侵权内容取证的完整性，如小程序取证时是否完整地显示小程序的名称、页面、运营主体等重要信息。

综上所述，法律规定的可操作性不足、电子数据本身的特殊属性和审判人员对司法实践中新技术应用的不了解，共同导致司法实践中可信时间戳电子数据审查标准的宽泛与不明确。为保障电子诉讼庭审活动顺利推进，结合证据认定规则、司法实践及本案审理情况，笔者提出上述资质审查、流程审查、内容审查三条证据审查标准，期望为可信时间戳电子数据证据的审查提供一定的指引。

（责任编辑：王　凯）

互联网新型不正当竞争纠纷中技术中立抗辩事由的适用
——甲科技公司诉乙科技公司不正当竞争纠纷案相关法律问题分析

梁 良*

裁判要旨

互联网新型不正当竞争纠纷中,技术中立抗辩事由的适用前提不仅包括技术中立,还包括技术提供者中立。如果技术提供者具有主观过错,对用户具有诱导性,且技术运用的后果直接弱化了他人的竞争优势,则技术提供者关于技术中立的抗辩不应成立,其行为构成不正当竞争。

一、据以研究的案例

甲科技公司诉称:乙科技公司开发的某浏览器通过提供“边播边录,一键分享”的功能,诱导用户通过某浏览器访问某视频网站,完成作品的录制并向第三方平台传播,进行分成牟利。甲科技公司认为双方都属于互联网公司,乙科技公司的行为构成不正当竞争。故请求原审法院判令:乙科技公司赔偿甲科技公司经济损失500万元,并在特定网站首页、《法治日报》、《人民法院报》向甲科技公司书面赔礼致歉。

乙科技公司辩称:不同意甲科技公司的诉讼请求,乙科技公司提供“边播边录,一键分享”的行为不构成不正当竞争行为。“边录边播,一键分享”属于技术中立,对于网络用户利用上述功能侵害甲科技公司著作权,乙科技公司难以监

---

* 梁良,北京市西城区人民法院一级法官,中国政法大学法学硕士。

测,离开网络用户操作,仅有该功能不可能造成相关后果,故乙科技公司并无过错,双方之间不具有实质上的竞争关系。

法院经审理查明,甲科技公司是某视频网站的经营者,获得多部热门综艺(电视剧、电影)的独家信息网络传播权。乙科技公司开发的某浏览器为用户提供“边播边录,一键分享”功能,即互联网用户通过某浏览器访问某视频网站,通过某浏览器提供的“边播边录”功能,一边观看甲科技公司享有独家信息网络传播权的作品,一边对作品进行同步录制,某浏览器在作品录制完成后提供保存和编辑服务。某浏览器亦提供“一键分享”功能,用户可通过该方式将录制内容向百家号、企鹅号、大鱼号、今日头条、youtube 等第三方平台进行传播。乙科技公司在某浏览器网站告知互联网用户,分享到上述平台可以获得分成收益。2019 年 7 月,乙科技公司下架针对甲科技公司的“边播边录,一键分享”功能。甲科技公司通过公证的方式对乙科技公司的上述行为进行取证,为此支出律师费和公证费。

一审法院于 2020 年 11 月 18 日作出民事判决:(1)自本判决生效之日 30 日起,被告乙科技公司在某浏览器首页、《法治日报》、《人民法院报》连续 24 小时刊登声明,就本案不正当竞争行为为原告甲科技公司消除影响(声明内容须经一审法院审核,逾期不履行,一审法院将依原告甲科技公司申请,在相关媒体公布判决书主要内容,费用由被告乙科技公司承担);(2)自本判决生效之日起 15 日内,被告乙科技公司赔偿原告甲科技公司经济损失 30 万元;(3)驳回原告甲科技公司的其他诉讼请求。

宣判后,乙科技公司提起上诉,二审法院判决驳回上诉,维持原判。

二、相关法律问题分析

近年来,随着互联网技术、人工智能等科技的迅猛发展,法律与科技之间的难题不断凸显。本案表面上的争议焦点是乙科技公司在某浏览器上提供的“边播边录”和“一键分享”功能是否属于不正当竞争,实则需要判定乙科技公司关于技术中立的抗辩事由是否成立。在互联网新型不正当竞争纠纷中,诸如乙科技公司等提供技术的一方往往以技术中立作为抗辩事由,辩称其属于正当的市场行为,进而证成其不属于不正当竞争。2017 年修订的《反不正当竞争法》虽增设第 12 条“互联网专条”,用以规制利用技术手段实施的互联网新型不正当竞争行为,但对于技术中立抗辩依然缺乏明确的法律规定,致使司法实务中对于技术中立是否可以作为抗辩事由、如何适用往往语焉不详,缺乏明确的裁判标准和统一的裁判尺度。而这也使得在互联网新型不正当竞争纠纷中如何平衡技术创新与法益保护之间的关系成为一道技术层面和法律层面的双重难题。

（一）技术中立抗辩的司法实证考察

1. 适用现状

为客观分析互联网新型不正当竞争中技术中立抗辩的适用现状，截至 2022 年 6 月 30 日，笔者在中国裁判文书网、威科先行法律信息库等司法案件数据库以“不正当竞争”“技术中立”为检索条件，以“是否属于互联网新型不正当竞争”为筛选标准，最终选取部分判决书作为研究样本进行实证分析。

（1）被告主张技术中立抗辩的理由。通过样本考察，被告主张技术中立抗辩主要基于以下某个或多个理由：以“技术使用属于用户自主行为”为理由的案件有 13 个；以“技术不具有针对性”为理由的案件有 6 个；以“未获利”为理由的案件有 5 个；以“技术创新”为理由的案件有 4 个；以“仅承担间接侵权责任”为理由的案件有 4 个；以“未造成损害”为理由的案件有 1 个；以“不具有主观恶意”为理由的案件有 1 个。

（2）法院关于技术中立抗辩的认定阐述。样本案件中，有 22 个案件对技术中立进行了具体阐述，其中有 10 个案件提及“技术中立仅指技术本身中立”；8 个案件提及需要“评价技术使用行为”；2 个案件提及“区分技术本身与技术使用行为”；1 个案件提及“区分技术提供者和技术实施者”。此外，样本案件中有 13 个案件对被告的主观状态进行了考察；15 个案件分析了行为所造成客观后果。

（3）案件最终裁判结果。从案件最终的裁判结果来看，样本中，法院不支持技术中立抗辩而免责的案件多达 22 个，占比为 88%；法院最终支持技术中立抗辩的案件仅有 3 个。值得注意的是，选取的样本案件均未适用《反不正当竞争法》第 12 条进行裁判。

2. 实证分析

实证研究反映出两点问题：第一，法院对于同类案件是否认定技术中立抗辩理由成立表述不一，差距较大。例如，样本中过半数的案件涉及屏蔽广告技术，技术手段类似，虽然被告对技术中立的理由各异，但法院的认定标准亦不统一，甚至差距较大。第二，同类案件中被告在做技术中立抗辩时，抗辩理由的选取差异较大。仍以屏蔽广告技术为例，仅约 60% 的被告主张系技术创新和无主观故意，约 30% 的被告不提及主观故意，仅从技术本身进行抗辩。本案中，乙科技公司的抗辩则主要从损害后果的角度展开。

通过实证考察可知，我国目前司法实践的主流观点对技术中立抗辩仍持保守态度，但这并不意味着技术中立抗辩的裁判规则成熟，恰恰说明互联网新型不正当竞争案件中技术中立抗辩面临诸多困境，技术中立能否作为抗辩事由、如何认定抗辩事由成立成为亟须解决的问题。

(二)技术中立抗辩的正当性和逻辑前提

1. 技术中立抗辩的正当性

随着互联网领域技术创新的不断加深,经营者以各种技术手段进入竞争对手的领域参与竞争不可避免,如果仅仅因为以某种技术手段介入竞争对手的经营而否定其正当性,无疑会挫败技术创新的积极性,故应当允许竞争者利用技术手段公平参与市场竞争,并以技术中立为由提出合理抗辩。这种抗辩的正当性旨在让"技术归技术、市场归市场、法律归法律"。

(1)技术维度:促进技术创新的客观需求。在互联网新型不正当竞争中,主张技术中立抗辩正迎合互联网行业发展过程中保护和促进技术创新的实践需求,能够使互联网经营者在技术中立原则赐予的合法外衣的庇护下,不断推动技术创新并抢占互联网竞争中新的制高点。① 互联网领域参与者竞争能力的提升依托于不断的技术创新,每一次的技术创新都可以为互联网参与者的竞争带来实质飞跃,而市场竞争亦可倒逼技术创新,确保技术不断迭代更新。

(2)市场维度:良性市场竞争的自我调节。技术的发展往往具有超前性,当新技术诞生时,我们需要秉持包容审慎的理念,对待新生事物不宜过于严苛,否则很可能将之"一棒子打死"。特别是新技术的市场前景还没有完全展现时,更不能急于作出负面评价,反而应当依托市场竞争机制的自我调节功能。事实上,本案在审理期间,合议庭曾就案涉技术做过调研,非某视频网站视频会员的消费者均持肯定态度,这也从反面印证市场对于技术创新的需求。

(3)法律维度:法律护航市场竞争。技术创新为互联网行业发展带来无限可能,但新技术的出现会使某些既得利益者受损。如果完全将互联网行业的健康发展交由技术和市场来维持,可能会面临市场失灵的局面,因而还需法律的介入。

需要注意的是,法律的介入需要承认技术中立原则,以促进技术创新并为技术发展留足市场空间,不能仅因技术功能之间的冲突就加以责难,而应立足于技术使用行为对市场竞争秩序产生的影响加以评价,从而为经营者开发新的技术提供机会。②

2. 技术中立抗辩事由适用的逻辑前提

在互联网新型不正当竞争案件中,主张技术中立抗辩尽管具有一定正当性,但司法裁判仍要秉持谨慎适用的态度,正确把握技术中立抗辩的适用规则,谨防

---

① 参见吴太轩、郭保生:《技术中立:互联网新型不正当竞争案件中抗辩事由的证成与适用》,载《科技管理研究》2020 年第 20 期。

② 参见张占江:《论反不正当竞争法的谦抑性》,载《法学》2019 年第 3 期。

技术中立抗辩被滥用。笔者认为,适用技术中立抗辩事由有两个逻辑前提:技术本身中立和技术提供者中立。

(1)技术本身中立。技术使用行为具有主观性,但技术本身并无善恶之分,因而中立仅指“技术本身”的中立,而非“技术使用行为”的中立。通说认为,技术本身中立是指技术的功能中立,根据技术的功能来发挥技术的使用价值。在互联网领域,功能中立体现为网络中立(net neutrality)这一观念,指的是互联网的网络运营商和提供者应当在数据传输和信息内容传递上一视同仁地对待网络用户,对用户需求保持中立,而不得进行差别对待。①

(2)技术提供者中立。互联网新型不正当竞争纠纷中,若被告仅作为技术提供者提供了相关技术,而不参与技术使用行为,则可以主张技术中立抗辩予以免责,这也是技术中立抗辩适用的重要逻辑前提。因为技术提供者是一项新型技术的生产方,其并不能左右该技术被用于何种用途,如果完全根据技术使用者的使用行为进行是否侵权的判定,让技术提供者为技术使用者的使用行为买单,对技术提供者显失公平,也不利于市场的良性发展。诚然,本文讨论的技术提供者的中立指的是责任中立,即技术提供者知道或者应该知道技术可能被用作不正当竞争的工具,不会因为该技术被用作不正当竞争而承担直接责任。

是否技术提供者中立则意味着免责?答案是否定的。当技术提供者为了自身利益,教唆或引诱他人并为他人提供便利,便可能承担责任,除非其能够证明没有主观故意。换言之,技术提供者的责任中立是有条件和限制的,需要考察技术提供者是否具有损害他人合法权益的主观过错。

(三)技术中立抗辩事由适用的具体考量因素

众所周知,技术使用所产生的后果有两种:一是技术开发者赋予技术的使用目的,二是预期使用目的之外的后果②。因此,在互联网新型不正当竞争中,法官需要审查的不是技术提供者的某一项特定技术本身,而是技术提供者的主观目的及技术使用行为所带来的客观后果。

1. 技术提供者的主观目的

利用技术手段实施的互联网新型不正当竞争行为所导致的客观后果并不能完全、无条件地归责于技术提供者,需要判断技术提供者在竞争行为中的主观目的,将主观要件作为技术中立抗辩的一个重要判断标准,如果不对行为人的主观

---

① 参见吴亮:《网络中立管制的法律困境及其出路——以美国实践为视角》,载《环球法律评论》2015年第3期。

② 参见程志翔:《何谓技术工具论:含义与分类》,载《科学技术哲学研究》2019年第4期。

目的加以分辨，很可能会对产品或服务的正常冲突情况作出过度的司法干预。①

笔者认为，在认定技术提供者的主观目的时应结合技术提供者的行为进行分析，审查其是否存在主观故意。第一，审查技术提供者是否存在教唆或引诱他人侵权的行为。如果技术提供者主动诱导或暗示他人该技术可以被用于某种非法的、侵权的用途，则存在主观故意。第二，审查技术提供者是否存在针对性。司法实践中，被告对技术中立抗辩常常主张其技术没有针对特定主体，没有主观故意。但是，在互联网领域，法律维护的是整个互联网市场的竞争秩序，如果利用技术手段实施的不正当竞争行为损害了不特定经营者的合法利益，受损害的经营者均有权提起不正当竞争之诉，此时在原被告之间形成了一种特定、具体的关系，且是损害与被损害的侵权关系。因此，行为是否具有针对性并不影响对技术提供者主观目的的判断。

本案中，乙科技公司的"边播边录"功能是用户在某视频网站观看其享有独家网络传播权的视频时在某浏览器播放窗口主动弹出的；同时，在录制完成后浏览器会再次提示用户是否使用分享功能将录制完成的作品分享到第三方网站进行传播，且提示用户"分享到以下平台可以获得分成收入"。上述功能的设置对用户具有一定的诱导性，不应得到正面评价。

2. 分析技术使用行为客观后果

在互联网新型不正当竞争纠纷中，技术中立抗辩事由是否成立，除主观层面对技术提供者的主观目的进行考察外，还需从客观层面分析技术使用行为的客观后果。司法实践中，法官在判定技术中立抗辩事由是否成立时，一般需要从原告是否受损和被告是否获利两个维度对技术使用行为的客观后果进行分析。由此，被告常常抗辩原告没有实际经济损失，其亦无经济上的获利。笔者认为，与传统实体经济相比，互联网经济具有"免费经济"的特性，通过取消收费维度从而获得竞争优势，因此，单纯从金钱层面判断是否获利是不够全面的。在互联网经济中，为获取消费者的注意，互联网经营者的竞争已演变为"流量之争"和"数据之争"，在判断竞争者是否获利时需要重视考察流量、数据等新型判断因素，而不应将视野局限于是否盈利等传统判断因素。

本案在审理过程中，乙科技公司辩称技术中立的主要抗辩理由为甲科技公司不存在实际损害后果。事实上，在"大数据"时代背景下，信息所具有的价值超越以往任何时期。乙科技公司的涉案行为会导致本应付费才能观看的影视作品可以在互联网中免费获取，从而导致某视频网站用户流失、流量降低，进而带

---

① 参见黄安娜、吴柯苇：《云计算环境下避风港原则之适用性研究》，载《科技与法律》2018 年第 5 期。

来广告收入的减损等。因此,乙科技公司关于本案无实际损害结果的抗辩理由不能成立。需要指出的是,因互联网不正当竞争行为造成的损害存在较难量化的特点,故对于赔偿数额可考虑经营成本、市场占有份额、涉案行为的持续时间、主观过错等因素综合予以认定。

通过上述具体考量因素可知,乙科技公司以技术创新为名,但新技术却成为干涉他人正当商业模式的工具,其行为不符合互联网自由和创新的精神,故乙科技公司关于技术中立的抗辩事由不应成立,其行为构成不正当竞争。

(四)关于技术中立的延伸探讨

技术中立抗辩的司法认定不仅是司法实践中亟待解决的重要法律问题,更是新时期一项重大的社会课题,该类案件的司法裁判,将会对互联网市场的健康有序发展产生一定的指引作用。互联网的健康发展需要有序的市场秩序和明确的市场竞争作为保障。因此,是否属于互联网精神鼓励的自由竞争和创新,要以是否有利于建立平等公平的竞争秩序、是否符合消费者的一般利益和社会公共利益为标准进行判断。虽然在本案中我们对于技术中立仍秉持审慎的态度,防止"以技术中立为由、行不正当竞争之实",但也要为技术创新留有一定的市场空间,对于合理的技术创新应当予以鼓励,对于正当的技术中立应当给予包容,这才是司法的坚守之义。

(责任编辑:王　凯)

内部行政行为效力外部化及其可诉性的判断标准

——某公司诉某区人民政府行政行为案相关法律问题分析

李振凡[*] 李世邦[**]

裁判要旨

违法建设查处过程中,行政机关向供电服务企业作出《协助停止为违法建设提供供电服务的函》(以下简称《协助停电函》),属于一种内部行政行为,一般情况下不具有可诉性。但是,在《协助停电函》向违法建设用电人送达,并且供电服务企业事实上停止了供电的情况下,《协助停电函》作为内部行政行为产生了外部化的法律效果,对违法建设用电人的权利义务产生了实际影响。《协助停电函》属于行政诉讼的受案范围,便具有了可诉性。

一、据以研究的案例

2013 年 3 月 19 日,某公司与电力公司签订《高压供用电合同》。2020 年 3 月 20 日,某街道办事处对涉案建筑涉嫌违法建设进行立案调查。2020 年 3 月 26 日,某街道向市规划和自然资源委员会(以下简称规自委)发出《关于协助调查我辖区涉嫌违法建设行为的函》。同日,市规自委作出《规划审批情况的函》,载明涉案建筑未依法取得建设工程规划许可证。2020 年 4 月 13 日,某街道作出涉案限拆决定。2020 年 4 月 20 日,某区政府向某供电公司作出《协助停电函》,

* 李振凡,北京市第四中级人民法院审判管理办公室(研究室)法官助理,中国政法大学法学博士。
** 李世邦,北京市第四中级人民法院行政庭法官助理,中国人民大学法学硕士。

主要内容为:根据《北京市禁止违法建设若干规定》(以下简称《禁止违法建设规定》)第21条[①]的规定,现请你公司配合某街道办事处对此处违法建设办理停止供电相关事宜。2020年4月22日,某区政府在某供电公司填制的《停电工作单》中"政府执法部门签字(盖章)"一栏加盖公章,并书写"请配合开展停电相关工作"。同日,某供电公司向某公司送达《停电通知书》,一并送达了某区政府作出的《协助停电函》的复印件,向某公司出示了上述《停电工作单》,并于当日对涉案建筑停止了供电。

原告某公司诉称:在某区政府致函某区供电公司后,某区供电公司向原告送达《停电通知书》并停止供电。中断供电行为不仅违法而且对原告的经营产生极大影响。综上,请求确认某区政府作出《协助停电函》的行政行为违法并予以撤销。

被告某区政府辩称:涉案建筑系违法建设,依法应予查处。被告发出的《协助停电函》系其告知市政公用服务单位对违法建设采取辅助措施的建议,并非行政行为,不属于行政诉讼受案范围。原告与被告发出《协助停电函》的行为不具有利害关系,不是适格原告。综上,请求法院驳回原告的起诉。

第三人国家电网某电力公司述称:对原告用电地址实施终止供电,属于其对被告通知停电的配合,其对被告提出的对违法建设断电的要求没有拒绝协助的权利,也没有对该要求的合法性进行审查的义务。

一审法院于2020年12月28日作出判决:驳回原告某公司的诉讼请求。

某公司不服一审判决,上诉至二审法院。二审法院经审理认为,某区政府基于《规划审批情况的函》和限拆决定等事实情况,并依据《禁止违法建设规定》第21条第3款的规定,于2020年4月20日向某供电公司作出《协助停电函》,具有相应的事实根据和法律依据,该行政行为并无不当。二审法院于2021年4月29日作出判决:驳回上诉,维持一审判决。

二、相关法律问题分析

《北京市城乡规划条例》(以下简称《城乡规划条例》)第8条及《禁止违法建设规定》第3条第1款规定了违法建设查处领域包括区政府在内的各行政机关的行政管理职能,该行政管理过程呈现复杂的多阶段性特征。具体而言,在违建查处等动态运行的行政过程中,行政行为不是一个个单一、孤立、静止的行为,而是一系列不断运动、相互关联、具有承接性的过程,这些过程又构成一个个多

---

① 本案中适用的是2011年的《禁止违法建设规定》,现行2020年《禁止违法建设规定》已无相关规定。

层次、极为复杂的系统。[①] 从是否对自然人、法人或者非法人组织合法权益产生影响的角度看,多阶段行政行为中为作出行政行为而实施的准备、研究等行政行为,具有内部性和过程性的特征,一般因其不会对当事人的权利义务产生影响而不具有可诉性,当事人可在对最终行政行为提起诉讼时一并要求对前阶段的内部行政行为的合法性进行审查。但如果内部行政行为突破了其本身的界限,产生了外溢的效果,亦就应当对其可诉性进行重新考量。本案就是内部行政行为外部化的典型案例。

(一)行政机关作出《协助停电函》的可诉性判断

《禁止违法建设规定》第 3 条第 1 款规定了区政府具有组织、协调有关行政机关制止和查处违法建设的行政职权。就本案而言,区政府作出的《协助停电函》是否可诉,是否属于行政诉讼受案范围成为本案首要解决的问题。

1. 类案裁判中可诉性判断

司法实践中存在三种不同的观点:第一种观点认为不可诉。该观点认为,从《协助停电函》的作出到采取停电措施,再到行政机关拆除涉案房屋,一系列行为发生的时间较为紧凑,结合《协助停电函》的内容,可认定行政机关作出《协助停电函》系为其实施拆除行为所做的准备工作。在当事人起诉行政机关强制拆除其房屋一案已被法院依法受理的情况下,其单独就《协助停电函》提起本诉并无实际意义。[②] 第二种观点认为可诉。该观点认为,如果停水、停电等行为发生后,行政机关并未实施后续的拆迁工作,也未作出与停水、停电相关联的其他行政行为,则停水、停电等行为就是一种行政事实行为,行政机关通过行政命令形式通知相关企业采取停水、停电等措施改变了当事人与供水、供电等企业的权利义务关系,对当事人的实际生活产生了影响,属于独立的行政行为,具有可诉性。[③] 第三种观点认为应区分《协助停电函》是否通知违法建设行为人,判断其是否可诉。如果该行为通知了违法建设行为人,即认定外部性,就可诉;反之,该行为只能作为违法建设拆除行为的从属性行为,具有过程性,其效力可被后续实施的房屋强制拆除行为所吸收。换言之,上述问题争议较大,殊待研究。

2. 个案的具体认定

依循本案的审理思路和关注点,判断个案中《协助停电函》是否可诉在论证逻辑上可分为三步:

(1)确定被诉行政行为的表现形式。本案中的《协助停电函》是违法建设查

① 参见朱维究、胡卫列:《行政行为过程性论纲》,载《中国法学》1998 年第 4 期。

② 参见最高人民法院行政裁定书,(2021)最高法行申 249 号。

③ 参见山东省高级人民法院行政判决书,(2019)鲁行终 2238 号。

处程序的关键步骤,亦即某区政府就国网某电力公司的请示事项所作的"回复",为国网某电力公司、某街道办事处进一步履行违法建设查处职能提供了依据。从形式上看,其行为主体都是行使行政管理职权、履行行政管理职责的行政主体,行为性质属于内部行政行为。

(2)确定被诉行政行为的法律效果。依据《最高人民法院关于适用〈中华人民共和国行政诉讼法〉的解释》的规定来看,由于上级行政机关基于内部层级监督关系对下级行政机关作出的听取报告、"回复"等行为并未向行政相对人送达,并不会对行政相对人的权利义务产生实际影响,因此其法律效果应仅局限于行政组织内部,这类"回复"通常不具有可诉性。但本案中,某区供电公司向原告送达《停电通知单》时,载明以某区政府作出《协助停电函》为依据,并向原告送达了该函的复印件。此时,就法律上而言,该函已经产生"外溢"的法律效果,并对行政相对人的权利和义务产生了实际影响。

(3)确定司法审查重点。本案中的《协助停电函》已经实际执行并对外发生法律效力,此时的法律效果从内部转为外部,从而对行政相对人的合法权益产生了影响,属于"内部行政行为效力外部化"。《协助停电函》本身不具有可诉性,属于内部行政行为,但经有权机关付诸实施之后,即嬗变为行政行为,行政相对人对此提起行政诉讼,法院应予受理。

可见,本案的裁判认同上述第三种观点,先把《协助停电函》的性质认定为"内部行政行为",并以其经职权行为"外部化"作为扩张受理的依据,进一步将之纳入了行政诉讼的受案范围。

(二)多阶段行政行为中内部行政行为的识别标准

1. 多阶段行政行为的基本定义及分类

通常情况下,一个行政行为会由一个行政机关独立作出,但有时根据法律、法规的规定,或者行政权力运行的实际需要,行政行为的作出需要同级其他行政机关或者上下级行政机关的协力,这就会形成多阶段的行政行为。所谓多阶段行政行为,是指行政机关作出行政行为,须有其他行政机关批准、附和、参与始能完成之情形。各行政机关之间既可能是平行关系,也可能是垂直关系。多阶段行政行为通常发生在较为复杂的行政过程中,在该行政过程中会出现多个行政机关参与,作出对多个利害关系人产生影响的多重法律关系。多阶段行政过程中,行为之间通常存在法定的先后顺序,如本案中规自委认定涉案建筑为违法建筑的行为、某街道办事处作出限拆决定的行为、某区政府作出《协助停电函》的行为、某区供电公司作出《停电工作单》的行为。

根据法定先后顺序中行为之间关系的差异,多阶段行政行为大致可以区分为三种类型:(1)程序上的递进关系,即法律要求在实施某一行为后再进行下一个行为,此属于较弱的先后关系;(2)要件上的构成关系,即先行行为效力所及的内容是后续行为的构成要件之一;(3)执行上的依据关系,即先行行为为后续行为提供依据,后续行为是对先行行为的执行。就多阶段行政行为的可诉性而言,通说认为,应当以直接对外发生法律效果、直接对相对人权利义务产生实际影响的行政行为为起诉对象。具体到本案,某区供电公司向原告送达《停电通知书》时,在该通知书中载明以某区政府作出的《协助停电函》为依据,还向原告一并送达了该《协助停电函》的复印件。可见,《协助停电函》和停止供电行为之间形成了执行上的依据关系。

2. 内部行政行为的识别标准

根据行政主体理论,①行政主体首先是行政机关,但行政机关并非任何时候都处于行政主体地位。法律、法规、规章授权的组织在实施行政行为时也属于行政主体,但行政职能并非这些组织的本职活动。同时,行政主体根据工作需要和专业分工,设立必要的工作部门,从而保证在整个国家行政机关系统内,同一行政管理领域的政令畅通,共同完成现代行政任务。以行政行为适用对象与效力作用对象的范围为标准,可以将行政行为划分为内部行政行为和外部行政行为。内部行政行为,是指行政主体在内部行政组织管理过程中所做的,只对行政组织内部产生法律效力,不影响公民权利义务的自我管理行为。外部行政行为,是指行政机关做出的直接影响公民权利义务的社会管理行为。两者的区别具体表现在以下四点:(1)相对人不同。前者的相对人一般为下级行政机关、行政机构或公务员,后者一般为自然人、法人或非法人组织。(2)法律依据不同。前者的法律依据为行政组织法,后者的法律依据为单行的部门法律法规。(3)内容不同。前者涉及行政机关的内部职权职责,后者涉及自然人权利义务。(4)救济途径不同。前者一般不具有可诉性,后者原则上具有可诉性。②

但内部行政行为与外部行政行为的区分并不是绝对的,有的行政行为作出时为内部行政行为,但在实施过程中具备了外部行政行为的特征,就产生了内部行政行为与外部行政行为"竞合"的法律效果。就本案而言,尽管《协助停电函》是某区政府向某区供电公司作出的内部行政行为,亦未直接向原告送达,但《协助停电函》的内容涉及对涉案建筑停止供电问题,原告又是用电人,且某区供电公司在送达《协助停电函》的复印件并出示《停电工作单》的基础上,对涉案建筑停止了供电,因此,某区政府作出《协助停电函》的行为对原告的权利义务产生了实际影响,该行为产生了外部行政行为的法律效果,具备可诉性,依法属于行

① 参见王名扬:《法国行政法》,中国政法大学出版社1989年版,第38页。

② 参见马怀德主编:《行政法学》,中国政法大学出版社2009年版,第105页。

政诉讼的受案范围。

(三)内部行政行为效力外部化法律解释的三个基点

通常来说,法律解释方法针对的是司法解释的实践,重点关注具体的案件,强化司法的主导地位,但是从判例本身内在的偶然性和认识的个案性来看,通过司法判例来构造系统性的行政法理论尚存在一定的难度。与此相反,理论抽象方法旨在研究利益权衡、法律原则、规则和典型问题的解决途径,但前提的抽象概括必须切合国家的现实结构。① 因此,基于裁判案例所积累抽象经验之上的理论飞跃,才是案例研究的因应之道。就本案而言,内部行政行为效力外部化后构成可诉的行政行为,意味着外部化过程是一个行为的内部性逐渐弱化、可诉性逐渐增强的过程。换言之,外部化的过程是否完成,取决于原本意义上的内部行政行为是否满足以下三个基点:权利影响性、可识别性、外化性。

1. 权利影响性

违法建设查处的一系列行为属于典型的多阶段行政行为,这类行为在行使的过程中,往往涉及多个行政主体相互之间的协调,这种内部行政行为在性质上已经具备设立、变更、消灭或确认相对人权利义务关系的效果,即具备了权利影响性的要素。从行政行为涉权内容的角度,可以将行政行为划分为命令性行政行为、形成性行政行为、确认性行政行为。命令性和形成性的行政行为对权利义务的影响是创设性的,确认性的行政行为虽然并不直接影响权利义务,但其是对行为、物、权利义务、法律地位、资格或能力的认定,弱化或强化了权利义务的基础。

就本案而言,某区政府作出的《协助停电函》属于确认性质的内部行政行为,其表现为一个行政机关对另一行政机关的协助行为。从有效救济行政相对人的目的出发,《协助停电函》造成了对原告经营场所停止供电的行为,具有一定的权利影响性。对其可诉性的确定,还需结合外部化的其他要素的具备情况予以分析。

2. 可识别性

行政行为是行政机关依据抽象的法律规范,针对特定的行政管理事项所作出的、具有法律效果的行为。通说认为,多阶段行政行为中的内部行政行为,因尚未形成具体的行政指向,不足以对行政相对人的权利义务产生直接影响。故司法此时不适宜介入其中,只能将最终的行政行为作为诉讼标的。但如果结合具体案件的情形,原先内部行政行为具备具体、确定与可识别的特点,就可能对行政相对人的权利义务产生影响,需要为行政相对人提供司法救济。

---

① 参见[德]汉斯·J. 沃尔夫等:《行政法》(第1卷),高家伟译,商务印书馆2003年版,第9页。

行政审判实践中关于可识别性的审查，需要考虑以下五个方面：(1)内部行政行为议决的事项是否具体。(2)如果是同一级别行政机关之间的建议或者咨询类的内部行政行为，且该行为也无实定法上的要求，那么该行为对最终行政行为的作出并不具有约束力，也就不满足外部化的要求。(3)行政机关在作出决定之前须事先征求其他机关的同意，此类同意参与了后续行政行为意思表示的形成，具有不完整的实体性拘束力，即在不同意的情况下只能作出否定性的行政行为，在同意的基础上可能作出肯定性的行政行为。(4)行政机关之间的委托执行，委托机关对决定事项具有独立的管辖权限，因委托内容满足确定性要素，故委托行为存在外部化的可能。(5)下级机关的初步决定或初审行为，虽对上级机关作出决定具有一定的影响力，原则上属于尚不具有确定性的内部行政行为，但若被视为已经制作完毕的行政决定而对相对人实施，此时即具备了确定性与直接性要素，具有可诉性。①

3. 外化性

多阶段行政行为过程中的内部行政行为一般不为行政相对人所知悉，多数内部行政行为也仅具有行政机关的内部程序意义。但如果内部行政行为已符合行政行为的构成要素，再对其进行送达，又具备了行政行为的成立要件，内部行政行为完成了外部化的最后步骤，标志着内部程序的终结，相对人的救济时效开始起算。

行政审判实践中，关于外化性主要表现在以下三个方面：(1)通过行政机关法定的送达程序获知；(2)通过行政机关具体的执行行为获知；(3)通过其他正当途径获知。

本案中，某区政府作出的《协助停电函》造成对原告经营场所停止供电的行为，具有一定的涉权性。某区供电公司依据《协助停电函》作出具体确定的停电行为。同时，某区供电公司向原告送达《停电通知书》中载明以某区政府作出的《协助停电函》为依据，还向原告一并送达了该《协助停电函》的复印件，产生了外化的法律效果。至此，某区政府作出的《协助停电函》对原告的权利义务产生了实际影响，符合内部性效力外部化的判断标准，具备了可诉性，属于行政诉讼受案范围。

（责任编辑：项利军）

① 参见刘飞、谭达宗：《内部行为的外部化及其判断标准》，载《行政法学研究》2017年第2期。

行政执法案卷信息的认定标准及法律适用
——某医疗器械公司诉某国家局政府信息公开案相关法律问题分析

李 蓓* 哈胜男**

裁判要旨

申请人申请公开的信息为行政执法案卷信息的,该信息不属于法律、法规、规章和国家有关规定规定的应当公开的信息时,行政机关对该信息是否公开具有自由裁量权。但“国家有关规定”应当是指具有行政法规、部门规章制定权的行政机关为执行法律、实施政策制定的具有强制执行效力的文件。改革性、意见性的文件不属于《政府信息公开条例》第20条第15项规定的“国家有关规定”。

一、据以研究的案例

2020年12月21日,某国家局收到张某某及某医疗器械公司邮寄提交的政府信息公开申请表,所需信息内容描述为:“依法公开涉案产品注册审评依据及批准的注册限定内容,按照《国务院关于改革药品医疗器械审评审批制度的意见》(国发〔2015〕44号)第十七条的明确要求,全面公开药品医疗器械审评审批信息,同步公开审评注册证书文件的批件,公开批件的附件产品技术要求文件,技术性审评报告,原产国美国FDA上市清单无上述产品510K,UDI数据,根据局令《注册管理办法》第十三条,公开注册代理人伪造的原产国产品批准上市销售的审评文件。”2020年12月22日,某国家局通过电话联系张某某,张某某确认上述政府信息公开申请的主体为某医疗器械公司,某国家局告知其应补正的

* 李蓓,北京市第一中级人民法院行政庭法官助理,中国政法大学宪法与行政法硕士。
** 哈胜男,北京市高级人民法院行政庭法官,中央民族大学宪法与行政法硕士。

相关材料。2020 年 12 月 25 日,某国家局收到某医疗器械公司提交的补正材料。2021 年 1 月 25 日,某国家局通过电子邮件的方式告知某医疗器械公司对其信息公开申请需延期做出答复。2021 年 1 月 26 日,某国家局作出被诉告知书,主要内容为:根据《政府信息公开条例》第 16 条的规定,某医疗器械公司申请公开的注册审评依据属于某国家局履行行政管理职能过程中形成的行政执法案卷信息,不属于政府信息公开范围。根据《政府信息公开条例》第 36 条第 1 项的规定,某医疗器械公司申请公开批准的注册限定内容等注册证信息,某国家局已在网站主动公开,请登录 www. nmpa. gov. cn→查询→医疗器械→进口医疗器械产品,自行查询。某医疗器械公司不服被诉告知书,向法院提起行政诉讼。

另查明,某医疗器械公司申请公开的政府信息的内容,系某国家局行政许可审批过程中形成的执法卷宗中的组成部分之一。

法院经审理认为:《政府信息公开条例》第 16 条第 2 款规定,行政机关在履行行政管理职能过程中形成的讨论记录、过程稿、磋商信函、请示报告等过程性信息以及行政执法案卷信息,可以不予公开。法律、法规、规章规定上述信息应当公开的,从其规定。本案中,某医疗器械公司向某国家局申请公开涉案产品注册审评依据及批准的注册限定内容,某国家局认为该信息系其行政许可卷宗中的信息,属于行政执法案卷信息,可以不予公开,并进行了区分处理,对此法院分别论述如下:

(1)关于某医疗器械公司申请公开信息中涉及批准的注册限定内容等注册证信息,即某国家局已在网站主动公开的部分。《政府信息公开条例》第 36 条第 1 项规定,所申请公开信息已经主动公开的,告知申请人获取该政府信息的方式、途径。本案中,对于某国家局执法卷宗中的已经主动公开的内容,某国家局已在被诉告知书中向某医疗器械公司告知了获取方式,符合上述法律规定。虽然某国家局在被诉告知书中向某医疗器械公司告知的相关查询路径不完整,但某医疗器械公司在开庭过程中,明确表示其根据某国家局提供的网址进行进一步操作后,已经查询到某国家局主动公开的政府信息内容。故上述瑕疵并未损害某医疗器械公司的合法权益,且某医疗器械公司在本案中并未就此提出异议,故法院对被诉告知书中相应部分的合法性予以确认。

(2)关于某医疗器械公司申请公开的其他信息。《政府信息公开条例》第 36 条第 3 项规定,行政机关依据本条例的规定决定不予公开的,告知申请人不予公开并说明理由。根据本案查明的事实,某医疗器械公司申请公开的信息属于某国家局履行行政许可职责过程中形成的执法案卷信息,现行法律、法规、规章并未规定某国家局应当公开某医疗器械公司申请的上述信息,某国家局据此决定不予公开,具有事实依据,符合《政府信息公开条例》第 16 条的规定,且某国家局在被诉告知书中对不予公开的理由进行说明,已经履行了《政府信息公开条例》规定的答复义务。某医疗器械公司虽主张某国家局应依据《国务院关于改革药品医疗器械审评审批制度的意见》(以下简称44号文)公开其申请的政府信息,但44号文系改革性质文件,不属于要求某国家局公开本案所涉政府信息的强制性法律规范。某医疗器械公司的该项主张,缺乏事实与法律依据,故法院不予采信。

关于某国家局作出被诉告知书的程序,某医疗器械公司明确表示无异议,经审查,法院对该行政程序的合法性予以确认。综上,一审法院依照《行政诉讼法》第69条的规定,判决驳回某医疗器械公司的诉讼请求。

一审宣判后,原被告均未提起上诉。

二、相关法律问题分析

《政府信息公开条例》修订后新增加了"行政执法案卷信息"的豁免公开信息类型。对"行政执法案卷信息"的规定,在我国法律规范体系中尚属首次。从条例的表述看,相较于内部事务信息和过程性信息,对"行政执法案卷信息"并无明确限定。实务中,关于这一概念的认定标准也多有争论。同时,对行政执法案卷信息的豁免范围,该条例第16条与第20条第15项亦存在选择适用的困境。

就本案而言,主要涉及的焦点问题为如何界定行政执法案卷信息,以及如何对《政府信息公开条例》第16条、第20条第15项进行选择适用。

(一)行政执法案卷信息的界定

相较于内部事务信息和过程性信息,《政府信息公开条例》对"行政执法案卷信息"并无明确限定。对于"行政执法案卷信息"的认定,一方面,应当从文义解释的角度,准确理解"行政执法""行政执法案卷"等相关概念;另一方面,作为条例中出现的新的概念,需要将其置于条例的体系规则中加以解读。

1. 行政执法案卷的含义

"行政执法案卷"的概念最早可以追溯到国务院2004年发布的《全面推进依法行政实施纲要》(以下简称《纲要》)。《纲要》指出:"健全行政执法案卷评查制度。行政机关应当建立有关行政处罚、行政许可、行政强制等行政执法的案卷。对公民、法人和其他组织的有关监督检查记录、证据材料、执法文书应当立卷归档。"地方上,"行政执法案卷"的表述亦多出现于关于行政执法监督或行政执法案卷评查的相关地方性法规、地方政府规章中。地方立法中,对行政执法案卷内容的列举,通常包括行政机关在行政执法过程中形成的调查记录、证据材料、执法文书、审核签批材料以及记录行政执法过程的音像资料、电子信息等。

可能出现的认识分歧,主要体现在行政执法案卷是否应当包含与行政执法活动相关的全部材料,包括意见性材料和事实性材料、过程性材料与结果材料等。

值得注意的是,行政执法案卷评查语境下的"行政执法案卷"并不当然等同于政府信息公开中的"行政执法案卷信息"。对"行政执法案卷信息"的判定涉及更多的考量因素,例如,从行政执法活动的阶段考量,行政执法尚未结束的情况下,是否存在"行政执法案卷信息";又如,从形式层面考量,"行政执法案卷信息"的认定是否需要具备一定的形式要素,即行政机关需要以固体的形式将行政执法活动中形成的材料收集、整理成册,并立卷归档,反之,又是否能够认定行政执法案卷中的信息均属于行政执法案卷信息;等等。因此,有必要将行政执法案卷信息置于《政府信息公开条例》体系规则下作进一步分析。

2.《政府信息公开条例》体系规则下的行政执法案卷信息

《政府信息公开条例》确定了以"以公开为常态、不公开为例外"的公开标准。根据该条例第13条的规定,除条例第14~16条所述情形外,政府信息应当公开。条例第14条规定的事项属于绝对不予公开的情形;第15条、第16条规定的事项均属于相对不予公开的情形。行政执法案卷信息与内部管理信息、过程性信息并列规定于条例第16条,首次被纳入政府信息豁免公开的情形之一。

关于行政执法案卷信息不予公开的理由,实践中,司法机关或在裁判文书中避而不谈,或用《政府信息公开条例》中其他不予公开的情形加以说明。例如,有法院认为,执法过程中相关的材料需要经过分析、加工、制作等步骤,因此,不属于《政府信息公开条例》第2条规定的依申请应当公开的政府信息;[①]又如,有法院认为,"行政案卷材料属于'政府信息',又有别于一般的政府信息,许多行政案件中包含有涉及国家秘密、商业秘密、个人隐私的内容"[②];再如,还有法院认为,行政执法案卷信息涉及过程性信息,因此不予公开。司法部负责人就《政府信息公开条例》修订答记者问时,也发表过相似的观点:"行政执法案卷信息与当事人、利害关系人之外的其他主体没有直接利害关系,且通常涉及相关主体的商业秘密和个人隐私"[③]。即执法案卷信息的不予公开仍旧需要回溯至个人隐私、商业秘密等其他例外事由的判断中予以考量。上述观点均具有一定合理性,却未能阐明行政执法案卷信息作为新的豁免公开事项被纳入条例的实质意义。

《政府信息公开条例》修订前,最高人民法院提出,"具体行政执法活动中有

---

① 参见山东省临沂市人民法院行政判决书,(2019)鲁13行终219号。

② 浙江省杭州市人民法院行政判决书,(2019)浙01行终522号。

③ 万静、刘子阳:《司法部负责人就政府信息公开条例修订答记者问》,载人民网2019年4月16日,http://legal.people.com.cn/n1/2019/0416/c42510-31032001.html。

关执法调查方法、秘密信息来源、内部研究意见等敏感信息，通常不应公开，否则将有可能妨碍行政执法活动的正常进行”。[①] 有学者认为，最高人民法院的这一观点或许可以成为构建行政执法案卷信息不予公开实质内涵的线索。[②] 关于内部管理信息、过程性信息不予公开的理由，最高人民法院亦曾在案例中指出，是因为其“普遍具有‘内部性’和‘非终局性’的特点，属于‘意思形成’的信息，一旦过早公开，可能会引起误解和混乱，或者妨害率直的意见交换以及正常的意思形成”[③]。由此，行政执法案卷信息的写入，并非对其他不予公开事由的重复，而是能够与内部管理信息、过程性信息并立、互补的新的概念：内部管理信息不予公开，在于其所涉事项的“内部性”，即该信息所涉事务系行政机关内部管理事务，如人事信息、后勤管理、内部工作流程等，而非形成于行政机关对外发生法律效力的行政行为过程中；过程性信息不予公开，在于该信息所处阶段的“非终局性”，以及过早公开可能带来的不利后果，行政程序一旦终结，上述不予公开理由即不再成立；行政执法案卷信息不予公开，则是因为即便行政行为已经终结，执法活动中部分信息的公开也可能造成对今后行政执法活动的阻碍，如行政执法过程中的意见性信息，此类信息一旦公开，容易给决策者或意见发表人形成压力，进而影响行政决定过程的科学性及客观性，因此即便行政程序终结，亦应赋予行政机关对上述信息是否公开的自由裁量权。

（二）行政执法案卷信息法定公开情形的审查——《政府信息公开条例》第16条与第20条第15项的选择适用

根据《政府信息公开条例》第16条的规定，行政执法案卷信息以“可以不予公开”为原则，赋予了行政机关自由裁量的权利；以“应当公开”为例外，仅“法律、法规、规章规定上述信息应当公开”的情形下，对行政机关科以必须履行的公开义务。但根据该条例第19条的规定，行政机关应当主动公开涉及公众利益调整、需要公众广泛知晓或者需要公众参与决策的信息。该条例第20条规定了行政机关应当依照第19条的规定主动公开的政府信息类型；其中，第15项作为兜底条款，规定“法律、法规、规章和国家有关规定规定应当主动公开的其他政府信息”，行政机关应当公开。据此，对“国家有关规定”规定某一行政执法案卷信息属于行政机关主动公开范畴的情况下，申请人申请公开该行政执法案卷信息，行政机关是否具有自由裁量的权力，实践中存在不同的观点。

---

① 最高人民法院行政裁定书，(2017)最高法行申4750号。

② 参见梁艺：《行政执法案卷信息的解释与适用：以〈政府信息公开条例〉第16条为中心的初步观察》，载《政治与法律》2020年第2期。

③ 最高人民法院行政裁定书，(2016)最高法行申2769号。

一种观点认为,根据《政府信息公开条例》第16条的规定,申请人申请公开行政执法案卷信息,行政机关仅在“法律、法规、规章规定应当公开”的情况下,具有公开义务。第20条规定在条例第三章“主动公开”一节,应当仅适用于主动公开的情形,不能适用于依申请公开;且“国家有关规定”的效力层级明显低于法律、法规、规章,因此,其规定不能构成对行政机关是否公开行政执法案卷信息自由裁量权的限制。另一种观点认为,条例规定了“以公开为常态、不公开为例外”的立法原则,当“国家有关规定”明确将某项行政执法案卷信息纳入主动公开范围时,申请人申请公开该信息的,行政机关不再享有自由裁量权,应依法予以公开。

笔者认为,前述第二种观点更为符合《政府信息公开条例》的立法本义,同时有利于更好地保障申请人的知情权。具体而言:

1. 对“国家有关规定”的考察

《政府信息公开条例》第20条第15项中的“国家有关规定”是一个相对模糊的概念。在我国现行法律法规中,含有“国家有关规定”这一概念的条文不在少数;而在不同的法律法规中,“国家有关规定”所指代的内容、层级也不尽相同。因此,对“国家有关规定”,应恰当运用各类法律解释方法,结合其在具体法律、法规中的功能定位进行理解。

首先,从文义解释角度分析。《政府信息公开条例》中的“国家有关规定”从层级上看首先应当是“国家”层面的规定,即从制定主体看,应当是具有行政法规、部门规章制定权的行政机关依职权制定和发布的规范性文件。而从内容上看,“有关”是指规定所指向的具体行政领域。

其次,从目的及体系解释角度分析。从功能上看,我国现行法律法规中“国家有关规定”或以指引专业技术、专门规范为目的,或以细化规定、引导法律适用为目的,或与《政府信息公开条例》类似作为兜底条款加以引用。作为兜底条款,《政府信息公开条例》中,“国家有关规定”与“法律、法规、规章”并列规定于第20条第15项,一方面,意味着其应当是法律、法规、规章之外的规范性文件;另一方面,也意味着从效力角度,“国家有关规定”与“法律、法规、规章”一样,应当是具有普遍法律约束力的规范性文件,规划性、改革性、政策性或意见性等以设定未来发展或改革前景、任务、路径为内容的不具有强制执行效力的文件应排除在外。

2.《政府信息公开条例》第16条与第20条第15项的选择适用

《政府信息公开条例》以保护公民知情权为初衷。条例明确了“保障公民、法人和其他组织依法获取政府信息,提高政府工作的透明度,建设法治政府,充分发挥政府信息对人民群众生产、生活和经济社会活动的服务作用”的立法目的,规定了“以公开为常态、不公开为例外”的指导原则。对条例所涉条文的理解与适用不应背离上述立法目的及原则。

基于上述立法目的,《政府信息公开条例》在2019年修订时,增加了建立健全政府信息动态调整机制及“依申请公开”向“主动公开”转化的规定。行政机关对本行政机关不予公开的政府信息应当定期进行评估审查,对因情势变化可以公开的政府信息予以公开。[①] 多个申请就相同政府信息向同一行政机关提出公开申请,且该政府信息属于可以公开的,行政机关可以纳入主动公开的范围。对行政机关依申请公开的政府信息,申请人认为涉及公众利益调整、需要公众广泛知晓或者需要公众参与决策的,也有权建议行政机关将该信息纳入主动公开的范围。行政机关经审查认为属于主动公开范围的,应当及时主动公开。[②] 由此,申请人申请的信息属于依申请公开范围,或行政机关依职权主动公开范围,并非判断行政机关对有关信息是否具有自由裁量权的关键。信息的性质、内容、影响等才是行政机关应当考量的因素。当申请人申请的某一行政执法案卷信息属于国家有关规定规定行政机关应当主动公开的范畴时,意味着该信息属于“涉及公众利益调整、需要公众广泛知晓或者需要公众参与决策的”的信息,优先适用条例第20条第15项的规定予以公开,更加符合条例的立法本意。

本案中,某医疗器械公司申请公开的注册审评依据属于某国家局履行行政许可职能过程中形成的信息,该信息属于行政执法案卷信息的范畴。某医疗器械公司主张依据44号文第17条,某国家局应当全面公开药品医疗器械审评审批信息,包括向社会公布药品医疗器械审批清单及法律依据、审批要求和办理时限。向申请人公开药品医疗器械审批进度和结果。在批准产品上市许可时,同步公布审评、检查、检验等技术性审评报告,接受社会监督。44号文系国务院制定的药品医疗器械领域的规范性文件,但该文件并非为执行法律、实施政策制定的具有强制执行效力的文件,而是为改革药品医疗器械审评审批制度发布的意见性文件。44号文为完成改革提出了主要目标、主要任务、保障措施等要求,某医疗器械公司所主张的第17条的内容属于该文件规定的主要任务之一。因此,44号文不属于《政府信息公开条例》第20条第15项规定的“国家有关规定”的范畴,本案不存在选择适用《政府信息公开条例》第20条第15项之基础条件。某国家局依据《政府信息公开条例》第16条的规定,决定对上述行政执法案卷信息不予公开,并无不当。

（责任编辑:刘晓虹）

① 参见《政府信息公开条例》第18条。

② 参见《政府信息公开条例》第44条。

婚姻登记行为的理解与司法审查
——陈某诉某区民政局婚姻行政登记案相关法律问题分析

滕恩荣*

裁判要旨

婚姻行政登记行为与婚姻行为虽然关系十分紧密但却不能等同，不能将二者在法律上予以混淆。在行政法中，应判决撤销的违法婚姻行政登记行为属于对判决方式确认，相对应的婚姻行政登记行为的法律效力属于违法行政行为；判决确认无效的婚姻行政登记行为亦属于对判决方式的确认，相对应的婚姻行政登记行为的法律效力属于无效行政行为。但在民法中，可撤销婚姻行为和无效婚姻行为均属于对婚姻行为法律效力的确认，与判决方式并不直接相关。因此，应正确认识和理解婚姻行政登记行为的性质、与婚姻行为之间的关系及两者之间的区别，从而正确认识和理解婚姻行政登记行为的司法审查方法。

一、据以研究的案例

孔某与刘某于1990年12月28日在北京市某街道办事处办理了结婚登记，且双方婚姻关系一直未解除。孔某主张刘某自2008年2月离家出走后，双方再未有过任何联系。陈某主张其与刘某于2008年4月经人介绍相识。

陈某与刘某于2009年11月3日共同来到刘某户籍地的某区婚姻登记机关，提交了双方的户口本和身份证及照片，申请登记结婚。根据各自提交的户口簿显示：双方的“婚姻状况”均是“未婚”。

婚姻登记机关的婚姻登记员采用要求刘某和陈某当场阅读了解结婚登记告

* 滕恩荣，北京市石景山区人民法院行政庭（知识产权庭）庭长，中国人民大学法律硕士。

知单的方式,明确告知了结婚登记的条件、禁止结婚的情形、应当提交的证件和证明材料、夫妻的权利和义务、法律救济途径。刘某与陈某均当场签字确认。

婚姻登记员对刘某和陈某提交的所有材料进行审查后,作出结婚登记审查处理表,认定"双方符合结婚条件,准予登记"。经再次核对后,陈某与刘某当场从该婚姻登记处确认领取了被诉结婚证。婚姻登记机关同时还向双方明确告知了其对结婚证具有提起行政诉讼的权利和起诉期限。

刘某于 2019 年 10 月 11 日死亡。陈某在办理刘某后事过程中,于 2019 年 10 月 18 日经查询得知孔某与刘某在 1990 年 12 月 28 日结婚情况。

陈某于 2020 年 4 月未经过行政复议程序,直接以某区婚姻登记机关作为被告,提起行政诉讼。陈某认为,某区婚姻登记机关在办理其与刘某的结婚证时未依法尽到审查职责,导致侵害了陈某的合法权益,因此提出诉讼请求:(1)请求撤销某区婚姻登记机关为陈某与刘某办理的结婚证;(2)诉讼费用由婚姻登记机关承担。

另查明,孔某与刘某的结婚登记档案在当地档案馆保管的某街道办事处文书档案案卷中长期保管。

再查明,涉案的某区婚姻登记机关于 1993 年成立。当地市级婚姻登记管理机关于 2012 年开始进行全市婚姻登记管理信息系统升级工作,至 2013 年 7 月正式完成全市所有婚姻登记系统升级改造工作,所属各区正式开始可以查询全市所有历史婚姻登记数据。

一审法院经审理认为,某区婚姻登记机关为陈某和刘某办理被诉结婚证前,虽已依法履行了审慎合理的审查职责,且程序并无不当,但由于刘某故意隐瞒已婚的真实情况,导致被诉结婚证在客观上产生了刘某重婚的情形。因此,某区婚姻登记机关办理的被诉结婚证确实不存在合法的事实基础。

综上所述,一审法院对于陈某提出有关婚姻登记机关没有依法尽到审查职责的诉讼意见没有采纳,但对于陈某提出的诉讼请求予以支持。依据《行政诉讼法》第 70 条第 1 项的规定,判决撤销某区婚姻登记机关办理的陈某与刘某的结婚证。

一审宣判后,陈某不服,提出上诉。二审法院判决维持了一审判决。

二、相关法律问题分析

本案在审理过程中,从诉讼程序到实体裁判都产生了较大分歧意见,核心争议点在于如何正确理解认识婚姻行政登记行为的性质,进而如何进行司法审查。基于对此核心问题的争议,又产生两个司法审查认识分歧:一是对婚姻登记行为与婚姻关系之间的关系应如何理解;二是对婚姻登记行为的起诉期限应如何理解。

(一)婚姻行政登记行为的性质

婚姻行政登记行为是婚姻登记机关以签发婚姻证书作为表现形式,为婚姻关系当事人创设或消灭婚姻关系的行政法律行为。对于婚姻行政登记行为应当属于行政许可还是行政确认法律性质,有不同认识。

笔者认为,婚姻行政登记行为应当属于行政确认性质。行政确认与行政许可在外在表现形式上具有一定的相似性,这两种行政行为一般都需要经过当事人申请及行政主体审查的程序,行政行为本身都在行政主体的相关档案卷宗中进行记录造册,且对外一般均以行政主体向当事人颁发证书作为表现形式。但这两种行政行为在法律性质上具有本质区别:行政确认行为,是指行政主体依据法定权限和程序对有关法律事实进行甄别确认,从而产生确定有关法律关系的行政行为;简言之,行政确认是行政主体确认某种法律关系具有受法律保护的合法性。行政许可行为,是指在法律一般禁止的情况下,行政主体根据行政相对人的申请,经过依法审查,采用颁发证照的方式,赋予行政相对人从事某种行为的资格或权利的行政行为;简言之,行政许可是行政主体对法律一般禁止的解禁。

无论《婚姻法》(已失效)还是《民法典》中有关禁止结婚的条款规定①,都仅是明确规定对个别情形禁止结婚,并不是普遍禁止结婚。而且,上述规定体现的立法趋势是法律禁止结婚的范围越来越小。所以,根据上述法律规定,婚姻行政登记行为明显不属于婚姻登记机关对法律一般禁止的解禁,故不应属于行政许可性质。

根据原《婚姻法》及《民法典》有关补办婚姻登记的相关规定②可知,法律仅是将办理婚姻登记作为法律确认成立婚姻关系的条件而已,并非不办理婚姻登记、婚姻关系就不能成立,只是由于法律要件缺失而不能产生受法律保护的法律效力,并且明确规定应当通过补办登记的方式弥补缺失的法律要件,从而可以确定婚姻关系,使婚姻关系受到法律保护。故婚姻行政登记行为应当属于行政确认性质。

(二)婚姻行政登记行为与婚姻行为的关系

婚姻行为,是指婚姻关系当事人产生或结束婚姻权利义务关系的民事行为。首先,婚姻行为本身属于有关婚姻民事权利义务的民事行为,行为主体是婚姻双方当事人。其次,婚姻行为根据不同时期的不同法律规范规定,可以是法律行为,也可以是事实行为。例如,在1994年2月1日《婚姻登记管理条例》(已失

---

① 分别参见原《婚姻法》第7条及《民法典》第1048条。

② 分别参见原《婚姻法》第8条及《民法典》第1049条。

效)实施前,我国虽然也规定婚姻应当进行登记,但事实上根据当时的实际情况,也对未经登记但确实符合婚姻法规定的结婚实质要件的以夫妻名义共同生活的事实婚姻在一定条件下予以承认。在这种情况下,婚姻行为也可以是一种事实行为状态。最后,对于属于法律行为性质的婚姻行为而言,不同时期的不同法律规范也并非全部以办理婚姻行政登记行为作为婚姻行为发生法律效力的要件。例如,在我国历史上,曾长期以"父母之命,媒妁之言"作为合法婚姻行为成立的法律要件等。

婚姻行政登记行为与婚姻行为之间虽然具有密切关系,但实际上二者并不能完全等同:首先,二者法律性质不同。婚姻行政登记行为属于行政行为,婚姻行为属于民事行为。其次,二者主体不同。婚姻行政登记行为的主体是属于行政主体性质的婚姻登记机关,而婚姻行为的主体则是婚姻双方当事人。再次,二者对象不同。婚姻行政登记行为的对象是行政机关对婚姻关系的确认,而婚姻行为的对象则是婚姻权利义务本身。最后,二者救济方式不同。合法的婚姻行政登记行为应当确认其合法性与效力,除通过其他婚姻行政登记行为外,不能随意进行变更和解除,而合法婚姻行为在双方感情确已破裂的情况下,可以通过离婚的方式予以解除。正是因为婚姻行政登记行为与婚姻行为虽然关系十分紧密但不能等同,所以不能将二者在法律上予以混同。

(三)婚姻行政登记行为与婚姻行为合法性效力

1. 婚姻行政登记行为的合法性效力问题

婚姻行政登记行为属于行政行为,其效力除及于合法行政行为之外,还应包括应判决撤销的违法行政行为和应判决确认无效的无效行政行为等情况。其中,应判决撤销的违法婚姻行政登记行为应当根据《行政诉讼法》第70条进行判断,主要包括婚姻行政登记为主要证据不足、法律适用错误或者登记程序违法等情形。

婚姻行政登记行为无效应当符合无效行政行为的要求。由于我国目前尚无行政实体法典,因而在现行法律规范当中判决无效行政行为只能参照《行政诉讼法》第75条有关无效判决的规定进行理解。参照该条规定,判断婚姻行政登记行为是否无效,主要应从婚姻登记机关是否具有进行婚姻登记的主体资格以及是否明显没有依据等重大且明显违法的角度进行考量。

2. 婚姻行为的合法性效力问题

婚姻行为属于民事行为,应以民事法律规范作为判断婚姻行为效力的依据。无论是原《婚姻法》和《民法典》是典型的民事法律规范,除合法婚姻行为之外,还规定了可撤销婚姻行为和无效婚姻行为:这两部法律中规定的"可撤销婚姻情形"[①]可以作为判断可撤销婚姻的依据；这两部法律中规定的"婚姻无效情形"[②]可以作为判断婚姻行为无效的依据。其中明确规定重婚属于婚姻无效的情形。

通过上述分析可知，在行政法中，婚姻行政登记行为的判决撤销与判决确认无效都是对判决方式的确认，相对应地，行政行为的法律效力包括违法行政行为和无效行政行为。在民法中，可撤销婚姻行为和无效婚姻行为都是对婚姻行为法律效力的确认，并不直接与判决方式相关。所以，它们之间虽有类似的文字表述，但却是不同的法律概念，不能将之混淆。

（四）婚姻行政登记行为和婚姻行为救济途径

1. 婚姻行政登记行为救济途径

如前文所述，合法婚姻行政登记行为具有公定力与确定力，不得随意进行变更与解除。对于违法或无效的婚姻行政登记行为，根据行政行为一般救济原则，其救济途径有三种：第一种，自行纠正。婚姻登记机关根据当事人申请或自行发现的婚姻行政登记行为违法或无效情况进行自行纠正。第二种，行政复议。行政复议机关通过行政复议的方式对婚姻行政登记行为违法或无效情况进行纠正。第三种，行政诉讼，即司法救济途径。

在这三种救济途径中，婚姻登记机关自行纠正本应当是最为便捷的救济途径，但现行婚姻登记法律制度中却仅在《婚姻登记条例》相关条款[③]中规定了"撤销婚姻"，并未对纠正错误婚姻行政登记行为的情况进行明确规定。根据前述分析可知，可撤销婚姻与因违法而撤销婚姻行政登记行为是两个法律性质完全不同的法律概念。这种规定直接导致的结果是在实际工作中，婚姻登记机关或经常混淆撤销婚姻与撤销婚姻行政登记行为，或直接以没有法律依据为由拒绝对错误的婚姻行政登记行为进行纠正。

由于通过行政复议途径解决婚姻行政登记纠纷与通过行政诉讼途径解决婚姻行政登记纠纷存在很大共通性，对通过行政复议途径解决婚姻行政登记纠纷的问题，本文不再赘述。

婚姻行政登记行为最主要的法律救济途径就是司法救济途径，即通过直接对婚姻行政登记行为提起行政诉讼的方式进行法律救济。通过行政诉讼方式进行救济首先要解决的法律问题就是起诉期限。

行政诉讼起诉期限是法律设定的起诉条件之一，解决的是行政起诉能否进

---

① 相关规定分别参见原《婚姻法》第 11 条及《民法典》第 1052 条、第 1053 条。

② 相关规定分别参见原《婚姻法》第 10 条及《民法典》第 1051 条。

③ 相关规定参见《婚姻登记条例》第 9 条。

入司法实体审查的问题。根据《行政诉讼法》相关规定①,婚姻行政登记行为的一般起诉期限是6个月,最长起诉期限是5年。此外,《行政诉讼法》还对起诉期限的中止进行了规定②。

一般情况下,行政诉讼起诉期限的中止应在最长起诉期限之内进行把握。但笔者认为,由于婚姻行政登记行为涉及当事人最重要的身份权即配偶权,因此可以由法院根据具体案件情况,适当从宽把握婚姻行政登记行为的行政诉讼起诉期限中止情况,从而避免由于起诉期限问题导致出现重婚情况或已有重婚情况但无法得到纠正的情况。

2. 婚姻行为救济途径

对于合法的婚姻行为,根据原《婚姻法》有关离婚的规定,在双方感情确已破裂的情况下,可以通过离婚的方式予以解除。

对于可撤销的婚姻,可以依据法律途径予以撤销。但根据原《婚姻法》和《民法典》相关规定③可知,两部法律规定的可撤销婚姻的救济途径并不完全一致:《民法典》取消了婚姻登记机关处理可撤销婚姻行为的行政救济职权,只规定了法院诉讼解决一种途径。但是两部法律规定的救济期限是一致的,都是1年期限,即胁迫终止起或恢复人身自由之日起1年内行使救济权利。此外,《民法典》还规定了在不如实告知重大疾病的情况下,也是自知道或应当知道之日起1年内行使救济权利。

对于无效婚姻,原《婚姻法》和《民法典》均未明确规定救济途径,但是相关司法解释规定④,在婚姻一方当事人或双方当事人去世情况下,另一方婚姻当事人或利害关系人申请宣告婚姻无效的期限是1年,这个期限应当理解为除斥期间。原因在于在婚姻民事主体已死亡的情况下,婚姻关系本应消失,但为解决婚姻无效遗留的配偶身份权、继承和财产分割的财产权等法律问题,进行补充规定仍可由特定民事主体向法院提起申请婚姻无效之诉,但在此情况下,应对提出时间进行严格限定,故规定了1年除斥期间。

(五)对于本案中婚姻行政登记行为司法审查的理解

1. 被诉行为的法律性质

作为行政诉讼,被诉行为显然只能是行政行为。具体到本案之中,被诉行为

① 相关规定参见《行政诉讼法》第46条。

② 相关规定参见《行政诉讼法》第48条第1款。

③ 相关规定分别参见原《婚姻法》第11条及《民法典》第1052条、第1053条。

④ 相关规定参见《最高人民法院关于适用〈中华人民共和国婚姻法〉若干问题解释(二)》(已失效)第5条。

应是婚姻登记机关确认创设陈某和刘某结婚关系并以结婚证作为表现形式的结婚行政登记行为。而不应是陈某和刘某之间的民事结婚行为。

2. 被诉行为的合法性效力

本案中，作为被告的婚姻登记机关在作出被诉结婚证时，具有婚姻登记的法定职责。在陈某和刘某均已亲自到场，明确主张自愿结婚，所提交的相关证件材料和证明材料均显示二人符合结婚的情况下，且当时婚姻登记机关不具备对以往的婚姻情况进行检索查询的条件，婚姻登记机关根据当时有效的法律、法规、规章和规范性文件已依法履行了必要的审查职责。在此情况下，婚姻登记机关对陈某和刘某作出的被诉结婚证显然不符合《行政诉讼法》第75条规定的“重大且明显违法”情形，因此不能属于无效行政行为的情况。只是根据现有证据显示，刘某在当时办理被诉结婚证时故意隐瞒了其和孔某仍然存续合法婚姻关系的事实，从而导致被诉结婚证作出后造成了刘某重婚的情况，使被诉结婚证不具有合法性基础。这种情况使婚姻登记机关作出的被诉结婚证符合《行政诉讼法》第70条规定的应判决撤销的违法行政行为的情况。

应当引起注意的是，根据原《婚姻法》及《民法典》的相关规定，重婚是导致具有民事行为性质的婚姻行为无效的情况，但并不能以此为由，在本案中认定以结婚证作为表现形式的婚姻行政登记行为无效。更不能由此认定被诉结婚证属于2015年以前作出的无效行政行为，并根据相关规定，①裁定不予立案或驳回起诉。

还应当注意的是，应判决撤销的违法婚姻行政登记行为与可撤销的婚姻行为也完全不同。本案中，判断被诉结婚证属于应判决撤销的违法行政行为，并非依据原《婚姻法》或《民法典》的相关规定，认定刘某存在胁迫或隐瞒重大疾病的情况，而是依据《行政诉讼法》第70条，认定由于导致了刘某重婚的法律后果，所以被诉结婚证不存在合法性基础。故本案被诉结婚证的法律性质应属于应判决撤销的违法婚姻行政登记行为。

3. 被诉行为的起诉期限

由于婚姻关系涉及最重要的身份权即配偶权，同时又与婚姻行政登记行为及婚姻行为本身紧密相关，属于典型的“行民交叉”法律领域，因此应允许婚姻当事人自主选择解决婚姻关系纠纷的法律途径，包括自主决定选择通过行政途径还是诉讼途径解决。在当事人决定通过诉讼途径解决纠纷的情况下，还包括自主决定选择通过民事诉讼途径还是行政诉讼途径解决。

---

① 相关规定参见《最高人民法院关于适用〈中华人民共和国行政诉讼法〉的解释》第162条。

本案中,陈某自主决定选择通过行政诉讼途径解决婚姻登记机关作出的被诉结婚证法律效力问题,而不通过民事诉讼途径直接解决其与刘某婚姻行为的法律效力问题,也不通过直接要求婚姻登记机关自行纠正的行政途径解决,应当得到允许。

陈某提起的本案行政诉讼是否超过起诉期限,是本案争议焦点之一。笔者认为,虽然从表面上看,陈某在2009年与刘某在婚姻登记机关领取被诉结婚证时,根据告知情况就应当知道对被诉结婚证具有提起行政诉讼权利及有关起诉期限,但由于刘某一直故意隐瞒与孔某仍存续合法婚姻关系的事实情况,而且作为婚姻登记机关在当时都不具备对以往婚姻登记情况进行检索查询的条件,更不能要求陈某在2009年办理被诉结婚证时就能知道或应当知道刘某存在重婚的情况,进而在一般起诉期限内对被诉结婚证行使行政诉讼的起诉权利。陈某是在刘某死亡后办理其后事的过程中于2019年10月18日才取得刘某与孔某仍一直存续合法婚姻关系的相关证据材料。虽然此时距离被诉结婚证作出已超过《行政诉讼法》规定的5年最长起诉期限,但由于被诉结婚证不仅直接影响陈某的重要身份权即配偶权,还直接影响与刘某一直存续合法婚姻关系的孔某的重要身份权即配偶权,如果以超过起诉期限为由不允许陈某对被诉结婚证起诉,进而不能对违法的婚姻行政登记行为进行纠正,确实会对陈某及孔某两人此前及今后的婚姻生活及相关财产权利关系产生无法弥补的影响。综合上述情况,笔者认为,本案从有利于保护陈某和孔某二人合法权益角度出发,应从宽把握行政诉讼中止适用情况,认定陈某的起诉符合行政诉讼起诉期限中止情况,即从2009年办理被诉结婚证时至2019年10月18日得知刘某与孔某一直存续合法婚姻关系时止,陈某对被诉结婚证的起诉期限一直处于中止状态。根据《最高人民法院关于适用〈中华人民共和国行政诉讼法〉的解释》的相关规定,[①]本案原告陈某的起诉期限从2019年10月18日起开始计算,至2020年10月17日结束,因此陈某的起诉没有超过行政诉讼起诉期限。

综上所述,两审法院对于婚姻登记行为的法律性质认定、合法性判断及起诉期限把握都是正确的,最终作出判决撤销被诉结婚证的生效裁判结果也是正确的。

(责任编辑:项利军)

① 相关规定参见《最高人民法院关于适用〈中华人民共和国行政诉讼法〉的解释》第64条第1款。

行政处罚中过错推定原则的适用

——某图书销售公司诉某区财政局、某市财政局行政处罚、行政复议案相关法律问题分析

李炎铎[*]　毕安迪[**]

裁判要旨

行政处罚领域,主观过错的认定一般适用过错推定原则。在实体层面,一要考虑过错推定原则的适用例外,二要由行为人主动收集其不存在过错的证据。在程序层面,行为人对自身不存在过错承担举证责任,但不免除行政机关证明行政行为合法性的责任,且均应达到优势证明标准。

一、据以研究的案例

2018 年 12 月 25 日,某街道办事处委托某咨询公司就涉案项目进行公开招标。招标文件第二部分“D　投标文件的递交”部分第 19 项“投标文件的修改和撤回”部分第 19.3 条规定,投标截止时间以后不得修改投标文件。2019 年 1 月 3 日,某图书销售公司、某管理公司、某管理咨询公司等 5 家公司报名参与了涉案项目投标。同年 1 月 16 日,某图书销售公司向某咨询公司递交了投标文件,共 5 件,某咨询公司工作人员袁某接受并签字。同日,某图书销售公司中标。

2019 年 1 月 21 日,某区财政局收到关于涉案项目的举报。某区财政局在调查过程中,经初步调查发现,某图书销售公司投标时递交的投标书“商务与技术册”,与某管理公司、某管理咨询公司的投标书“商务与技术册”中存在三处内容异常一致,故于 2019 年 4 月 29 日进行立案与调查。2019 年 12 月 23 日,某区财

* 李炎铎,北京市通州区人民法院行政庭副庭长,中国政法大学法律硕士。

** 毕安迪,北京市通州区人民法院行政庭法官助理,中国人民大学宪法学与行政法学硕士。

政局作出处罚决定书,主要内容为:经查,你单位参与某咨询公司代理的涉案项目投标时,递交的投标书"商务与技术册"第 167 页图片与参与本项目投标的某管理公司投标书"商务与技术册"第 25 页第 2 张图片异常一致;你单位投标书"商务与技术册"第 211 页"2. 10. 1 日常运营服务(日常开放)"的内容与某管理公司投标书"商务与技术册"第 47~48 页"2. 10. 1 日常运营服务(日常开放)"的内容异常一致;你单位投标书商务与技术册第 228~229 页"3. 预防、预警管理体系"的内容与参与本项目投标的某管理咨询公司投标书"商务与技术册"第 54~56 页"3. 预防、预警管理体系"的内容异常一致,属于《政府采购货物和服务招标投标管理办法》第 37 条第 4 项规定的视为串通投标的情形。你单位在政府采购项目中与其他供应商串通的行为违反了《政府采购法》第 25 条第 1 款的规定,依据《政府采购法》第 77 条第 1 款第 3 项的规定,我局于 2019 年 12 月 20 日决定:对你单位处以罚款 0. 938778 万元(项目采购金额 187. 755627 万元的 5‰),列入不良行为记录名单,在 1 年内禁止参加政府采购活动。某图书销售公司对此不服,后提起行政复议,某市财政局予以维持。

另查,2019 年 1 月 11 日,某图书销售公司向某管理公司转账 30 000 元押金,某管理公司于同日将该笔押金转给某咨询公司,用途为"某中心投标保证金"。2019 年 1 月 24 日,某咨询公司将该笔保证金退还某管理公司,后某管理公司又于同日将其退还某图书销售公司。庭审过程中,某图书销售公司称投标人情况表和开标一览表上的公章和签字是其作出的,但是日期没有填写,是开标以后更换的标书,某咨询公司魏某称,某区财政局要求其"空着"。后某图书销售公司对处罚决定书不服,提起行政诉讼。

法院经审理认为,本案的争议焦点有两项:第一,某区财政局认定某图书销售公司、某管理公司与某管理咨询公司之间构成串通投标行为所依据的某图书销售公司递交的投标书是否合法有效;第二,某图书销售公司、某管理公司与某管理咨询公司之间是否构成串通投标行为,处罚决定书认定事实是否合法。

首先,关于投标书的问题。根据《政府采购货物和服务招标投标管理办法》第 32 条、第 33 条的规定,以及招标文件的相关要求,投标书以纸质版正本为开标文件,开标后投标文件不得修改。因此,对于某图书销售公司表示相关电子版投标文件存在开标后修改的问题,法院认为不影响某区财政局依照纸质正本投标文件依法进行调查。由此,则需要核实某区财政局据以作出处罚的依据——纸质版正本投标书是否存在修改。对此,法院认可某区财政局的调查行为。理由如下:第一,某咨询公司为本次采购单位的代理公司,在没有证据证明其收取的相关投标文件存在篡改且其与被调查的违法行为不存在利害关系的情况下,某咨询公司向某区财政局提交的纸质版正本投标文件应认定为合法的投标文件,应作为被调查的投标文件;第二,如果如某图书销售公司所述,相关电子版投标文件在开标后被修改,那么可能导致纸质版投标文件亦被修改,根据某图书销售公司提交的微信聊天记录来看,这种修改行为实际上系某图书销售公司为逃避某区财政局的调查进行的证据替换行为,反而证实了某图书销售公司存在串标的情形,相关不利法律后果理应由某图书销售公司自行承担。故对某区财政局将纸质版投标标书正本作为查处证据,一审法院不持异议。

其次,关于串通投标行为的认定问题。根据《政府采购法》第25条第1款、《政府采购货物和服务招标投标管理办法》第37条第4项的规定,经某区财政局调查,2019年1月11日、24日,某图书销售公司、某管理公司、某咨询公司之间存在30 000元的转账与退款行为;同时,某区财政局经过对纸质版正本投标书进行比对,结合询问、听证等情况,最终认定某图书销售公司、某管理公司与某管理咨询公司投标文件存在三处异常一致,其内容、字体、字号、换行等格式完全一致,构成投标文件异常一致的情形。因此,在没有相反证据的情况下,法院对某区财政局的认定结果不持异议。由此,某区财政局在法定幅度内对某图书销售公司进行处罚并无不当。

综上所述,一审法院判决:驳回原告诉讼请求。

判决宣告后,原告不服,提起上诉。二审法院经审理,最终作出判决:维持一审判决结果。

二、相关法律问题分析

过错推定原则原系民事侵权责任领域的归责原则。[①] 在行政处罚领域,关于责任主义的争论从未停止,但实践中,行政机关仍在不同程度上考量行为人的过错程度,其中过错推定原则的适用最为广泛,且2021年修订的《行政处罚法》正式将过错推定原则确立为行政处罚的一般归责原则。然而,一直以来,由于立法缺失,导致过错推定原则的适用尚未形成统一的标准。本案虽然在《行政处罚法》2021年修订之前生效,但是案件争议焦点"供应商与采购人、其他供应商或者采购代理机构恶意串通",涉及对行为人是否存在主观过错、如何证明过错程度以及行政机关的举证标准等问题的认定,属于典型的适用过错推定原则的案件。具体而言,行政处罚领域过错推定原则的一般适用还需要从立法目的出发,进一步从实体上明确过错的内涵及适用规则,从程序上明确证明标准的采纳。

---

① 相关规定参见《民法典》第1165条第2款。

(一)行政处罚领域主观过错要件的适用范围

结合我国现行立法状态与行政处罚实践来看,行政处罚领域对相对人主观过错的认定主要包括以下四种情形:

其一,对于制裁力度大的违法行为,以故意为构成要件。例如,《治安管理处罚法》第三章中规定的违法行为,明确要求行为人有“故意”的规定有 11 处[①],要求行为人应负“明知”义务的规定有 6 处[②],要求行为人有特定“目的”的有 1 处[③]。此外,构成盗窃、殴打、猥亵、遗弃、虐待、侮辱诽谤、招摇撞骗、煽动、诱骗、伪造变造等行为也明显要有故意,以及“拒不”“擅自”“不听劝阻”等情形[④]。

其二,对于制裁力度小的违法行为,以过失为构成要件。具体认定应具备以下三个条件:第一,在未认识的情况下实现行政处罚的构成要件;第二,依个案的客观情况,审慎守法的公民将不致实现行政处罚的构成要件(客观的违反义务,违反一般性的注意义务);第三,依行为人个人的能力、情境,他可以认识且避免实现行政处罚的构成要件。[⑤] 相较于刑罚而言,行政处罚的制裁是有限的,因此其所规制的违法行为以过失为主。关于过失的规定,主要体现在一些单行法与行政法规之中,如《证券法》第 163 条设定的“勤勉尽责义务”[⑥]、《食品安全法》

---

① 《治安管理处罚法》中的规定分别是:第 25 条第 1 项的“散布谣言,谎报险情、疫情、警情或者以其他方法故意扰乱公共秩序”;第 28 条的“故意干扰无线电业务正常进行”;第 29 条第 4 项的“故意制作、传播计算机病毒等破坏性程序,影响计算机信息系统正常运行”;第 31 条的“爆炸性、毒害性、放射性、腐蚀性物质或者传染病病原体等危险物质被盗、被抢或者丢失……故意隐瞒不报……”第 35 条第 2 项的“故意向列车投掷物品”;第 37 条第 2 项的“故意损毁、移动覆盖物、防围和警示标志”;第 43 条第 1 款的“故意伤害他人身体”;第 44 条的“在公共场所故意裸露身体”;第 49 条的“故意损毁公私财物”;第 63 条第 1 项的“故意损坏国家保护的文物、名胜古迹”;第 65 条第 1 项的“故意破坏、污损他人坟墓或者毁坏、丢弃他人尸骨、骨灰”。

② 《治安管理处罚法》中的规定分别是:第 56 条第 1 款的“明知住宿的旅客将危险物质带入旅馆”;第 56 条第 2 款的“明知住宿的旅客是犯罪嫌疑人员或者被公安机关通缉的人员”;第 57 条第 2 款的“明知承租人利用出租房屋进行犯罪活动”;第 59 条第 1 项的“明知是违法犯罪嫌疑人、赃物”;第 60 条第 3 项的“明知是赃物而窝藏、转移或者代为销售”;第 69 条第 2 款的“明知他人从事前款活动”(指该条第 1 款规定的组织播放淫秽音像、组织或者进行淫秽表演、参与聚众淫乱活动)而“为其提供条件”。

③ 《治安管理处罚法》第 70 条规定的“以营利为目的,为赌博提供条件的,或者参与赌博赌资较大的”。

④ 参见王贵松:《论行政处罚的责任主义》,载《政治与法律》2020 年第 6 期。

⑤ 参见廖义男主编:《行政罚法》,台北,元照出版公司 2017 年版,第 112 页。转引自王贵松:《论行政处罚的责任主义》,载《政治与法律》2020 年第 6 期。

⑥ 《证券法》第 163 条规定:“证券服务机构为证券的发行、上市、交易等证券业务活动制作、出具审计报告及其他鉴证报告、资产评估报告、财务顾问报告、资信评级报告或者法律意见书等文件,应当勤勉尽责,对所依据的文件资料内容的真实性、准确性、完整性进行核查和验证。其制作、出具的文件有虚假记载、误导性陈述或者重大遗漏,给他人造成损失的,应当与委托人承担连带赔偿责任,但是能够证明自己没有过错的除外。”

第 136 条[1]。

其三，主观过错仅是处罚轻重的参考因素，而不是构成要件。典型的，如国家市场监管总局《关于规范市场监督管理行政处罚裁量权的指导意见》第 14 条中规定的情形，可以依法从轻或者减轻处罚。

其四，完全不考虑主观过错。主要适用于严重侵害行政管理秩序以及法益需要特别保护的情形。一般而言，对于此类情形，相关立法对主观过错未进行特殊规定。例如，《道路交通安全法》第 92 条第 1 款规定只要公路客运车辆存在载客超过额定成员的情况就应当受到行政处罚，以及工伤认定[2]、未成年人保护[3]等领域的相关规定。

（二）行政处罚领域过错推定原则的适用条件

司法实践中，过错推定原则的适用主要集中于证券监管、食品药品、违法建设查处、道路交通等领域，值得注意的是不予适用的三种情形：（1）原告未尽到充分的举证责任，证明其对违法行为的发生不存在主观过错，被告提供充分证据证明原告存在过错，故直接适用过错原则；（2）涉案领域不宜适用过错推定原则，如在工伤认定过程中，所要保护的法益是劳动者的合法权益，基于劳动者的劣势地位，此时不宜让劳动者自证无过错，加大其负担；（3）过错推定原则与《行政诉讼法》第 34 条规定的举证责任相冲突，即被告未能证明涉案处罚情形应适用过错推定原则时，行政处罚仍应以相对人存在主观过错为原则，若不能证明相对人存在主观过错，不宜作出行政处罚决定。[4]

对此，笔者认为，法院在审理行政处罚案件中，过错推定原则的实体适用条件可以归纳为以下两点：

（1）是否属于其他法律、行政法规规定不宜适用过错推定原则的情形。主要指法律、行政法规明确规定当事人承担行政处罚责任并不以主观上是否存在过错为前提的，如前述的工伤认定领域及交通管理领域。在此之外，出于维护执法效率的考虑，在行政处罚领域，对于需要考虑行为人主观过错的违法行为，即便是以故意为违法行为构成要件的，行为人也应自证其没有过错，以推翻行政机关认定的事实，否则应推定其有过错。

（2）由行为人主动收集自身没有过错的证据。根据《行政处罚法》及相关单

---

① 《食品安全法》第 136 条规定："食品经营者履行了本法规定的进货查验等义务，有充分证据证明其不知道所采购的食品不符合食品安全标准，并能如实说明其进货来源的，可以免予处罚，但应当依法没收其不符合食品安全标准的食品；造成人身、财产或者其他损害的，依法承担赔偿责任。"

② 参见广东省高级人民法院行政判决书，（2018）粤行终 292 号。

③ 相关规定参见《禁止使用童工规定》第 6 条第 1 款。

④ 参见广东省高级人民法院行政裁定书，（2019）粤行申 3576 号。

行法律、行政法规的规定,行为人主观上是否存在过错的举证责任在行为人,而非行政机关,只有当事人主动收集其不存在过错的证据并提交给行政机关,才有可能不被行政处罚。行政机关没有主动收集当事人不存在过错的证据的义务。

(三)行政处罚领域中过错推定原则的证明责任承担

过错推定原则在民事侵权与行政处罚领域适用规则的明显区分在于:前者主要适用于司法程序,诉讼过程中举证责任转移至侵权人。而后者的适用应分为两个阶段,一是行政程序阶段,相对人应向行政机关提交证据证明其不符合处罚条件,不应予以处罚;二是在司法程序中,一般从举证责任分配与证明标准两方面来明确证明责任的承担。

首先,关于举证责任的分配,行政机关应当对行政行为的合法性承担举证责任,行为人应当对自身没有过错承担举证责任。根据《行政诉讼法》第 34 条与《最高人民法院关于行政诉讼证据若干问题的规定》第 6 条的规定,行政诉讼中,举证责任应转移至被告,即便行为人应当对自己不存在过错承担举证责任,也不能免除被告的举证责任。需要注意的是,对于行为人在行政程序中能够收集到其没有主观过错的证据但怠于收集,而在行政诉讼中提交其没有主观过错的证据的,法院应当严格审查,尤其是行为人怠于收集的原因、证据真实性等问题。

其次,应适用优势证明标准。所谓优势证明标准,是指当证据显示待证事实存在的可能性明显大于不存在的可能性,法官可据此进行合理判断以排除疑问,在已能达到确信其存在的证明标准时,即使还不能完全排除存在相反的可能性,但也可以根据已有证据认定待证事实存在的结论。结合《行政处罚法》第 33 条第 2 款来看,其要求当事人提交证据达到“足以证明”的程度。那么,关于行政处罚领域主观过错的认定,何为“足以证明”?笔者认为,其一,应当明确此时的主观过错属于推定事实,需要双方举证来固定事实。其二,在行政处罚领域,尤其是适用过错推定的情形之下,行为人收集自身不存在过错的证据具有明显优势,有充分的证据能力证明自身无过错,因此,行为人欲证明其不存在过错,其提交的证据应当形成一个完整的证据链,且没有相反证据予以推翻,以排除法官产生的合理怀疑,才能达到“足以证明”的程度。其三,行政处罚属于典型的负担行政行为,对于行政机关而言,其也应提供充分证据证明其推定事实的存在,以反驳行为人关于推定事实不成立的举证。

(四)本案招投标过程中“恶意串通”的认定

本案中,双方的争议焦点是某图书销售公司提交的投标书是否被篡改,这直接决定行政处罚事实认定是否准确。《政府采购法》第 77 条第 1 款第 3 项规定,供应商与采购人、其他供应商或者采购代理机构恶意串通的,应承担相应的处罚责任。根据该条规定,“恶意串通”明确了行为人存在主观故意,因此,在某区财政局证明某图书销售公司故意实施违法行为的基础上,某图书销售公司还应当对其不存在主观故意承担举证责任。

某图书销售公司主张,在投标结束后,其被某咨询公司授意修改投标文件。然而,在举证过程中,从某图书销售公司提交的与某咨询公司的聊天记录来看,一方面,不能证明某区财政局查处的“三处一致”系由某咨询公司修改;另一方面,可以反证某图书销售公司在投标后修改过投标文件,已经实施了违法行为。同时,根据投标保证金银行交易记录以及某管理公司行政处罚案卷、某管理咨询公司行政处罚案卷,已经充分证明某图书销售公司与其他供应商存在串通投标行为。而对于前述认定事实,某图书销售公司未能提交相应证据证明其不存在主观过错,故某区财政局认定其存在恶意串通行为,并无不当。

(责任编辑:项利军)

【观点争鸣】

涉及“同一事实”的刑民交叉案件，刑事判决作出后应否撤销民事判决或调解

俞里江[*]　吕　明[**]

裁判要旨

刑事案件与民事案件涉及“同一事实”的，原则上应通过刑事诉讼方式解决。就“同一事实”已先行作出民事调解或判决并进入执行程序后，刑事判决确认原民事执行依据所审理的行为人构成犯罪的，不能因刑事判决当然撤销原民事执行依据。如民事判决、调解与刑事判决方向一致，两者应属重叠关系，可不予撤销民事执行依据，裁定终结民事案件的执行，使民事执行依据丧失执行力，实现整体协调统一。

一、案情简介

2019年，一审法院对原告张某与被告林某、某商行房屋买卖合同纠纷一案作出民事调解书：(1)解除张某、林某与某商行于2016年4月1日签订的《北京市房屋买卖居间合同》。(2)林某返还张某已支付购房款89.42万元、违约金35.58万元，共计125万元。于2019年2月20日前支付70万元，于2019年5月20日前支付30万元，于2019年8月20日前支付25万元。(3)如林某未按本调解协议第二项履行义务，则需再支付违约金15万元。(4)双方就此房屋买卖纠纷再无其他争议。(5)案件受理费35元，由张某负担，已交纳。因林某未按时履行民事调解书所确定的义务，张某向一审法院申请强制执行。经过执行，

* 俞里江，北京市延庆区人民法院院长，中国人民大学民商法法学硕士。
** 吕明，北京市延庆区人民法院民二庭法官助理，对外经济贸易大学法律硕士。

因林某无其他可供执行财产,依法终结本次执行程序。

2021 年,检察院指控被告人林某犯合同诈骗罪,向一审法院提起公诉。一审法院作出刑事判决书,认定:2016 年 4 月 1 日,被告人林某明知某拆迁安置房系其父亲所有,仍伪造《拆迁安置补偿协议》,与被害人张某先后签订《北京市房屋买卖居间合同》《二手房屋买卖合同》及附加协议,约定房屋售价为 116 万元,先后骗取张某购房款共计 76.42 万元,所得房款被林某用于归还赌债及日常支出。一审法院认为,被告人林某以非法占有为目的,在签订、履行合同过程中,骗取对方当事人财物,数额特别巨大,其行为已构成合同诈骗罪,判决林某犯合同诈骗罪,判处有期徒刑 10 年 6 个月,并处罚金 12 万元,责令林某退赔 764 200 元,发还被害人张某。判决发生法律效力后,一审法院刑事审判庭对罚金、退赔部分移送强制执行,一审法院于 2021 年 8 月依法受理。经过执行,因林某暂无其他可供执行财产,依法终结本次执行程序。

二、争鸣观点

林某向张某出售房屋的行为经刑事判决认定构成欺诈,而在先的民事调解已确认林某向张某返还购房款并支付违约金等,因林某的同一行为而分别产生了民事调解书和刑事判决书两份执行依据。对于如何处理民事调解书与刑事判决书之间的冲突问题,形成两种不同观点:

一种观点认为,应按审判监督程序撤销民事调解书,理由如下:(1)生效刑事判决认定林某买卖房屋的行为属于犯罪行为,其向张某收取的购房款被认定为犯罪所得,两个生效的法律文书对同一事实认定发生冲突,原审民事调解书认定张某与林某等之间的房屋合同系合法的房屋买卖关系属于认定事实错误。(2)刑事判决书责令林某退赔张某损失,民事调解书的内容与刑事判决书的内容部分重合,刑事判决为唯一合法有效的执行依据,应当在退赔程序中解决诈骗款项的问题,通过审判监督程序撤销民事调解书。

另一种观点认为,民事调解书可不予撤销,理由如下:(1)房屋买卖合同一方当事人被追究刑事责任,并不当然影响合同效力。(2)对于刑事判决确认原民事执行依据所审理的出卖人构成犯罪,原民事执行依据是否应当撤销的问题,当前法律和司法解释并没有明确的规定。虽然林某已因同一事实被生效刑事判决认定为犯罪,但是民事调解书生效在先,民事调解书作出的时候是合法的,不能因为刑事判决书当然撤销民事调解书。

三、作者观点

笔者倾向于第二种观点,具体分析如下:

(一)初步讨论所涉及的几个法律问题

1. 民事欺诈与合同诈骗并非相互排斥关系,而是包容关系

不同的法律规范从不同角度对社会关系加以调整,而由于法律规范的抽象性和社会关系的复杂性,不同的法律规范在调整社会关系时可能产生一定的重合。当行为人的同一行为同时符合不同法律责任的构成要件,从而产生两种或两种以上的法律责任,而这些不同责任之间相互冲突,不能相互吸收,也不能同时并存,只能追究其一时,即产生法律责任竞合的情况。法律责任竞合可发生在同一部门法内,如民法上侵权责任和违约责任的竞合,也可以发生在不同部门法之间,如民事责任、行政责任与刑事责任之间的竞合。不同部门法之间并不存在优先劣后之分,只有调整对象(调整范围)、调整方法的差别。刑法具有区别于其他部门法的特有属性,一般部门法只是调整和保护某一方面的社会关系,而刑法所调整和保护的社会关系相当广泛。刑法是规定犯罪及其法律后果的法律规范,是其他法律的保障法,只要行为违法的严重程度构成犯罪,就脱离了一般部门法的调整范围,应由刑法调整。刑法具有补充性和谦抑性,当其他一般部门法不足以抑制和调整某种危害行为时,才能适用刑法。

民事欺诈,是指在设立、变更、终止民事权利和民事义务的过程中,故意告知对方虚假情况,或者故意隐瞒真实情况,诱使对方做出错误表示的行为。合同诈骗,是指以非法占有为目的,在签订、履行合同过程中,通过虚构事实、隐瞒真相、设定陷阱等手段骗取对方财产的行为。有学者指出,民法上的民事欺诈概念,并没有将合同诈骗排除在外,而是包括刑事上的合同诈骗行为。① 换言之,民事欺诈与合同诈骗不是交叉关系,而是包容关系,合同诈骗只是民事欺诈中的特殊情形。刑法仅将部分值得科处刑罚的侵犯财产的行为类型化为财产犯罪,这些被类型化为财产犯罪的行为,并不因为被刑法禁止后就不再成为民事违法行为。有关合同诈骗与民事欺诈的关系,重要的问题并非二者之间的界限,而是行为是否符合合同诈骗罪的犯罪构成。如果得出肯定结论,那么行为就构成合同诈骗罪,此时就不得以行为属于民事欺诈为由否认合同诈骗罪的成立。犯罪人通过非法手段侵害被害人财产,本质上是对被害人民事权利的侵犯,只是因为这种"民事侵权行为"达到构成犯罪的严重程度,而由刑法调整。责令退赔实际上是以刑法规范"面目"出现的被害人民事财产权利救济措施。

2. 责令退赔与刑事附带民事诉讼、普通民事诉讼的处理范围存在区别

《最高人民法院关于适用〈中华人民共和国刑事诉讼法〉的解释》第175条

---

① 参见张明楷:《刑法学中的概念使用与创新》,载《法商研究》2021年第1期。

规定:“被害人因人身权利受到犯罪侵犯或者财物被犯罪分子毁坏而遭受物质损失的,有权在刑事诉讼过程中提起附带民事诉讼;被害人死亡或者丧失行为能力的,其法定代理人、近亲属有权提起附带民事诉讼。因受到犯罪侵犯,提起附带民事诉讼或者单独提起民事诉讼要求赔偿精神损失的,人民法院一般不予受理。”第176条规定:“被告人非法占有、处置被害人财产的,应当依法予以追缴或者责令退赔。被害人提起附带民事诉讼的,人民法院不予受理。追缴、退赔的情况,可以作为量刑情节考虑。”《最高人民法院关于适用刑法第六十四条有关问题的批复》指出:“被告人非法占有、处置被害人财产的,应当依法予以追缴或者责令退赔。据此,追缴或者责令退赔的具体内容,应当在判决主文中写明;其中,判决前已经发还被害人的财产,应当注明。被害人提起附带民事诉讼,或者另行提起民事诉讼请求返还被非法占有、处置的财产的,人民法院不予受理。”根据前述规定,刑事附带民事诉讼的处理范围仅限于被害人因人身权利受到犯罪行为侵犯和财物被犯罪行为损毁而遭受的物质损失,不包括因犯罪分子非法占有、处置被害人财产而使其遭受的物质损失。刑事被告人非法占有、处置被害人财产,被害人也不能另行提起普通民事诉讼请求返还,只能通过刑事追缴或者责令退赔程序寻求救济。

判决责令退赔的财产,与用于承担刑事附带民事赔偿责任、普通民事赔偿责任的财产,在法律性质方面存在区别。被告人承担刑事附带民事责任或者普通民事责任的财产,系被告人合法所有的财产,即民法上的责任财产。而应当退赔被害人的财产则是犯罪人违法所得的财产,在法律评价方面并不属于犯罪人合法所有,应当返还受害人。当原物仍然存在时,应当原物返还,当原物毁损、灭失等已不存在的,应作价值返还。根据《最高人民法院关于刑事裁判涉财产部分执行的若干规定》第13条规定:“被执行人在执行中同时承担刑事责任、民事责任,其财产不足以支付的,按照下列顺序执行:(一)人身损害赔偿中的医疗费用;(二)退赔被害人的损失;(三)其他民事债务;(四)罚金;(五)没收财产。债权人对执行标的依法享有优先受偿权,其主张优先受偿的,人民法院应当在前款第(一)项规定的医疗费用受偿后,予以支持。”当被执行人同时承担刑事责任、民事责任,其财产不足以支付的,应按照前述规定的顺序予以分配,退赔受害人的损失部分应当优先于其他民事债务以及罚金、没收财产予以执行。

3. 涉及“同一事实”的民事案件与刑事案件,“先刑后民”为一般的处理原则

刑民交叉案件,是指在法律主体、法律事实、法律关系、法律责任等方面存在适用刑事法律与民事法律的交叉或重合,刑事诉讼程序与民事诉讼程序之间相互渗透的案件。刑民交叉案件大致分为三种类型:第一种是因不同法律事实分别涉及刑事法律关系和民事法律关系,但法律事实之间存在一定的牵连关系而

造成的刑民交叉;第二种是同一法律事实所涉及的到底是刑事法律关系还是民事法律关系难以确定而造成的刑民交叉;第三种是同一法律事实同时侵犯了民事法律关系和刑事法律关系而造成的刑民交叉。民事诉讼与刑事诉讼具有不同的职能与程序,在刑民交叉案件的处理上,刑民两者会有程序先后之分及责任承担顺位的不同,需要结合具体案件事实分析确定先后顺序,即确定"先刑后民""刑民并行"还是"先民后刑"。

刑事案件与民事案件涉及"同一事实"的,原则上应通过刑事诉讼方式解决。在2019年7月召开的全国法院民商事审判工作会议上,刘贵祥专委在讲话中指出:"人民法院在审理民商事案件过程中,发现民商事案件涉及的事实同时涉及刑事犯罪的,应当及时将犯罪线索和有关材料移送侦查机关,侦查机关作出立案决定的,应当裁定驳回起诉;侦查机关不及时立案的,应当及时报请当地党委政法委协调处理。"判断是否属于"同一事实",要从行为主体、相对人以及行为本身三个方面认定:其一,从行为实施主体的角度判断,"同一事实"指的是同一主体实施的行为,不同主体实施的行为不属于同一事实。其二,从法律关系的角度进行认定,如刑事案件的受害人同时也是民事法律关系的相对人的,一般可以认定该事实为"同一事实",如涉及不同的法律关系,则不属于"同一事实"。其三,从要件事实的角度认定,只有民事案件争议的事实同时也是构成刑事犯罪的要件事实的情况下,才属于"同一事实"。如果民事行为涉嫌犯罪,究竟属于普通的经济纠纷还是刑事犯罪,必须经过公安机关侦查、法院作出相应的判决才能确定。在对是否构成犯罪作出结论前,法院应裁定驳回民事案件的起诉,将案件材料移送侦查机关处理,待全面查清事实后再确定当事人是否可通过民事诉讼程序解决民事纠纷。民事行为若构成刑事犯罪,被告人非法占有、处置被害人财产的,可以追缴或者责令退赔。

4. 犯罪行为对应合同的效力并非当然无效

对于刑民交叉案件中所涉合同效力的认定,不能简单以合同涉嫌刑事犯罪一概认定此类合同无效,而应当结合具体案件事实,围绕合同是否为各方当事人真实意思表示、合同标的是否违法或合同约定的行为本身是否属于法律和行政法规所禁止的行为、合同相对方是否参与了刑事犯罪等方面,在准确适用《民法典》相关规定的基础上进行认定。① 曾经有传统观点认为,刑事裁判已经认定行为人构成犯罪,则行为人与他人签订的合同属于一方以欺诈、胁迫手段订立的损害国家利益的合同,或属于以合法形式掩盖非法目的的合同,符合《合同法》(已

---

① 参见张爱珍、潘琳:《民刑交叉案件的程序及实体处理规则》,载《人民司法》2020年第19期。

失效)第52条第1项或第3项[1]规定的合同无效情形,应认定此类合同无效。由于民事案件合同因涉嫌刑事犯罪而被认定无效的情形下,受害人所获得的损失赔偿反倒不及合同有效时依合同所得利益等情形,从对债权人或受害人利益保护角度保护出发,近年来学者和审判实务对这一传统思维不断提出批评意见。《最高人民法院关于审理民间借贷案件适用法律若干问题的规定》第12条第1款就明确规定:"借款人或者出借人的借贷行为涉嫌犯罪,或者已经生效的裁判认定构成犯罪,当事人提起民事诉讼的,民间借贷合同并不当然无效。人民法院应当依据民法典第一百四十四条、第一百四十六条、第一百五十三条、第一百五十四条以及本规定第十三条之规定,认定民间借贷合同的效力。"在《民法总则》(已失效)实施之前,一般都按原《合同法》第52条认定刑民交叉案件中合同的效力。对一方以欺诈、胁迫手段订立的合同,原《合同法》根据损害利益的对象不同,对合同效力作出了区分规定,即损害国家利益的合同无效,损害合同相对方利益的为可撤销合同。原《民法总则》实施后,一方以欺诈、胁迫手段订立的合同均规定为可撤销合同,不作效力区分。《民法典》沿用了原《民法总则》的相关规定。以合法形式掩盖非法目的应是合同双方当事人共同的意思表示或行为,在合同一方当事人被刑事裁判认定构成刑事犯罪的情形下,此类合同并不符合"以合法形式掩盖非法目的"的特征,应属于可撤销合同,在撤销权人不行使撤销权的情形下,合同应属有效。

在中国中轻国际控股公司与中国远大集团有限责任公司进出口代理合同纠纷案[2]中,再审申请人主张刑事判决书认定签订《代理协议》为合同诈骗罪的行为和手段,一审、二审法院均将该行为认定为合法的民事合同行为与刑事判决书认定的事实相冲突。对此,最高人民法院认为:"刑事责任和民事责任在保护法益、证明标准、归责原则、责任形式等方面均存在不同。刑事判决认定的事实在民商事领域的法律效力应根据民商事法律规定进行认定。尽管签订案涉《代理协议》等行为被认定为诈骗行为,构成合同诈骗罪,但在民商事领域,并不当然导致合同无效。刑事上构成诈骗罪,一般而言,民事上属于以欺诈手段订立合同,除非存在特殊情形。……根据上述规定,案涉《代理协议》在效力上应认定为可撤销合同。在撤销权人中轻公司不行使撤销权的情形下,该合同应认定有效。"刑事犯罪是危害社会的行为,可能侵害国家利益和社会公共利益,但不是所有刑事犯罪都侵害国家利益。同时,涉刑事犯罪的合同并不都具有规避法律等非法目的,赋予受欺诈方以撤销合同的权利,更有利于保护债权人的权益,符

---

① 相关规定参见《民法典》第146条、第148条、第150条。

② 参见最高人民法院民事裁定书,(2017)最高法民申1914号。

合意思自治原则。

(二)涉及"同一事实"的刑民交叉案件,刑事判决作出后可不予撤销民事执行依据的具体理由

1. 裁定终结执行可使民事执行依据丧失执行力,实现整体协调统一

本案民事调解书确定的房屋买卖事实已构成合同诈骗罪的一部分,相关款项因成为犯罪构成要件事实的组成部分而被纳入刑法的调整范围,被执行人对此应当承担的法律责任属于刑事责任,应当通过刑事诉讼程序处理,责令退赔被害人。此时,民事调解书已无执行的必要,因民事案件尚未执行终结,符合终结执行的条件,可裁定终结该案的执行。裁定终结执行和执行依据的撤销属于两个不同的法律问题,裁定终结执行并不意味着必须要撤销执行依据。刑事判决是在民事调解书生效之后作出的,民事调解书不撤销不影响刑事案件的定罪量刑,民事调解书的存在不影响刑事判决的作出,民事调解书终结执行后,对刑事案件的执行已无实质影响,故民事调解书可不予撤销。如果在刑事判决作出前,民事案件已执行终结,刑事判决在处理责令退赔被害人损失时,应当考虑被害人通过民事执行程序获赔的情况,相关部分予以扣除,在裁判主文部分予以注明。

2. 不撤销民事执行依据并不违背法秩序统一性

法秩序统一性原理要求各个部门法在合法化事由上具有统一的根据,在一个部门法中合法的行为不得在另一部门法中认定为违法,否则,就会造成法秩序内部的逻辑混乱。

审判刑民交叉案件应当遵循整体协调裁判原则[①],即"有关联就须讲协调",无论是事实认定,还是法律归责,均应将刑民两个部分作为整体观察考量,相互照应、彼此相宜地认定与裁判,维护法律价值的统一性。由于刑民交叉存在复杂性,当刑事判决与民事执行依据存在一定冲突的时候,不能一律全部撤销民事执行依据,需要根据民事执行依据是否与刑事判决相矛盾进行区别对待。基于"同一事实"的刑民交叉案件,刑事判决作出后,对民事判决、调解的内容是全覆盖的。由于刑事案件的证明标准高于民事案件的证明标准,前者采用"确实充分"标准,后者采用"高度盖然性"标准,通常情况下应当采用刑事判决认定的事实,承认、执行刑事判决的结果。当民事判决、调解与刑事判决方向是一致的,即案件事实认定、内容大致相同的情况下,两者应属重叠关系,并非相互否定,应允许案件行为性质认识误差的存在,不能简单地认为民事判决、调解定性错误就是错案,只要不再执行民事判决、调解即可,不必启动审判监督程序提起再审撤销。

① 参见黄祥青:《刑民交叉案件的范围、类型及处理原则》,载《法律适用》2020年第1期。

当民事判决、调解与刑事判决对事实认定截然不同、结果相冲突的时候,两者之间相互排斥,此时民事判决、调解有撤销之必要,应当通过再审程序予以撤销。

具体在本案中,生效刑事判决认定林某买卖房屋的行为属于犯罪行为,其向张某收取的购房款被认定为犯罪所得,刑事判决书责令林某退赔张某损失。在刑事判决作出前,原审民事调解书确认解除合同、林某返还张某已支付购房款、违约金共计125万元,该调解书已生效,且已强制执行,因林某无其他可供执行财产依法终结该次执行程序。民事调解书认定张某与林某等之间的房屋合同有效,并不属于认定事实错误。根据前文论证,犯罪行为对应合同的效力并非当然无效,林某买卖房屋的行为经刑事判决认定构成合同诈骗罪,但林某与张某等签订的房屋买卖合同本身并不违反法律、行政法规的强制性规定,亦不违背公序良俗,在民事上属于一方以欺诈手段订立的合同,效力上应认定为可撤销合同,在撤销权人张某不行使撤销权的情形下,该合同为有效合同。民法与刑法的调整对象、调整方法不同,民事诉讼与刑事诉讼具有不同的任务和功能,司法的统一性并不否定诉讼的独立性,不能因刑事判决认定被告人的行为构成犯罪,即否定当事人之间的纠纷属民事诉讼范围。民事调解书作出的时候是合法的,不能因为事后的刑事判决书即否定调解书的合法性。司法裁判的统一并不排斥因诉讼性质不同而出现的裁判差异。本案民事调解书与刑事判决书并不存在对同一事实判定相互矛盾的情况,民事调解书可不予撤销。因民事调解书与刑事判决书的执行效力发生重叠,可裁定终结民事调解书的执行或不予执行,刑事判决责令退赔移送执行,实现被害人财产权利的保障。

(责任编辑:王　晨)

借名协议能否排除强制执行

李春双*

裁判要旨

借名人与出名人之间的借名登记契约，只在其内部产生债权债务关系，而不发生物权变动的效果，不能据此认定借名人是不动产物权的所有权人。借名人可以请求将房屋过户至自己名下，其享有的是债权请求权，而非物权。同时，借名登记合同是借名人与出名人之间的合意，借名人对房屋登记在他人名下本身具有过错，而且借名协议通常是为了规避国家法律与政策，由此产生的风险理应自行承担，故借名协议不能排除执行。

一、案情简介

原告韩某诉称：登记在被执行人高某名下的，坐落于桓仁镇莲沼街×××号的房屋实际属于其所有，2017年9月1日，韩某与被执行人高某签订《借名购房协议》，约定韩某借用高某的名义购房，因购买房屋产生的一切费用由韩某承担，房屋所有权和各种权利均归属于韩某所有。《借名购房协议》是合同双方当事人真实的意思表示，韩某已经按照协议的约定履行了全部的出资义务，上述房屋按照协议约定应归属韩某所有。请求法院停止强制执行涉案房屋并解除查封。被告张某、王某顺辩称：不同意韩某的起诉请求。第一，不予认可韩某所谓借名购房的行为的真实性。第二，涉案房屋登记在高某名下。根据《物权法》（已失效）的规定，不动产物权以登记机关的不动产登记簿记载为准。第三，根据法理，合同约定的权利义务，只在合同当事人之间有效，其约束力不应及于合同以外的第三人。第四，为了维护不动产登记公示效力的严肃性以及不动产交易秩

* 李春双，北京市东城区人民法院执行局法官助理，中央民族大学法学博士。

序和交易安全,应当根据原《物权法》的规定以不动产登记簿记载的人为涉案房屋的实际权利人。综上,请求法庭驳回韩某的全部诉讼请求。第三人高某、吴某述称:同意韩某的起诉请求。第三人唐某经法院合法传唤,未到庭参加诉讼,提交书面意见述称:本案和其没有关系,其对此并不知情,对本案不发表意见。第三人张某某经法院合法传唤,未到庭参加诉讼,亦未提交书面答辩意见。法院经审理查明,2017 年 9 月 1 日,甲方韩某与乙方高某签订《借名购房协议》,双方主要约定甲方借用乙方名义购买涉案房屋,甲方实际出资、管理、居住。2017 年 9 月 12 日,高某取得位于桓仁镇莲沼街×××号房屋所有权证。张某、王某顺依据生效民事判决向法院申请强制执行。法院立案执行,并于 2019 年 8 月 2 日作出执行裁定书,查封高某名下位于桓仁镇莲沼街×××号的不动产,即涉案房产。案外人韩某向法院提出执行异议,法院作出执行裁定书,裁定驳回案外人韩某的异议请求。后案外人韩某提起案外人异议之诉,一审法院于 2019 年 12 月 31 日作出民事判决:不得执行坐落于桓仁镇莲沼街×××号的房屋。张某、王某顺不服原审判决,提起上诉。二审法院于 2020 年 6 月 30 日判决如下:(1)撤销一审法院民事判决;(2)驳回韩某的全部诉讼请求。

二、争鸣观点

借名协议在实践中较为常见,借名人与出名人签订借名协议,从而达到“实际控制人”的目的,成为“隐名权利人”,该种协议往往是基于规避风险、政策或基于隐私的考量。当出名人涉及对外债务时,该协议财产则成为隐名人和执行债权人博弈的焦点。在执行中借名协议能否排除执行,应当在厘清借名协议性质的基础上,慎重考量权利优先保护价值,进而确定裁判规则。

借名协议是双方当事人就财产真实权利的归属作出的一种自主性约定,将财产的权属登记在一方名下或由一方占有而作为财产代持人即形式权利人,另一方作为隐名权利人,实际享有该财产的相关权利、履行相关义务。关于借名协议负担的权利性质,实践中一般认定其合法有效,但对借名协议所反映法律权利性质的认定存在一定分歧。

一种观点认为,合法的借名协议所体现的权利属于债权,借名协议并不直接产生变更物权或者确认物权的效力,双方之间基于借名协议而产生的法律关系属于合同之债。①

另一种观点认为,借名协议实质上属于物权,虽然其不能直接产生变更物权

① 参见申光伟:《案外人涉房执行异议之诉及其主要权利类型》,载《人民司法》2019 年第 22 期。

登记的效力,但实质上却是对物权的明确约定,根据《最高人民法院关于适用〈中华人民共和国物权法〉若干问题的解释(一)》(已失效,以下简称《物权法解释一》)第2条①的规定:"当事人有证据证明不动产登记簿的记载与真实权利状态不符、其为该不动产物权的真实权利人,请求确认其享有物权的,应予支持。"借名协议实际上属于能够证明不动产登记簿的记载与真实权利状态不符、案外人为该不动产物权的真实权利人的证据,所以应当承认借名协议对应权利的物权性。②

三、作者观点

正如上文所述,就借名协议负担权利的性质,在实践和理论上存在物权和债权的争议,但本文认为,借名协议所反映的权利在性质上应当属于具有物权性质的债权范畴。首先,借名协议本质上属于合同,合同效力具有相对性,基于合同产生的债权、债务应属于合同之债,且该权利的效力仅及于双方当事人,并不具有对世性。③ 其次,根据原《物权法》第17条④的规定:"不动产权属证书是权利人享有该不动产物权的证明。不动产权属证书记载的事项,应当与不动产登记簿一致;记载不一致的,除有证据证明不动产登记簿确有错误外,以不动产登记簿为准。"这就明确了物权判断标准。而针对原《物权法解释一》第2条的规定,"当事人有证据证明不动产登记簿的记载与真实权利状态不符",借名买房协议的双方当事人经过协商、合意确定将涉案房屋登记在出名人的名下并非登记错误,所以不能适用上述规定。在实务裁判中,法院对于当事人持借名协议直接要求确认物权的,一般都不予支持,当事人只能主张继续履行协议,协助办理涉案房屋过户的诉讼请求。⑤

(一)借名协议排除执行的考量因素

借名协议能否排除执行,需慎重考量不同权利的性质、当事人的过错以及司法裁判的指导价值,作出更为恰当的裁判。

1. 信赖利益保护原则

商事外观主义源于德国传统民法,是现行法律善意取得制度的理论基础,也

---

① 相关规定参见《最高人民法院关于适用〈中华人民共和国民法典〉物权编的解释(一)》第2条。

② 参见司伟、王小青:《执行异议之诉中不动产买受人排除强制执行的要件审查》,载《人民司法》2019年第23期。

③ 参见浙江省高级人民法院民事判决书,(2017)浙民终498号。

④ 相关规定参见《民法典》第217条。

⑤ 参见最高人民法院民事判决书,(2011)民提字第29号。

是现代民商事法律上被普遍接受的法理学说。[①] 1906年德国私法学者莫瑞茨·维斯派彻(Moritz Wellspacher)首创外观主义理论,其在论文《民法上外部要件事实的信赖》中这样界定外观主义理论:“行为人对于成文法规或交易观念上的一定权利、法律关系、其他法律上视为重要要素之外部要件事实为信赖,以至为法律行为时,如其要件事实是因其信赖保护受不利益人之协助而成立者,其信赖应受法律之保护。”[②]该文奠定了外观主义的理论基础,引起了德国商法学者的关注,德国学者赫尔波特·迈耶(Herbert Meyer)和亚柯比(Jacobi)将该理论适用于票据法中,提出了商事外观主义。商事外观主义的核心是案外人对涉案标的具有信赖利益,具有信赖保护的需要。信赖保护理论肇始于日耳曼法中的占有(Gewere)制度,源于日耳曼法的“以手护手”的动产善意取得制度。日耳曼法认为,当外观事实与客观事实发生冲突时,对于物权的判断以外观事实为准。根据日耳曼法的规定,在占有脱离的情况下,因其并非基于所有人意思丧失占有,故所有人不丧失对物的所有权,所有人有权追回。在占有委托的情况下,当借用人或者保管人擅自将物出卖给第三人,由于所有人对物的转让不具有正当原因,故而所有人不能追回物的所有权。第三人基于对借用人或者保管人占有该物,即对该物拥有所有权的信赖与其交易,其所获得物的所有权应当优先于物的原所有人的保护。该法律规定就蕴含“受领人之手,对于授予人之手为保证”之意。[③]

商事外观主义的适用条件是存在外观事实和外观信赖合理。换言之,只要案外人基于合理的物权公示公信效力的信赖,其本身并无过错且是善意,则其就存在值得保护的信赖利益,法律应当优先保护该利益。对此观点,最高人民法院通过司法裁判也予以了认可,而北京市高级人民法院和江苏省高级人民法院对于借名买房协议排除执行持完全否定态度的法律基础即在于此。[④] 所以,在实践中,申请执行人对被执行人形成的债权是否基于合理的物权公示信赖产生,是判定申请人债权是否能够对抗案外人借名协议确定权利的重要考量因素。除有确凿证据证明申请人的债权并非基于对涉案财产物权公示的合理信赖,而与之交易产生的借名协议可排除执行外,法院应当概括认定申请人的债权具有信赖保护的需要,进而判定借名协议不足以排除执行,从而维护交易安全价值。

---

① 参见刘胜军:《论商事外观主义》,载《河北法学》2016年第8期。

② 李长兵:《德国商法中的权利外观责任及其借鉴》,载《甘肃政法学院学报》2012年第6期。

③ 参见[德]卡尔·拉伦次:《德国民法通论》,王晓晔等译,法律出版社2003年版,第78页。

④ 参见最高人民法院民事判决书,(2016)最高法民再360号。

2. 当事人过错责任原则

过错责任原则是现代民事法律责任承担的基本根据之一。以行为人主观过错作为承担民事责任基本条件的责任准则，行为人须按照其过错承担相应的不利法律后果。① 过错责任原则从范围上分析，主要包括两种类型：首先，基于当事人自身过错而致使其他当事人权利受到损害，如交通肇事行为应当承担的民事责任，这种过错责任原则是行为人因自身过错行为替权利受损人买单，是常态的过错责任的标准形式。其次，基于自身过错而将自身处于权利受损状态，自身承担法律不利后果，属于"自损性"过错责任承担方式。在案外人执行异议之诉中，"自损性"过错责任承担形式是借名协议能否排除执行的重要考虑因素。"明知权利瑕疵而实施法律行为和活动"，则可推定当事人对于自身权利面临威胁存在主观过错，这种权利受损状态可以认定为当事人的自我同意，所以当事人明知权利瑕疵依然选择作出某种法律行为，由该权利瑕疵所造成的后果理应由恶意行为人自身承担。② 同时，当事人的行为是基于风险和利益评估后所做出的理性选择，该行为后果具有不确定性和偶然性，当权利瑕疵不影响权利实现时，当事人将获得利益，当权利瑕疵造成权利重大损害时，当事人也必须承担其后果，这是风险利益原则的要求。所以，在执行异议之诉中，案外人与被执行人就涉案财产签订借名协议，其作为隐名权利人本身存在一定的风险，为取得实际权利的利益，其应承担相应风险，对房屋不能登记在其名下的结果存在过错，故其以实际权利人要求排除执行有悖于风险利益均衡原则。

3. 司法裁判价值导向的正确引领

众所周知，司法机关的司法裁判对公民的行为具有指示、教育作用，司法裁判通过支持或者驳回某种诉讼请求，为社会公众是否从事该类行为提供了行为指引和价值导向。③ 在实务中，借名协议一般基于其不违反相关法律、法规的强制性规定而被认定有效，但对于其是否违背相关政策、规章，甚至社会管理秩序，则存在很多争议。首先，借名协议有架空国家政策之嫌。如借名买房协议，在众多一线城市如北京，借名买房协议就存在违反政策和规章的情况。北京的房地产限购政策是基于对北京总体规划作出的一种权利限制，但对借名协议排除执行的认可，实际上是鼓励当事人以诉讼的方式将限购政策架空，规避了权利限制，严重影响城市总体规划目标的实现。其次，借名协议影响物权公示公信效

---

① 参见彭诚信：《论禁止权利滥用原则的法律适用》，载《中国法学》2018 年第 3 期。

② 参见宋晓：《侵权冲突法一般规则之确立——基于罗马Ⅱ与中国侵权冲突法的对比分析》，载《法学家》2010 年第 3 期。

③ 参见张卫平：《重估司法裁判的价值》，载《司法改革论评》2013 年第 1 期。

力。如在股权代持协议中,股权的物权公示采取登记对抗主义,换言之,未经工商登记的股权不能对抗第三人,但是由于股权代持协议往往涉及实际权利人的物权,案外实际权利人和申请执行人权利优先保护问题成为法律争议的焦点,若支持借名协议(股权代持协议)排除执行,将对股权公示的公信效力造成极大挑战,严重影响股权登记管理秩序。在现实生活中,由于多种原因造成了股权代持现象,但从维护交易安全、降低交易成本的角度看,如果侧重于承认和保护隐名股东的权利从而阻却执行,客观上则会鼓励通过代持股份方式规避债务,逃避监管,徒增社会管理成本。为了维护交易安全,也为倒逼隐名股东在选择名义股东时更加谨慎,依法判决实际出资人不能对抗法院对涉案股权的强制执行,有利于规范商业银行的股权法律关系,防止实际出资人违法让他人代持股份或者规避法律。[①] 所以,法院在审理借名协议的执行异议之诉时,应当对司法裁判所折射和承载的社会价值进行慎重选择。司法裁判应当根据借名协议所产生的原因进行准确认定,对于故意规避国家法律、法规和政策,扰乱国家正常市场秩序的借名协议,裁判其不具有对抗法院执行的效力,简言之,违背诚实信用、故意逃避监管而形成的借名协议不能排除执行。

(二)借名协议排除执行裁判规则

在借名协议排除执行异议之诉中,执行法院应当按照案外人"是否有权利—有什么性质权利—权利是否足以排除执"的审理思路进行,同时根据权利性质、权利产生时间、当事人过错和规避国家政策等因素确定裁判规则。

1. 明确审理思路

在借名协议排除执行异议之诉案件中,根据《最高人民法院关于适用〈中华人民共和国民事诉讼法〉的解释》"十五、执行异议之诉"部分和《全国法院民商事审判工作会议纪要》第 119 条的规定,对案外人(实际权利人)的排除执行诉求,执行法院可以按照以下思路进行审理:首先,确定案外人对涉案标的是否具有权利。在实务中,有的案外人提起执行异议诉求完全是基于拖延执行目的,对执行标的并无权利,而有的案外人与执行标的可能有所关联,但并无实质法律关系,但其都会以对执行标的具有各种权利提出诉求,执行法院通过对借名协议的审查,确定案外人对涉案标的确无权利后,可以径行驳回诉求。[②] 其次,确定案外人对涉案标的物的权利属性。在确定案外人对涉案标的物具有法定权利后,执行法院应当进一步确定该权利性质。权利性质不同,其对抗效力亦有所差别。

---

① 参见最高人民法院民事判决书,(2016)最高法民再 360 号。

② 参见唐文翰:《论"足以排除强制执行的民事权益"的判断标准——以借名买房和股权代持行为的类型化为中心》,载《南京航天航空大学学报(社会科学版)》2020 年第 2 期。

根据权利性质分类，法律权利性质可以大体分为两类，即物权和债权。物权包括所有权、抵押权、地役权等，而债权则包含合同之债、侵权之债、不当得利之债、无因管理之债等。在所有权利属性中，物权属性无疑对抗效力最高，但是在该阶段，即便查明该权利属于物权，也并不能径行裁决该物权可以排除执行，而是需要进行下一步的权利性质比较。最后，判断该案外人的权利是否足以排除执行。在确定案外人对涉案标的的权利属性后，应当将其与在执案件中的权利属性进行对比，综合运用权利优先保护原则、信赖保护原则、过错责任原则、利益风险自负原则以及禁止利益损害原则进行对抗效力比较，从而得出在权利价值方面，哪个权利更应当受到优先保护的结论。

2. 权利对抗效力裁判规则厘定

在对"案外人权利是否足以排除执行"进行裁决时，执行法院应当就案件当事人的权利属性，主观过错，基本人权，信赖保护必要性，是否损害国家、社会公共利益等进行综合考虑后作出判断。

首先，基本权利对抗效力判断。在所有的权利类型中，保障当事人的基本人权是最低限度的法律良心。案外人对涉案标的具有基本人权性质的权利如生存权时，原则上应当可以排除执行，但当案外人生存权得以解决后，该权利则不能再排除执行。其次，当事人过错责任认定。在借名协议执行异议之诉中，如果申请执行人知晓涉案标的实际物权属于案外人，则其属于明知实际权利人而仍然与名义权利人进行交易的情况，因其存在主观过错，案外人（实际权利人）的权利可以排除执行；相反，如果申请人属于善意第三人，而案外人因借名协议导致涉案财产未登记至其名下，则案外人存在过错，不能排除执行。再次，对于以借名协议规避国家政策、逃避监管的行为，认定该借名协议不能排除执行。最后，权利产生时间查明。在裁判中，对于有无信赖保护必要的判断往往以交易相对人为标准，但该标准饱受争议，故而本文认为可以从权利产生时间进行判定，若在执债权是在借名协议签订之前产生，则其不可能就涉案财产的物权公示公信而产生信赖利益，案外人权利可以排除执行；相反，申请人的债权具有信赖保护需要，案外人权利不能排除执行。[①] 总之，对于上述裁判规则，法官应当在综合考量个案特殊情节的情况下，灵活运用裁判规则，作出借名协议能否排除执行的裁判。

（责任编辑：王　晨）

---

① 参见最高人民法院民事判决书，（2019）最高法民再45号。

行政协议未约定违约责任时行政机关应否赔偿违约造成的可得利益损失

——梅某武诉北京市某区人民政府房屋征收办公室房屋征收补偿协议行政赔偿案相关法律问题分析

盛亚娟*

裁判要旨

行政机关违约的情况下，虽然行政协议未约定违约责任，但可以参照适用民事法律规范关于民事合同的相关规定对违约予以救济，赔偿损失的范围包括作为合同被履行后可以实现和取得的利益，即可得利益损失。

一、案情简介

2020年9月17日，某区征收办（甲方）与梅某武（乙方）签订《北京市某区北京地铁十九号线一期工程牛街站工程房屋征收货币补偿协议》（以下简称《补偿协议》），主要内容如下：甲、乙双方签订本协议后，甲方应在5日内为乙方在银行建立账户，同时乙方应在10日内将被征收房屋及自建房腾空交予甲方拆除，如乙方未在规定期限内搬家交房，按照每日每平方米200元扣除提前搬迁奖，直至递减为零；甲方应在乙方搬迁拆房后30日内，将征收补偿补助及奖励款总计3 232 002.80元支付给乙方。2020年9月18日，梅某武将涉案房屋腾空交予某区征收办拆除。2020年9月24日，梅某武将租赁合同原件交予某区征收办；后因购房人主体变更问题，梅某武于2020年10月16日将相关材料补齐送至某区征收办；2020年10月19日，某区征收办将重新评估的测绘面积及评估价格进行

* 盛亚娟，北京市高级人民法院行政庭法官，中国政法大学法学硕士。

公示,2020 年 10 月 25 日公示期满。2020 年 11 月 20 日,某区征收办将涉案补偿款支付给梅某武。原告梅某武认为,根据《补偿协议》第 6 条的规定,被告某区征收办应在原告搬迁拆房后 30 日内,将征收补偿补助及奖励款总计 3 232 002. 80 元支付给原告,但被告于 2020 年 11 月 20 日才支付给原告,故提起行政诉讼,要求判令被告支付迟延履行给原告造成的逾期付款利息损失共计 16 363. 67 元(以 3 232 002. 80 元为计算基数,以中国人民银行一年期市场报价利率为基础上浮 50%的标准计算)。

被告某区征收办辩称,原告虽然于 2020 年 9 月 17 日在《补偿协议》上签字,但有关补偿面积发生变更需要上会,需要原告提交相应材料,该协议最终于 2020 年 11 月初签署完毕,被告在履行完各项流程后及时进行了款项的支付,不存在故意拖欠支付的情形。协议中没有约定违约责任或者延期付款的任何责任,原告要求所谓的赔偿利息损失没有事实和法律依据,请求法院驳回原告诉讼请求。

一审法院认为,《补偿协议》虽没有约定某区征收办的违约责任,但给梅某武造成的利息损失是显而易见的,在行政法律规范未予以规定的情况下,参照民事法律规范的相关规定,某区征收办承担赔偿责任的范围应包括合同被履行后可以实现和取得的利益即可得利益损失。这样有利于弥补因违约方过错给守约方造成的实际损失,有效地保护守约方的合法利益,营造诚信守诺的法治环境。尽管某区征收办在补偿款延期支付上不存在主观上的故意拖延,但客观上确实造成了被征收人经济利益的损失,因此对梅某武所提的赔偿逾期付款损失的请求,法院予以支持。故依照《行政诉讼法》第 78 条第 1 款及《最高人民法院关于审理行政协议案件若干问题的规定》(以下简称《行政协议解释》)第 19 条第 1 款之规定,判决支持原告的诉讼请求,判令被告支付迟延履行给原告造成的逾期付款利息损失共计 16 363. 67 元。

一审宣判后,双方当事人均未上诉。

二、争鸣观点

《行政协议解释》第 1 条规定,行政机关为了实现行政管理或者公共服务目标,与公民、法人或者其他组织协商订立的具有行政法上权利义务内容的协议,属于《行政诉讼法》第 12 条第 1 款第 11 项规定的行政协议。行政协议案件既包括行政机关行使优益权的行政行为案件,也包括行政机关违反行政协议约定的案件。对于行政相对人违约时,行政机关如何救济的问题,《行政协议解释》第 24 条作出了明确规定,即按照行政非诉执行的路径来进行救济,这主要是因目前行政诉讼制度中原告、被告恒定决定的。本案原告、被告双方签订的《补偿协议》属于行政协议,在行政机关未按约定履行协议义务的情况下,行政相对人如何进行救济?

对此,司法实践中有两种观点:一是按照传统的审理赔偿案件的思路,即先行确认行政行为违法,而后提起行政赔偿诉讼;二是直接依据行政协议提起诉讼,要求行政机关承担违约责任。本案最初立案时,梅某武即选择了第一种路径,后经审判法院释明才调整为本案诉讼。本案提起诉讼的日期为 2021 年 7 月,距《行政协议解释》生效近两年,虽然该解释第 19 条、第 20 条规定了被告未依法履行、未按照约定履行或者不履行行政协议时,原告可以要求承担违约责任,但具体的路径却不甚明了,导致实践中存在分歧。

三、作者观点

笔者认为,应采第二种观点,具体分析如下:

(一)某区征收办延迟支付补偿款的行为是否构成违约

《补偿协议》第 7 条约定,甲乙双方签订本协议时,乙方应将被征收房屋产权证原件或购房合同原件(或房屋租赁本原件)等相关手续交予甲方,由甲方代为办理被征收房屋权属等注销手续。某区征收办认为该条是对支付补偿款附加的条件,但从条文可以看出,该条只是某区征收办代为办理注销房屋产权登记的约定,并不涉及补偿款的支付问题,不能视为支付补偿款的附加条件。因此,在梅某武按照《补偿协议》约定于 2020 年 9 月 18 日将涉案房屋腾空交予某区征收办拆除的情况下,某区征收办应当于 2020 年 10 月 18 日前支付补偿款,但某区征收办直至 2020 年 11 月 20 日才将补偿款支付给梅某武,存在明显的迟延履行情形,构成违约。

(二)在《补偿协议》未约定违约责任时,某区征收办应否承担违约责任

根据《行政协议解释》第 19 条及《行政诉讼法》第 78 条的规定,被告未依法履行、未按照约定履行行政协议的,承担违约责任的形式主要包括继续履行、采取补救措施、赔偿损失、违约金或定金责任等类型。其中,违约金和赔偿损失是两种不同的承担违约责任的方式,违约金是基于协议双方的约定,不以造成实际损失为前提;赔偿损失则是以给守约方造成损失为前提。之所以作出上述规定,根源在于赔偿损失遵循的是填平原则,如果约定的违约金低于实际损失,守约方可以请求法院增加违约金或赔偿损失的差额。因此,违约方承担赔偿损失的基础是违约方的行为给守约方造成损失,与协议双方是否约定无关。故对某区征收办所持的《补偿协议》未约定违约责任,梅某武要求其承担赔偿损失无事实和法律依据的观点,法院不予采信。

在行政协议法律关系中,作为行使行政管理职责的行政机关应当诚实守信

地履行与公民、法人或者其他组织签订的行政协议,非因国家利益、社会公共利益的需要行使行政优益权,变更、解除协议的除外。特别在国有土地上房屋征收补偿协议的签订中,征收管理部门处于绝对的优势地位,不仅体现在补偿标准、签约期限等,还体现在补偿协议的格式化,《补偿协议》详细约定了被征收人梅某武的违法责任,但对于征收人的违约责任却未作约定。但在国有土地房屋征收货币补偿协议中,作为征收人的某区征收办因公共服务目标的需要对原告承租的房屋进行征收,在被征收人梅某武将房屋交予征收人拆除后,其赖以生存居住的房屋转化为相应的货币补偿款,因此补偿款的及时发放关系到被征收人巨大的经济利益,直接影响到被征收人生活的保障与稳定。本案中某区征收办未按照约定期限及时支付补偿款的行为构成了违约,即使协议未约定违约条款,本着公平、诚信的原则,某区征收办亦应当承担相应的违约赔偿责任。

(三)某区征收办的赔偿范围如何认定

《行政协议解释》第19条及《行政诉讼法》第78条均规定了行政机关违约的情况下,应当赔偿原告的损失,但对于赔偿损失的范围却未予明确。司法实践中,如果行政协议对赔偿责任或补偿责任的方式和标准有约定的,按照约定确定,这一点是毋庸置疑的,但行政协议多为行政机关提供的格式版本,大多数情况下,只约定行政相对人的违约责任,对行政机关的违约责任却只字未提,这也是实践中产生分歧的主要原因,本案既是如此。此种情况下,行政机关如何承担赔偿或补偿责任呢?尽管《行政协议解释》第27条第1款规定,法院审理行政协议案件,应当适用《行政诉讼法》的规定;《行政诉讼法》没有规定的,参照适用《民事诉讼法》的规定。但由于"参照"具有很大的主观性,导致实践中也出现了相互矛盾的处理结果。对此,实践中仍存在两种观点:第一种观点认为,应当参照《国家赔偿法》的规定;第二种观点认为,应当参照民事法律规范的相关规定。本案正是秉持第二种观点。由于行政协议是游离于公法和私法之间的一种协议行为,既要兼顾行政机关和国家财政承受能力,又要考虑违约给相对人造成的损失,在公法和私法之间寻求所谓的"价值权衡""目的考量",既给"预违约"的行政机关以震慑,督促其重信守诺;又要弥补行政相对人的损失,使其因守约而获利。总体把握的标准是在填平原则的基础上参照适用民事法律规范关于民事合同的相关规定。

根据《民法典》第646条的规定,涉及金钱给付部分,参照适用买卖合同的有关规定。《最高人民法院关于审理买卖合同纠纷案件适用法律问题的解释》(以下简称《买卖合同解释》)第22条及《民法典》第584条均规定,因违约方不履行合同义务或者履行合同义务不符合约定,造成对方损失的,损失赔偿额包括可得利益损失,但不得超过违约一方订立合同时预见到或者应当预见到的因违约可能造成的损失。同时,《买卖合同解释》第18条第4款规定了买卖合同没有约定逾期付款违约金或者违约金的计算方法时,法院对违约金的计算标准。本案违约行为发生在2020年10月,法院可以违约行为发生时中国人民银行授权全国银行间同业拆借中心公布的1年期贷款市场报价利率标准为基础,加计30%~50%计算逾期付款损失。

综上所述,尽管某区征收办在补偿款延期支付上不存在主观上的故意拖延,但客观上确实造成了被征收人可得经济利益的损失,因此法院最终支持了原告即守约方的主张。坚持行政政协充分赔偿原则,确保行政协议当事人实体权益的有效实现,有利于弥补因违约方过错给守约方造成的实际损失,有效保护守约方的合法利益,营造诚信守诺的法治环境。

(责任编辑:刘晓虹)

【参阅案例】

北京法院参阅案例第 48 号

北京恒远创新科技有限公司诉上地国际科技创业园业主委员会业主知情权纠纷案

关键词:业主知情权　建筑物区分所有权　过程性资料

参阅要点

业主依据《最高人民法院关于审理建筑物区分所有权纠纷案件具体应用法律若干问题的解释》第 13 条①行使知情权时,请求公布、查阅的资料应当与业主共有权及管理权密切相关。业主请求公布、查阅形成业主大会或业主委员会决议的过程性资料,法院一般不予支持,但业主能够证明这些资料与业主共有权及管理权密切相关的除外。

相关法条

《最高人民法院关于审理建筑物区分所有权纠纷案件具体应用法律若干问题的解释》第 13 条

当事人

原告:北京恒远创新科技有限公司

被告:上地国际科技创业园业主委员会

① 本解释已于 2021 年 1 月 1 日修改,现行规定为《最高人民法院关于审理建筑物区分所有权纠纷案件适用法律若干问题的解释》,本案例涉及的第 13 条规定未做调整。

基本案情

原告北京恒远创新科技有限公司(以下简称恒远公司)诉称:北京市海淀区上地国际科技创业园位于海淀区上地信息路1号,是该园业主,房屋位于海淀区上地信息路1号2号楼××××。2014年5月4日,该园成立业主大会并召开第一次业主大会选举业主委员会,2014年11月园区召开第二次业主大会,业主大会与业主委员会的会议记录、决议、选票等相关文件均由被告保管,业主委员会委托青宇(北京)购机招标有限公司对园区物业服务进行招标,但是对于招标过程、服务标准、具体报价情况及欲更换的物业企业对小区服务具体项目、标准等都没有向业主公开,就直接要求业主对更换新物业进行表决。特别是具体服务标准、服务内容直接关系业主的切身利益,业主委员会在业主不知情的情况下要求业主作出选择,严重侵害了业主权益,原告和园区中企业多次要求公布历次业主大会、业主委员会的会议记录、决议、历次会议的表决票及招投标所有文件均遭被告拒绝,根据相关法律与文件规定提出诉讼。恒远公司诉讼请求:请求判令上地国际科技创业园业主委员会(以下简称创业园业委会)备齐自申请成立业主大会之日起至2015年5月26日的全部工作档案资料并提供给原告查阅、复制,具体包括:管理公约、业主大会议事规则;业主大会、业主委员会的会议记录、决议或决定;业主委员会的选举及备案资料;业主及业主代表的名册;业主的意见和建议;业主委员会印章使用记录和工作档案查阅记录;业主大会、业主委员会的会议表决票;委托进行招标的文件以及业主委员会在工作中产生的其他书面材料和音像资料等。

被告创业园业委会辩称:本案原告是与服务于小区的物业公司有关联关系的公司。本案诉讼是恶意诉讼,其起诉的目的不是本案诉求。现在原告与物业公司是同一投资人,是原来的开发商,基于这种关联关系,对方对部分资料是应该知道的。《最高人民法院关于审理建筑物区分所有权纠纷案件具体应用法律若干问题的解释》第13条第2款明确规定,业主可查阅管理公约、会议纪要等,并没有写明可以复制。我方已经提交规定中的资料,法律未规定的部分是不用提交的。物业在小区多年均未公示过,侵占了业主的资产。没有法律依据的资料我方不能提供。

经法院审查,京房权证市海其字第2××××28号房屋所有权证书载明,恒远公司系海淀区上地信息路1号2号楼××××号房屋的所有权人,房屋建筑面积199.32平方米。

上地街道业备(2014)第1号业主委员会备案单载明,上地国际科技创业园建筑物总面积163 636.31平方米,业主总人数426人,成立业主委员会委托马某芳办理业主委员会备案手续。上地街道办事处确认该业主委员会提交的材料齐全,符合首次业主大会会议召开和形成决定的法定要求,符合备案条件,予以备案。

诉讼中,创业园业委会提交2014年4月4日业主大会决议一份、2014年4月9日创业园业委会第一次会议决议、2014年9月1日创业园业委会第二次会议纪要公告一份、创业园业委会第三次会议纪要公告一份、2014年9月5日创业园业委会征询意见公告一份;召开第二次业主大会公告一份、延期公告复印件一份、第二次业主大会会议决议一份、公开信及公开招投标通知一份、招投标结果及告知函一份、召开第三次业主大会会议公告一份、延期公告一份、第三次业主大会会议公告一份、管理公约一份、议事规则一份。

审理结果

北京市海淀区人民法院于2015年8月7日作出(2015)海民初字第15712号民事判决:(1)创业园业委会于本判决生效后10日内向恒远公司展示管理规约、业主大会议事规则、业主大会、业主委员会全部决定及会议记录,并供恒远公司复制,复制费用由恒远公司承担。(2)驳回恒远公司其他诉讼请求。

北京市第一中级人民法院于2016年3月23日作出(2016)京01民终790号民事判决:(1)撤销北京市海淀区人民法院(2015)海民初字第15712号民事判决;(2)驳回恒远公司全部诉讼请求。

裁判理由

二审法院生效判决认为:依据《最高人民法院关于审理建筑物区分所有权纠纷案件具体应用法律若干问题的解释》第13条之规定,恒远公司要求创业园业委会提供查阅的材料应当属于该司法解释规定的范围,不应任意做扩大解释。本案中,关于业主委员会的组成、业主大会和业主委员会的会议、招投标等方面的情况,创业园业委会已经当庭提供了符合司法解释规定的主要材料,足以保证恒远公司的知情权,恒远公司要求的其他材料,均是这几方面工作中可能产生的过程性资料,不直接影响业主权利,不属于司法解释明确列举的范围,且与司法解释所明确列举的应公开材料的性质、重要性明显不同,恒远公司主张属于兜底条款范围理由不充分,请求查阅这些材料的法律依据不足,对其上诉请求,二审法院不予支持。原审法院认定事实清楚、适用法律正确,但判决确定的义务在审理期间已经履行完毕,二审法院对原判相应部分予以纠正。

北京法院参阅案例第 49 号

王某等与某小区业主委员会业主知情权纠纷案

关键词:业主知情权　共有权及共同管理权　个人信息权

参阅要点

业主行使知情权应当以建筑区划内涉及业主共有权以及共同管理权相关事项为限。业主请求公布、查阅其他业主的姓名、房号、建筑物专有部分面积等个人信息的,法院一般不予支持,但业主能够证明这些资料与业主共有权及管理权密切相关的除外。

相关法条

《物权法》第 70 条①

《最高人民法院关于审理建筑物区分所有权纠纷案件具体应用法律若干问题的解释》第 13 条②

当事人

原告:王某等

被告:某小区业主委员会

基本案情

王某等六人是某小区业主。2011 年 9 月,该小区选举产生第二届业主委员会并经备案(本案被告,以下简称业委会)。2012 年 6 月 20 日,该小区投票通过

---

① 《物权法》已失效,相关规定参见《民法典》第 271 条。

② 本解释已于 2021 年 1 月 1 日修改,现行规定为《最高人民法院关于审理建筑物区分所有权纠纷案件适用法律若干问题的解释》,本案例涉及的第 13 条规定未做调整。

了《小区业主大会议事规则》(以下简称《议事规则》)。

王某以小区存在公共收益账目不透明、未经过招标就动用维修基金维修电梯等问题,但业委会拒不向业主公开相关情况为由,要求业委会允许其查阅复印历次业主大会决定及会议记录等材料,其中包括会议投票的业主姓名、房号和专有部分面积数。依据是《议事规则》第16条规定,“业主委员会执行业主大会的约定,接受业主的监督,依法履行下列职责……(九)对有关档案资料、会议记录、印章及其他属于业主大会的财物进行妥善保管,建立并妥善保管工作档案,为业主提供查阅、抄录和复制档案资料的便利……”第39条规定,“下列档案资料应当编号造册,并由业主委员会指定专人保管……(五)业主清册及联系方式;……”业委会的意见认为,对于王某等人主张的涉及业主隐私及秘密部分,即参与投票的业主姓名、房号等信息,不应提供。

审理结果

北京市海淀区人民法院于2016年10月18日作出(2015)海民初字第28547号民事判决:判决业委会配合王某等人查阅、复印业主大会、业主委员会的决定及会议记录等部分材料,但驳回了王某等人要求查阅复印历次业主大会会议投票的业主姓名、房号和专有部分面积数的诉讼请求。宣判后,双方均未上诉,该判决已于2016年10月18日生效。

裁判理由

法院生效裁判认为:王某作为小区建筑区划内的区分所有人,对于涉及小区共有部分以及共同管理事项的处理享有知情权,但该种权利应当限于业主查阅、复印涉及其自身权益或直接关系全体区分所有人共同利益间接关系其自身利益的事项。故其要求业委会提供投票业主的姓名及房间号,因涉及业主隐私,且与其权益并无直接或间接关联,法院不予支持。

北京法院参阅案例第 53 号

常某妨害传染病防治案

关键词：新冠肺炎　无症状感染　妨害传染病防治

参阅要点

1. 无症状感染不构成妨害传染病防治罪主体不适格的抗辩事由。行为人有疫区旅居史，拒不执行居家隔离措施，隐瞒疫区旅居史，引起新冠肺炎传播或传播严重危险的，一般以妨害传染病防治罪定罪处罚。

2. 行为人隐瞒疫区旅居史，在与其共同生活的人员出现新冠肺炎临床症状被收治后，仍进入公共场所或者公共交通工具，若其本人尚未经确诊为新冠肺炎病人、病原携带者，一般应以妨害传染病防治罪定罪处罚，不构成以危险方法危害公共安全罪。

相关法条

《刑法》第 330 条第 1 款第 3 项、第 3 款

当事人

公诉机关：北京市房山区人民检察院

被告人：常某，男，1979 年 7 月 12 日出生

基本案情

被告人常某长期在湖北省武汉市居住。2020 年 1 月 23 日凌晨，在武汉市即将实施新冠肺炎疫情管控措施前，常某驾车带其妻儿赶赴湖南省长沙市，后乘飞机抵达本市，于 2020 年 1 月 24 日凌晨入住本市房山区×××苑 10 号院 1 号楼 1 单元 902 室，与其母、兄共同居住。在本市期间，常某未报告武汉市居住史，不执

行居家隔离措施,多次出入超市、药店等公共场所。其母出现咳嗽、低烧等症状后,常某安排其妻儿另行租房居住。其母于2020年2月16日被确诊为新冠肺炎患者,常某于2020年2月18日被确诊为无症状感染者(经卫生健康部门确认属于病原携带者),与其密切接触的28人被隔离。

审理结果

北京市房山区人民法院经审理于2020年4月3日作出(2020)京0111刑初165号刑事判决,认为常某的行为构成妨害传染病防治罪,依法判处有期徒刑8个月。一审宣判后,被告人没有提出上诉,公诉机关未提出抗诉,判决已生效。

裁判理由

法院生效裁判认为:被告人常某作为武汉返京人员,在明知北京市采取相关疫情防控措施的情况下,返京后未如实报告,未主动居家隔离观察,主观上具有拒绝执行卫生防疫机构依照《传染病防治法》提出的防控措施的故意;常某属于病原体携带者,违反《传染病防治法》的规定,拒绝执行卫生防疫机构依照《传染病防治法》提出的预防、控制措施,后其母被确诊为新冠肺炎患者,并造成新型冠状病毒向社会传播的严重危险,导致20多人被隔离观察,其行为已构成妨害传染病防治罪。鉴于被告人常某在防疫部门对其开展流行病学调查时,能够配合说明活动轨迹,目前亦未发现其行为引起新型冠状病毒较大范围的传播;其到案后如实供述主要犯罪事实,认罪认罚,可依法对其从轻处罚。综合考虑上述量刑情节,法院认定被告人常某犯妨害传染病防治罪,判处有期徒刑8个月。

解说

本案审理过程中,争议的焦点问题有三:其一,被告人系新冠肺炎无症状感染者,其在母亲出现新冠肺炎临床症状之前,隐瞒疫区旅居史、未执行居家隔离要求,该行为如何评价?其二,被告人在其母亲出现新冠肺炎临床症状被收治后,仍隐瞒疫区旅居史,多次外出与他人接触,该行为如何评价?其三,被告人母亲被感染新冠肺炎,能否认定属于被告人"引起新冠病毒传播"的情形。

笔者认为,办理妨害疫情防控刑事案件,应严格执行《刑法》及相关司法解释、规范性文件的规定,精准适用法律政策,准确把握《刑法》第330条妨害传染病防治罪的构成要件,注重治安管理处罚与刑事处罚的衔接,正确区分妨害传染病防治罪与以危险方法危害公共安全罪的界限,避免人为"降格"或"拔高"处理。

(一)无症状感染不构成妨害传染病防治罪主体不适格的抗辩事由

对于第一个争议焦点问题,有意见认为,被告人系无症状感染者,无任何临床症状,认识不到自身危险性,不宜按刑事案件处罚,由公安机关治安处罚即可。这就需要考虑无症状感染者能否成为妨害传染病防治罪的适格主体。

根据《刑法》第330条的规定,妨害传染病防治罪的主体既包括单位,也包括个人。即单位或者个人违反《传染病防治法》的规定,有实施该条规定的四种行为之一,引起甲类传染病传播或者传播严重危险的,应以妨害传染病防治罪定罪处罚。对于已经确诊为新冠肺炎病人、病原携带者,拒绝隔离治疗或者擅自脱离隔离治疗,进入公共场所、公共交通工具,或者新冠肺炎疑似病人有前述行为,造成新冠病毒传播的,按照《最高人民法院、最高人民检察院、公安部、司法部关于依法惩治妨害新型冠状病毒感染肺炎疫情防控违法犯罪的意见》(以下简称《意见》)的规定,应按以危险方法危害公共安全罪定罪处罚。在妨害传染病防治罪案件中,行为人虽然在事发前尚未被医疗机构确诊为新冠肺炎感染病人、病原携带者,或疑似病人,但身体往往已出现临床症状,如发热、干咳、乏力等,结合有疫区接触史等情况,一定程度能够意识到自身状况。无症状感染者的身体无临床症状,在被确诊前感知不到自身危险性,将其纳入妨害传染病犯罪主体,是否对其注意义务苛责过高?对此,有必要从规范和事实两个层面予以考察。

从规范层面看,我国与疫情防控相关的法律法规明确规定,任何单位和个人均负有执行卫生防疫机构依照《传染病防治法》提出的防控措施的义务。例如,《传染病防治法》明确规定,任何单位和个人必须接受疾病预防控制机构、医疗机构有关传染病的预防、控制措施;《突发事件应对法》规定,单位或者个人不服从所在地人民政府及其有关部门发布的决定、命令或者不配合其依法采取的措施,构成犯罪的,依法追究刑事责任;2003年发布的《最高人民法院、最高人民检察院关于办理妨害预防、控制突发传染病疫情等灾害的刑事案件具体应用法律若干问题的解释》(以下简称《解释》)和《意见》关于犯罪主体的规定,也主要是根据相关罪名轻重不同作出的划分,并不能得出无临床症状人员不负有遵守疫情防控措施义务的结论。从各级卫生疾控部门发布的防控措施来看,遵守主体包括所有人员。

从事实层面看,无症状感染者有一定的传播风险。国家卫健委办公厅、国家中医药管理局办公室在《新型冠状病毒肺炎诊疗方案(试行第七版)》中指出:“目前所见传染源主要是新型冠状病毒感染的患者。无症状感染者也可能成为传染源。”国家卫健委在新冠病毒防控方案中也要求将无症状感染者纳入防控管理,无症状感染者的密切接触者要进行14天的集中隔离医学观察。湖北、广东等地均报道出现无症状感染者传染病例。就本案而言,常某虽然是无症状感染者，但后确诊为病原携带者，即感染病原体无临床症状但能排出病原体的人，充分说明其具有传染性。

当然，无症状感染者有一定的传播风险，并不意味着所有无症状感染者都可能为病原携带者，或者后期出现某种临床症状，转为确诊病例。对于不具有传染性的无症状感染者，如果违反传染病防控措施要求，笔者认为，应根据《传染病防治法》《突发事件应对法》等疫情防控法律法规的规定，视情形给予治安管理处罚。

（二）行为人在被确诊为新冠肺炎病人、病原携带者或者疑似病人前，拒绝执行防控措施的，一般不构成以危险方法危害公共安全罪，而应以妨害传染病防治罪定罪处罚

对于第二个争议焦点问题，有意见认为，该阶段被告人已足以认识到自身可能患有新冠肺炎，是其导致其母亲出现新冠肺炎临床症状，此时仍继续隐瞒疫区史另行租房，频繁外出接触他人，应以以危险方法危害公共安全罪追究其刑事责任。新冠肺炎疫情发生后，有多地司法机关以涉嫌以危险方法危害公共安全罪侦办抗拒疫情防控措施犯罪。本案在审理过程中也有意见认为常某有疫区居住史，在其母亲出现咳嗽、低烧等症状被医院收治后，其应当知道自身可能患有新冠肺炎，仍外出租房，频繁与他人接触，隐瞒疫区史，社会危害性大，应当以以危险方法危害公共安全罪追究其刑事责任。根据《意见》的规定，涉新冠疫情案件，以危险方法危害公共安全罪的主体限为经医疗机构确诊的新冠肺炎病人、病原携带者或者疑似病人。最高人民法院、最高人民检察院研究室负责人在对《意见》的解读中进一步明确，办理新冠肺炎疫情案件，适用以危险方法危害公共安全罪时，除应当严格把握上述主体要件外，还应注重审查行为人主观上有无传播新冠肺炎病原体的故意、客观上有无拒绝隔离治疗或者隔离期未满擅自脱离隔离治疗，是否实施了进入公共场所或者公共交通工具的行为，其中新冠肺炎疑似病人还要求造成新冠病毒传播的后果。就本案而言：

首先，被告人常某在行为时不属于已确诊的新冠肺炎病人、病原携带者或者疑似病人。对于实施妨害疫情防控行为时尚未经医疗机构确诊为新冠肺炎病人或者疑似病人，事后经诊断、检验，被确认系新冠肺炎病人或者疑似病人的，最高人民法院、最高人民检察院研究室负责人在解读《意见》时明确指出，不适用《意见》关于确诊病人或者疑似病人故意传播新冠肺炎病原体构成有关犯罪的规定。

其次，认定新冠肺炎病人、病原携带者、新冠肺炎疑似病人，应以医疗机构出具的诊断结论、检验报告等作为依据，不能仅因行为人具有疫区史，只要出现发热、干咳、乏力等某些新冠肺炎感染症状，就采取推定方式认定行为人明知自身为新冠肺炎疑似病人甚至新冠肺炎病人。本案被告人长期在武汉居住，在武汉

市采取管控措施当日凌晨经绕道长沙乘坐飞机到达北京，多日后与其共同生活的母亲出现咳嗽、低烧等新冠肺炎临床症状，后被确诊为新冠肺炎人员，从生活经验的角度判断，一般会认为是常某传染其母亲的新冠病毒，可推定常某明知自身感染有新冠病毒。但推定须有坚实的事实基础，并经得起反驳。本案被告人经医学检测为病原携带者，其母亲感染新冠病毒属于客观事实，但在确立医学上和法律上的因果关系之前，常某的母亲还与多人有接触，也到过多个公共场所，并不能确定常某是唯一的传染源或者传染源之一。特别是对于无症状感染者，其自身无任何临床症状，不具有主动建立关联性的现实可能性。

最后，从本案来看，常某不具有传播新冠肺炎病原体的故意。常某与其妻子、儿子从武汉至北京的目的是躲避新冠肺炎疫情，且其妻子有身孕，在其母亲出现临床症状被医院收治后，其外出租房也主要是担心妻子、儿子被感染，不存在报复社会、恶意向不特定人传播病毒等主观故意。就后期继续隐瞒疫区史，其辩解是因为担心说是从武汉来京租不到房，也符合情理。

综合全案来看，被告人常某拒绝执行新冠肺炎疫情防控措施要求，隐瞒疫区史，不居家隔离，因后被诊断为病原携带者，导致多人被隔离观察，引发新冠病毒传播严重危险，应当以妨害传染病防治罪追究其刑事责任。

（三）综合案件证据情况，无法确定他人是被行为人感染的，依法不应认定属于“引起新冠病毒传播”的情形

对于第三个争议焦点问题，有意见认为，被告人常某从武汉回京后，与其母亲共同居住，后其母亲被确诊为新冠肺炎患者，随后常某被确诊为无症状感染者（病原携带者），周边亦无新冠肺炎病例。根据案件情况可以推定系常某传染给其母亲，属于“引起新冠病毒传播”的情形。这就涉及如何认定“引起新冠病毒传播或传播严重危险”的问题。

“引起新冠病毒传播”，是指造成他人被确诊为新冠肺炎病人、病原携带者的情形。实践中要结合案件具体情况，注意审查行为人与被感染者是否有密切接触，被感染者的感染时间是否在与行为人接触之后，被感染者是否接触过其他新冠肺炎病人、病原携带者等因素，综合认定因果关系。本案中，房山区疾病预防控制中心 2020 年 3 月 15 日出具的调查报告记载：常某的母亲于 2020 年 2 月 16 日采集咽拭子标本检测，确诊为新冠肺炎病人，结果为新冠病毒核酸阳性；常某于 2 月 18 日采取便标本和血标本进行核酸检测，结果为新冠病毒核酸阳性；常某的儿子于 2 月 19 日采集便样进行核酸检测，结果为新冠病毒核酸阳性。综合分析三名患者的流行病学史，考虑常某或其儿子于武汉感染后，来京与常某母亲居住感染母亲的可能。流行病学调查报告作为证据种类之一，是判断新冠病毒传播途径的重要依据。本案调查报告未明确常某母亲系由常某传染，亦存在

由常某儿子传染的可能性。因此，综合全案证据情况，无法确定常某母亲系由常某感染的，依法不应认定属于“引起新冠病毒传播”的情形。

“引起新冠病毒传播严重危险”，是指虽未造成他人被确诊为新冠肺炎病人、病原携带者，但引发了传播的严重危险。此时入罪应限制在“严重危险”的情形，而且这种危险应是现实、具体、明确的危险。实践中，对于“传播严重危险”的判断，应重点审查行为人是否采取特定防护措施，被诊断为新冠肺炎病人、病原携带者、新冠肺炎疑似病人的人数及范围，被采取就地诊验、留验和隔离的人数及范围等，经综合考虑作出妥当认定。本案中，常某在与其共同生活的母亲出现新冠肺炎临床表现被收治后，仍进入公共场所或者公共交通工具，其本人虽未经确诊为新冠肺炎病人、病原携带者，但其行为造成新冠病毒向社会传播的严重危险，导致20多人被隔离观察，故对其以妨害传染病防治罪定罪处罚。

【热点问题聚焦】

新就业形态下平台用工法律关系定性研究

北京市第一中级人民法院课题组*

随着新就业形态下互联网平台用工(以下简称平台用工)规模的不断扩大,与之相关的民事纠纷也日益增多。由于平台用工形式具有新颖性和多样性,且法律法规尚未对这个新生事物作出针对性规范,在具体案件审理中,对于平台用工法律关系的性质难以把握,进而导致对实际用工主体难以认定,对侵权责任的承担主体也会产生不同认识。上述因素叠加,势必影响新就业形态从业人员(以下简称从业人员)的权益保障,也给互联网平台经济的良性发展增加了不确定性。为有效应对审判实践中出现的新问题、新挑战,更好地保障从业人员的合法权益,为互联网平台经济良性发展保驾护航,北京市第一中级人民法院对近几年部分省市审结的涉平台用工案件的裁判文书进行了调研,在此基础上对平台用工法律关系进行类型化梳理和构建,并尝试提炼一个高效的、可以广泛适用于不同类型平台用工法律关系定性的规则体系,从而形成本报告。

一、新就业形态的兴起

国家信息中心发布的《中国共享经济发展报告(2021)》显示,2020年,我国共享经济市场交易规模已达33 773亿元,共享经济参与者人数约为8.3亿人,其中服务提供者约为8400万人,平台企业员工数约631万人。美团研究院公布的数据显示,2020年上半年,通过美团平台获得收入的骑手总数为295.2万人,同比增长约16.4%。《2020饿了么蓝骑士调研报告》显示,饿了么平台经营者的

* 课题主持人:单国钧;负责人:李军;成员:李军、王磊、吴博文、张建清、范楷强;执笔人:吴博文、张建清、范楷强。

骑手总数达300万人左右。[①] 显然,面对疫情的冲击以及就业市场持续存在的总量压力和结构性矛盾,我国就业总体形势面临前所未有的巨大挑战,而依托互联网平台的新就业形态不断壮大,为劳动者就业增收开辟了新渠道,在稳定就业、促进就业中发挥了积极作用。

对于何为新就业形态,尚没有准确、权威的界定。实际上,近似的提法早已出现。20世纪70年代国际劳工组织提出"非正规就业部门"的概念,大致包括微型企业、家庭企业和独立服务者三类。但在国内,"非正规就业"这一概念并没有被广泛采用,而是用"灵活就业""灵活用工"等词汇取代。我国"十五"计划的人口、就业与社会保障重点专项规划中首次提出"灵活就业"概念,自此,"灵活就业""灵活用工"等词汇常常出现在我国政府的文件中。[②] 中央层面第一次提出"新就业形态"概念,则是在《中国共产党第十八届中央委员会第五次全体会议公报》中。该公报指出,"促进就业创业,坚持就业优先战略,实施更加积极的就业政策,完善创业扶持政策,加强对灵活就业、新就业形态的支持,提高技术工人待遇"。紧接着《2016年政府工作报告》再次强调要"加强对灵活就业、新就业形态的扶持"。2021年7月16日,人力资源和社会保障部等8部门联合颁布的《关于维护新就业形态劳动者劳动保障权益的指导意见》(人社部发〔2021〕56号,以下简称56号文)中对新就业形态的外延作了列举,即所谓新就业形态,是指"依托互联网平台就业的网约配送员、网约车驾驶员、货车司机、互联网营销师等"。

二、新就业形态给民事审判带来挑战

事物具有两面性,随着新就业形态规模不断扩大,由平台用工引发的民事纠纷也日益增多。由于新就业形态涉及的行业广泛、人数众多,为方便统计与研究,课题组选取最具代表性的互联网外卖、快递平台与骑手作为模型。经统计,2018~2020年,北京、上海、广东、浙江4省市共审结涉外卖、快递等新就业形态相关民事纠纷一审案件2000余件,结案数呈逐年上升趋势。从纠纷类型分析,纠纷集中在侵权纠纷与劳动争议两大类,其中侵权纠纷约占71%,劳动争议约占29%。侵权纠纷绝大多数为外卖快递配送车辆发生交通事故致人损害引发的赔偿纠纷;劳动争议则主要是要求确认劳动关系、追索劳动报酬及加班费、索要工伤保险待遇的案件。从统计情况看,日益增多的纠纷给民事审判工作带来一些

---

① 阿文:《300万骑手升级为"饿了么蓝骑士",90后占比达47%》,载百家号"新华网"2020年4月21日,https://baijiahao.baidu.com/s?id=1664552198332533799&wfr=spider&for=pc。

② 参见于凤霞:《释放新就业形态的巨大潜力》,载《中国改革》2020年第4期。

新的挑战。

(一)平台用工法律关系的性质难以把握

一方面,新就业形态属于近年出现的新生事物,用工模式也日益多样化,而我国法律、行政法规尚未对新就业形态作出针对性的规定。另一方面,与传统劳动关系中的劳动相比,大部分从业人员对是否接单、接哪个单、什么时候接单、什么时候休息等往往具有一定程度的自主性,平台经营者等用工主体对从业人员往往不实行直接的考勤、绩效考核等劳动管理。因此,这种劳动似乎没有传统劳动关系中那样强烈的从属性,但是,用工主体往往又通过特定的算法逻辑、评价机制等管理手段对从业人员的工作和报酬进行监督与控制,这又使这种用工关系体现出一定的从属性,从而有别于承揽、合作等民法上的合同关系。上述这些因素叠加,导致裁判者对新就业形态下用工关系的法律性质认识模糊,增加了认定事实和适用法律的难度,也导致司法尺度不统一。

以众包用工模式下发生的纠纷为例,课题组通过检索某一省份的类案判决,发现对此种模式下平台经营者与从业人员之间的法律关系认定存在多种不同认识。有裁判者认为,两者之间不存在劳动关系或劳务关系;有裁判者进一步认为,平台以提供信息的方式从事居间服务,其与从业人员之间属于中介合同关系;还有裁判者认为,平台除了协助从业人员接单以外,还对其着装、服务时间、服务态度等有所要求,这种管理明显超出了中介的范围,实际上形成了劳务关系。

(二)实际用工主体难以认定

一方面,如前所述,平台用工法律关系的性质难以把握;另一方面,在实践中,平台经营者既可能自己与从业人员签订合同,也可能通过商户与其签订相应的合同,或是将配送等服务外包给第三方公司,通过第三方公司与从业人员签订合同,又或是先让从业人员注册为个体工商户,再与其签订合同,平台经营者甚至会设立若干关联公司,分别负责合同订立、劳动工具提供、报酬发放、押金收取等环节。此外,层层转包的现象也时有发生。这就使究竟是哪一个或是哪几个主体在对骑手进行用工管理、合同签订主体与用工主体是否一致等基本事实并不容易确定,一旦发生纠纷,往往难以判断谁是真正的用工主体。

(三)对侵权责任的承担主体存在争议

如果平台经营者等用工主体与从业人员之间形成不同的法律关系,则会承担不同的用工主体责任,从业人员致第三人损害的侵权责任承担主体也会有所不同。比如,当双方建立的是劳动关系时,依据《民法典》第 1191 条的规定,应由平台经营者等用工主体承担替代赔偿责任。当双方建立的是承揽关系时,依据《民法典》第 1193 条的规定,平台经营者等用工主体一般情况下不承担赔偿责任。但是当用工主体较为复杂时，对于侵权责任到底由哪一方承担则存在争议。课题组通过检索发现，在四川省某地因骑手致第三人损害的道路交通事故责任纠纷中，当受害人提出要求骑手、平台经营者和外包公司承担赔偿责任时，判决由劳务外包公司承担赔偿责任的占多数；判决由骑手和外包公司按照责任比例承担赔偿责任的有 1 件；判决骑手和外包公司承担连带责任的有 2 件；还有 1 件判决由骑手独自承担赔偿责任。

三、平台用工法律关系类型化分析

通过以上调研，课题组认为，正确审理相关民事纠纷的关键在于准确认定平台经营者等相关用工主体与从业人员之间用工法律关系的性质，正确把握双方间建立的是哪一种民事关系，尤其要对其属于劳动关系还是普通民事关系作出准确的界定。只有准确认定了法律关系的性质，才能对内厘清平台经营者等相关用工主体与从业人员之间的权利义务，对外准确适用不同的法律规定，正确认定涉第三人纠纷中相关主体的民事责任。虽然市场上存在的平台用工模式花样繁多，不同行业的平台用工模式各具特色，且平台对于用工模式时有创新，但是仍然可以以用工为切入点，将这些花样繁多的用工模式背后的法律关系归纳为几个大类。当然，在类型化之前，需要特别关注当前政策对用工关系法律性质认识的重要变化。

（一）劳动二分法与三分法之争

2021 年 7 月 16 日，56 号文提出了“不完全符合确立劳动关系情形”这一概念。依照该文，“符合确立劳动关系情形的，企业应当依法与劳动者订立劳动合同。不完全符合确立劳动关系情形但企业对劳动者进行劳动管理（以下简称不完全符合确立劳动关系情形）的，指导企业与劳动者订立书面协议，合理确定企业与劳动者的权利义务。个人依托平台自主开展经营活动、从事自由职业等，按照民事法律调整双方的权利义务”。

一种观点认为，这说明我国开始构建介于民法与劳动法之间的类雇员规范体系，是劳动关系认定标准从二分法（劳动者—民事主体）向三分法（劳动者—类雇员—民事主体）转型的第一步。新就业形态下的很多劳动者具有不同于劳动关系下从属性劳动的自主性，但又因服从平台规则而具有弱者性，尤其是以平台用工为主要收入来源的群体，与平台之间形成了较为紧密的经济依附关系。因此，将这部分劳动者界定为类雇员，其法律关系相应地界定为类劳动关系，则既能明确法律对其劳动权益保障的必要性，又显示出不同于劳动法的法律制度定位。①

另一种观点则认为，现行有关雇佣和劳动合同的法律规定，其基本原则和基本规定可以适用于目前平台用工的大部分劳动者。在肯定平台经济的大部分劳动者应该作为雇佣劳动者，直接适用劳动法律特别是劳动合同法后，类雇佣劳动者或第三类劳动者在现实中主要有两类：一类是家庭保姆、家庭劳务工、农村季节工等非现代产业中的劳动者；另一类是家庭作坊工人、家庭装修工、卡车司机、网络播音员、网络设计师等在现代产业链中工作的劳动者。第三类劳动者出现的社会意义，是扩大了劳动法适用对象的范围，使受劳动法保护的对象更加广泛，而不应该反其道而行之，将快递员等平台的雇佣劳动者认定为类雇佣劳动者，缩小劳动法的保护范围。②

上述两种观点，各有其道理。课题组认为，需要尽快明确的是，56 号文中提出的第二种情形即“不完全符合确立劳动关系情形但企业对劳动者进行劳动管理的”到底指向劳动关系内部，还是劳动关系外部，因为这直接决定了相关纠纷案件是否属于劳动争议，是否需要仲裁前置。课题组认为，如果其指向的是劳动关系内部，则只不过在劳动关系内部又划分出完全的劳动关系和不完全的劳动关系，并且由于此种划分是在劳动关系内部的划分，因此仍需以现行劳动法律为准则。但是，根据现行劳动法律法规，劳动关系内部的不完全劳动关系恐怕只能指向劳务派遣中用工单位与劳动者之间的关系，或是借调关系中借入单位与被借用劳动者之间的用工关系，而不能指向固定期限劳动关系、无固定期限劳动关系、以完成一定工作任务为期限的劳动关系，以及非全日制劳动关系。因为固定期限劳动关系、无固定期限劳动关系和以完成一定工作任务为期限的劳动关系只是根据合同期限的不同对劳动关系所作的分类，是完全劳动关系的不同形态。而非全日制劳动关系与前述三种劳动关系的本质区别也只是日劳动时间的不同，并不是劳动的从属性有什么不同。但是，如果不完全劳动关系指的是劳务派遣中用工单位与劳动者之间的关系，或是借调关系中借入单位与被借用劳动者之间的用工关系，则一方面，这两种用工形态久已有之，现行劳动法律亦并未强制要求用工单位与劳动者之间必须订立书面协议，而 56 号文却特别规定要“指导企业与劳动者订立书面协议，合理确定企业与劳动者的权利义务”；另一方面，现行劳动法律法规已经对劳务派遣中三方的权利义务作了明确划分和细致规定，并取得了较好的适用效果，完全没有必要以八部门联合发文的形式再次强

① 参见王天玉：《建立多种形式劳动关系对新业态劳动者意义何在》，载《工人日报》2021 年 7 月 19 日，第 7 版。

② 参见常凯：《平台企业用工关系的性质特点及其法律规制》，载《中国法律评论》2021 年第 4 期。

调,更没有必要再次专门规定。因此,56号文提出的第二种情形似乎是指向劳动关系外部,在劳动关系与普通民事法律关系之间又划出了一个中间地带,这样才更合乎逻辑和法理。

(二)平台用工法律关系类型划分

结合56号文所作的界定,课题组认为,可以将原来的平台用工关系划分模式由"劳动关系—民事关系"相应调整为"劳动关系—类劳动关系—民事关系"。在劳动关系类型下,从业人员与平台经营者、劳务派遣单位或者加盟、代理、外包平台业务的合作企业(以下统称合作企业)建立劳动关系或者形成事实劳动关系,完成上述单位基于平台赋予的工作任务。在类劳动关系下,从业人员虽然接受平台经营者的劳动管理,但是双方尚不完全符合确立劳动关系情形。需要注意的是,为有效防范部分观点担心的劳动法保护范围因类劳动关系而缩小的问题,类劳动关系仅应局限于从业人员与平台经营者之间,不宜扩散到从业人员与合作企业之间。对于这一点,北京市就业工作领导小组印发的《关于促进新就业形态健康发展的若干措施》(京就发〔2021〕3号)的规定值得借鉴,其明确将类劳动关系中的用工主体限定在平台企业,而不包括其他用工主体。在普通民事关系下,从业人员依托平台,利用自身的体力、专业技能,自主从事劳务、咨询、设计等经营活动。

当然,以上分类是在假设只有一个主体对从业人员进行用工的前提下所作的简化分类,如果考虑实践中的外包、层层转包、两个以上主体同时用工等情形,则用工关系会复杂得多。上述三类用工关系是这些复杂用工关系的底层关系,或者说,这些复杂的用工关系是上述三类用工关系的有机组合。比如,平台经营者将特定区域的业务外包给第三方公司,由第三方公司负责招募骑手从事终端配送,但是平台经营者又通过算法等技术手段对骑手订单分配、报酬支付、工作时间、奖惩考核等进行管理,由此,在外包商、平台经营者与骑手之间就形成一种三角用工关系。在这个三角用工关系中,外包公司与平台经营者之间是分包或者承揽等民事关系,外包公司与骑手之间一般建立的是劳动关系,而平台经营者与骑手之间则可能形成类劳动关系甚至是劳动关系。如果外包公司与平台经营者都与骑手形成劳动关系,则事实上形成混同用工;如果外包公司与骑手是劳动关系,平台经营者与骑手是类劳动关系,则形成一种与劳务派遣相似的用工模式。

四、平台用工法律关系性质界定规则提炼

正如前文所述,目前市场上存在的平台用工模式花样繁多,不同行业的平台用工模式各具特色,且平台经营者对于用工模式时有创新,一旦发生纠纷,囿于

从业人员举证困难,裁判者往往难以完全查清真正的用工主体是谁。考虑上述因素,课题组认为,在当事人对用工关系的法律性质有争议时,如果能够建立一个界定平台用工法律关系性质的规则体系,使之能适用于不同的、具体的、多样的用工模式,则既能够形成一致的认定标准、有利于统一司法尺度,又有助于掀开用工模式的层层面纱,在耗费较少的时间和精力的情况下,准确认定所涉法律关系的性质。课题组认为,一个高效的、可以广泛适用于不同类型平台用工法律关系定性的规则体系,应当遵循以下四条基本规则:

第一条,从业人员向平台经营者等用工主体提供了劳动,且其主张双方之间是劳动关系,则推定双方之间存在劳动关系,但是用工主体能够反证从业人员提供的劳动不具有从属性的除外。

这条规则既符合现行法律规定,也有比较法上相关案例的支持。

1. 域外关联案例采用这一规则①

在2013年的奥康纳诉优步案(O'connor *v.* Uber)中,美国加州北部地区法院否决了优步公司关于驾驶员是独立合同工的诉讼请求。2015年的伯威克诉优步案(Berwick *v.* Uber)中,美国加州劳动委员会法官亦裁定伯威克是优步公司的雇员而非独立合同工。该案中法官判断劳动关系是否存在分为两步:第一步,劳动者一方需要初步举证其向优步提供了劳务,劳动者一方若有证据证明其向另一方提供了劳务,即可初步认定劳动关系的存在。第二步,举证责任倒置,由优步提供反证,证明提供劳务一方不是雇员而是独立合同工。

2016年,在阿斯拉姆、法勒等诉优步有限公司、优步伦敦有限公司和优步英国有限公司案(Mr Y Aslam, Mr J Farrar and Others *v.* Uber B. V, Uber London Ltd and Uber Britannia Ltd.)中,英国劳动法庭就优步驾驶员与优步公司之间的劳动纠纷作出裁判,解决了优步驾驶员是否为优步公司员工的问题。英国劳动法庭认为,当一名优步驾驶员在优步授权工作的地域范围内打开优步软件,并且有接受驾驶任务的能力与意愿,该驾驶员就在一份雇佣合同和一份包括其他条款的合同下为优步公司工作。该判决的主要理由是优步公司是一家运输公司而非技术公司,其通过驾驶员向乘客提供驾驶服务,驾驶员接受优步公司的任务将乘客按照优步公司规定的路线送到目的地,驾驶员的报酬由优步公司规定和计算,没有机会与乘客谈判,与乘客之间不存在合同关系。通过否定驾驶员和乘客之间订有运输合同,英国劳动法庭确认优步公司和乘客之间订有运输合同,进而从驾驶员承担运输工作推导出驾驶员和优步公司间存在劳动关系。

---

① 参见虞琦楠:《共享经济背景下网约车用工模式劳动关系分析——以法院判决为切入点》,载《上海市经济管理干部学院学报》2018年第3期。

从上述英美两国判决看，虽然具体的论证思路并不一样，但是法官实际上均有意无意地运用了一个规则——当有证据显示从业人员向平台等相关主体提供了劳动，且从业人员亦主张双方之间是劳动关系时，则初步推定双方之间存在劳动关系，进而举证责任发生倒置，由用工主体反证其虽然存在用工行为，但是双方之间并非劳动关系。只不过加州法官是从正面阐述了这一规则，而英国法庭则是通过否定驾驶员与乘客之间订有运输合同，从反面确认了这一规则。

2. 该规则体现了我国法律关于劳动关系实质要件的重要变化

(1)《劳动法》时代劳动关系的认定。

1994年发布的《劳动法》第16条规定："劳动合同是劳动者与用人单位确立劳动关系、明确双方权利和义务的协议。建立劳动关系应当订立劳动合同。"也就是说，劳动合同很大程度上成为劳动关系得以确立的要件。但是，实践中大量的用人单位不与劳动者订立劳动合同。为解决这个问题，原劳动和社会保障部在2005年5月颁布了《关于确立劳动关系有关事项的通知》，其第1条规定，在没有订立书面劳动合同的情况下，"同时具备下列情形的，劳动关系成立。(一)用人单位和劳动者符合法律、法规规定的主体资格；(二)用人单位依法制定的各项劳动规章制度适用于劳动者，劳动者受用人单位的劳动管理，从事用人单位安排的有报酬的劳动；(三)劳动者提供的劳动是用人单位业务的组成部分"。

这条规定对统一认定劳动关系标准、保护劳动者权益无疑起到了积极作用，但仍有不足之处。首先，上述这三个条件所折射的实际上是劳动关系表现出来的几个常见特征，但这些特征并不都体现劳动关系的本质属性。该规定是通过总结劳动关系的几点常见特征，然后从特征倒推劳动关系，同时符合这些特征的才是劳动关系。这样做难免以偏概全，遗漏一些虽然不具备这些常见特征但仍然可能是劳动关系的情形。其次，一些管理不规范的用人单位没有成文的劳动规章制度，一些用人单位对劳动者的管理以口头为主，一些用人单位以现金支付工资。这些情形都可能导致劳动者难以证明《关于确立劳动关系有关事项的通知》第1条所列举的劳动关系成立条件，从而承担举证不能的后果，而用人单位反而因为管理不规范，更容易规避劳动法对其的适用。最后，有一些劳动者，比如用人单位的保洁，其提供的劳动可能并不属于用人单位业务的组成部分，但是显然不能因此就"一刀切"，认定双方之间不存在劳动关系。

(2)《劳动合同法》关于劳动关系实质要件的变化。

为正确认定劳动关系，2007年发布的《劳动合同法》修正了1994年《劳动法》第16条以书面劳动合同作为劳动关系要件的规定，也没有完全采用《关于确立劳动关系有关事项的通知》第1条确立的认定标准，而是在第7条作出全新规定。按照该规定,“用人单位自用工之日起即与劳动者建立劳动关系”,易言之,劳动关系建立的要件是“用工”。劳动关系中的用工,区别于普通民事合同中的用工,区别的关键在于其具有支配性或曰从属性。所谓支配性或从属性,是基于不同角度对用工所作的阐释,是用工的一体两面。支配性是从用人单位角度,就其对劳动者的用工所折射出来的本质特征所作的阐释。而从属性则是从劳动者提供劳动的角度,对劳动所折射出来的本质特征所作的阐释。所谓劳动的从属性,至少可以从人格从属性和组织从属性两个层面来理解。人格从属性的侧重点在于,劳动者从事何种劳动、运用何种手段劳动、工作内容、工作时间和地点等事项均受到用人单位较高程度的控制,能自主决定的程度比较低。组织从属性,主要是指劳动者的劳动被纳入用人单位的生产经营系统,成为其中的一个组成部分,劳动者因此就成为用人单位的劳动组织成员,在劳动中承担作为劳动组织成员所应负的遵守规章制度、保守商业秘密等义务。

基于上述分析,课题组认为,该规则反映了《劳动合同法》关于劳动关系实质要件的重要变化,体现了《劳动合同法》关于认定劳动关系的立法精神。

第二条,当从业人员与相关用工主体订立的并非劳动合同时,推定该合同是双方之间真实用工关系的体现。但是当双方订立的合同与实际履行和真实存在的法律关系不一致时,应当以实际履行和真实存在的法律关系为准。

根据该规则,当从业人员与相关用工主体订立了普通民事合同的,原则上要以双方订立的用工合同来认定双方之间的法律关系,这是对《民法典》第5条自愿原则的恪守。并且,建立劳动关系亦属于民事法律行为的一种。《民法典》第133条规定,民事法律行为是民事主体通过意思表示设立、变更、终止民事法律关系的行为。换言之,意思表示是民事法律行为的核心要素,意思表示一致是民事法律行为成立的前提条件。因此,劳动关系的建立,除了看用工之外,也要看民事主体双方有没有建立劳动关系的合意。应当认为,《劳动合同法》第7条第一句隐含了双方对建立劳动关系达成合意的推定。也就是说,对于《劳动合同法》第7条第一句完整的解读应当是:囿于劳动者举证能力弱,只要其能证明存在用工的事实,法律就推定其与用人单位存在建立劳动关系的意思表示并就此达成合意,而无须其就此举证证明。因此,反过来说,如果有证据证明双方存在的是建立其他法律关系的合意,比如用工一方提供反证证明双方订立了承揽、合作等民事合同,此时原则上应当根据双方的真实意思表示来确定法律关系的性质,否则有违契约自由原则,对用工一方来说也有失公平。

但是,当双方订立的合同与实际履行和真实存在的法律关系不一致时,应当以实际履行和真实存在的法律关系为准。比如,当从业人员主张双方之间虽然订立的是承揽合同但是真实的用工关系是劳动关系时,应当允许从业人员举证证明其主张,以利于查清用工一方与从业人员是否存在劳动关系。主要从以下两个方面进行审查:一是审查双方订立的合同内容,看是不是名为其他合同,实为劳动合同;二是审查合同的履行情况,看劳动者提供的劳动是否符合前文所说的劳动关系项下的从属性特征;如果符合,仍然要认定双方实际存在的是劳动关系。对双方订立的合同等作实质性审查的理由至少有二点:

(1)有利于保护劳动者合法权益。在劳动关系中,相对于劳动者,用人单位往往处于优势支配地位。为防范用人单位利用自身优势支配地位迫使劳动者订立其他类型的合同,逃避劳动法上的义务,当提供劳务一方质疑双方之间真实的法律关系且就其质疑提供了证据时,为保护劳动者的合法权益,有必要对双方之间的法律关系作实质性审查。

(2)有利于揭示民事主体的真实意思表示。这样做既是对诚实信用原则的遵循,也与《民法典》第 146 条的精神相契合。根据《民法典》第 146 条的精神,认定法律关系的性质,要以民事主体之间真实的意思表示为基础,以实际履行和真实存在的法律关系为准。

第三条,当难以查清基本用工事实,但是从业人员能够提供诸如工作证、工资支付记录等证据材料并主张劳动关系时,应当依据劳动关系实质要件与形式标志之间的辩证关系进行判断和认定。

并不是在所有的案件中都能查清平台及相关方对从业人员的用工性质,抑或是查清在多个关联方、转包方中,具体是哪一个或哪几个主体在对从业人员进行用工,甚至连到底是否存在用工事实,往往囿于从业人员的举证能力,也未必能查清。但是从业人员往往能提供诸如工作证、工资支付记录、招聘登记表之类的证据材料,在这种情况下,如何认定用工关系的法律性质?具体由哪一方承担用工主体的责任?课题组认为,在这种情形下,应当依据劳动关系的实质要件与形式标志之间的辩证关系进行判断和认定。

所谓劳动关系的形式标志,是指由用工所映射出来的劳动关系的一些形式特征,比如书面的劳动合同、考勤记录、工资支付记录、工资发放花名册、社保缴纳记录、工作证、招聘登记表等。在劳动者不能直接证明用工事实的时候,如果能提供相应的证据证明上述形式标志的存在,也可以帮助裁判者形成心证。当裁判者根据劳动者的举证,认为其与涉及这些形式标志的单位之间存在劳动关系意义上用工的可能性高达一定程度时,可以依据《最高人民法院关于适用〈中华人民共和国民事诉讼法〉的解释》第 108 条第 1 款关于举证规则的规定,认定双方间存在劳动关系。依据该规定,对负有举证证明责任的当事人提供的证据,法院经审查并结合相关事实,确信待证事实的存在具有高度可能性的,应当认定该事实存在。

具体到实践中,例如,当平台将配送业务外包给甲公司,甲公司将该配送业务转包给乙公司,乙公司又将该配送业务转包给丁公司,如果发生纠纷后各公司为逃避担责,都否认对从业人员进行了用工,从业人员也无法举证其到底为哪家公司提供劳务或劳动时,就可以根据从业人员提供的相关形式标志,对是否存在劳动关系以及与哪个公司存在劳动关系进行判断和认定。

当然,在形式标志中,那些能直接反映用工关系从属性特征的标志,对劳动关系的证明效力往往较其他形式标志更高,比如书面劳动合同、符合工资发放周期的转账记录、考勤记录等。而像带有平台 Logo 的工作服、劳动工具等,则往往只是平台出于宣传企业形象、便于从业人员开展业务等商业目的而配备,并不能直接反映人格从属性、组织从属性等从属性特征,因此对劳动关系的证明效力就较低。区分不同的形式标志证明效力存在高低的意义还在于,当查明不同的形式标志指向两个以上的民事主体时,往往可以根据形式标志之间的证明效力的高低来认定从业人员到底与哪个主体存在劳动关系。

在认定劳动关系时,用工事实是劳动关系的实质要件,它决定着劳动关系的本质,也决定了形式标志,决定了何种现象和事实可以成为认定劳动关系的形式标志。但是,形式标志跟实质要件比起来更具直观性,更容易举证,而且,一般情况下,形式标志与实质要件是统一的。所以,一般情况下,只要形式标志足够充分,就可以推定劳动关系存在。但是,需要注意的是,当形式标志跟实质要件不一致的时候,还是要依据实质要件来认定是否存在劳动关系。比如,用人单位与劳动者在用工之前就已经订立了劳动合同的,劳动关系建立的时间仍应以实际开始用工的时间为准,而不是以劳动合同订立的时间为准。

第四条,以劳动从属性的有无和强弱作为区分三类用工关系的关键指标。

前文已经论及,在我国现行劳动法律架构下,劳动关系认定采用非此即彼的标准,从劳动类型看是从属性劳动—独立性劳动,劳动者提供从属性劳动即形成劳动关系,由劳动法调整;如果劳动者提供的是独立性劳动,其与用工主体之间形成的就是承揽、合作等普通民事关系,由民法调整。也就是说,传统的从属性理论将从属性的强度分为有和无两档,分别对应劳动关系和民事关系。这就是劳动法上饱受批评的、所谓"全有或全无"的保护模式。[①] 然而,从属性的强度就像是一个连续的光谱,必然有一个强—弱—无的渐变过程,这也为继续在从属性理论的框架内适用 56 号文的划分方式提供了理论可能。

具有可操作性的划分方式是,在考察从业人员向平台经营者提供的劳动时,

① 参见阎天:《平台用工规制的历史逻辑——以劳动关系的从属性理论为视点》,载《中国法律评论》2021 年第 4 期。

将原有的从属性劳动—独立劳动划分模式进一步细分为强从属性劳动—弱从属性劳动—独立劳动的模式。其中,强从属性劳动对应传统的劳动关系;弱从属性劳动对应56号文中规定的“不完全符合确立劳动关系情形但企业对劳动者进行劳动管理的”这一情形,即本文所称的类劳动关系;而独立劳动则对应依托平台,利用自身的体力、专业技能,自主从事劳务、咨询、设计等经营活动的从业人员所形成的普通民事关系。

显然,区分从属性的有无并不困难,有挑战的是如何区分强从属性和弱从属性,或者说,区分强从属性和弱从属性的标准是什么?

对此,课题组认为,首先,依据从属性理论,所谓的从属性可分为人格从属性、组织从属性和经济从属性,其中,人格从属性和组织从属性最能体现劳动关系区别于普通民事关系的本质特征,而经济从属性则不仅出现在劳动关系中,在普通民事关系中也可能存在。所谓经济从属性,一般认为是指劳动者以每月领取的薪酬作为其生存、发展乃至投资的主要经济支撑,因而其对用人单位构成了经济上的从属性。但是,当从业人员的收入主要源于开网约车、送外卖所得报酬时,不论其与平台经营者或者其他合同相对方之间是劳动关系还是类劳动关系,其相对于平台经营者或者其他合同相对方都有一定程度的经济从属性。因此,经济从属性并不是劳动关系独有的特性。易言之,在类劳动关系中,不仅允许存在经济从属性,还应当允许存在较强的经济从属性。

其次,对从业人员进行一定程度的劳动管理,也不必然意味着这种劳动具有劳动法意义上的强从属性,如果平台经营者只是对从业人员向客户提供的服务质量进行必要的监督和指示,应当允许其存在。因为即便是在完全不存在劳动管理的承揽合同中,依据《民法典》第779条的规定,承揽人在工作期间,也应当接受定作人必要的监督检验;而《民法典》第1193条还承认了定作人对承揽人拥有指示权。因此,举轻以明重,在类劳动关系中,平台经营者基于完全、适当地履行其与客户之间民事合同的需要,对从业人员向客户提供的服务进行必要的监督和指示,对从业人员的劳动进行必要的管理,是其应有的权利。只要这种管理对从业人员的劳动尚没有达到控制或支配的程度,就可以认为从业人员提供的劳动尚不具有人格或组织从属性,从而不构成传统的劳动关系。

关于加强劳动纠纷诉源治理的调研报告

北京市朝阳区人民法院课题组*

本调研报告就大体量案件法院如何推动劳动人事争议多元化纠纷解决机制改革,以构建符合区域特色和区域发展的多元化纠纷解决机制为落脚点,以劳动纠纷诉源治理在新时代背景下面临的挑战和问题为切入点,从完善国家治理体系和治理能力的角度,提出进一步完善多元、共治的民生案件解纷机制的对策建议。

一、现实:劳动纠纷基本特点

以北京市朝阳区人民法院(以下简称朝阳法院)2018~2021年受理劳动纠纷为研究样本,梳理发现劳动纠纷存在以下特点。

(一)劳动纠纷数量居高不下

朝阳法院劳动纠纷收结案数量高位运行,约占全市一审劳动争议案件的1/4。朝阳法院2018~2021年受理的劳动纠纷案件数量整体呈上升态势,分别为5348件、7891件、6344件、8899件。同期全市一审劳动争议案件收案量分别为22 736件、27 301件、22 753件、33 856件。4年间,朝阳法院劳动纠纷案件结案量分别为4823件、7323件、6877件、8985件,同期全市一审劳动争议案件结案量分别为22 290件、25 781件、23 301件、30 221件。比较上述四年的数据发现,朝阳法院受理案件量和结案量均占全市一审劳动争议案件量的1/4左右。单纯从民事一审案件统计数据分析,劳动争议案件占比居于第二位(位于第一的为大合同类纠纷)。

(二)结案方式调撤率相对较低

在结案方式上,以判决结案方式为主,调解撤诉率相对较低。经统计,4年

---

* 课题主持人:龚浩鸣;课题负责人:杨兵;课题执笔人:汪洋、孙霜悦。

来朝阳法院劳动争议案件以判决方式结案的分别为2287件(占比约为47.42%)、3088件(占比约为42.17%)、3327件(占比约为48.31%)、3883件(占比约为43.22%);调解撤诉案件的数量分别为2096件(占比约为43.46%)、3532件(占比约为48.23%)、2755件(占比约为40%)、4052件(占比约为45.1%);其他方式[①]结案的数量分别为440件、703件、805件、1050件。劳动争议案件是典型的涉民生案件,因案件已经过之前的调解和仲裁程序,在诉讼过程中,案件的调解工作难度较大,调解撤诉率相比普通民事案件较低。[②]

(三)仲裁后流入法院案件比例较高

我国劳动争议案件实行"一调一裁和两审"的模式。虽然劳动仲裁分流了一部分的劳动争议案件,仍有大量劳动争议案件流入法院,2018~2021年北京市朝阳区劳动人事争议仲裁委员会结案数量分别为19 693件、26 616件、25 836件、28 298件,流入法院的案件占比分别约为27.16%、29.65%、24.55%、31.45%。

二、症结:劳动纠纷化解机制的固有缺陷

按照纠纷解决的规律,大多数劳动纠纷应当在调解、仲裁程序解决,进入诉讼程序的少之又少,且进入诉讼程序的大都是复杂疑难案件。但目前司法实践中表现出的劳动争议解决情况不容乐观,大部分案件仍进入诉讼程序,根本原因在于劳动争议处理程序设置存在问题,调解、仲裁程序虚设,没有发挥应有作用,导致大部分案件涌入诉讼程序,劳动纠纷分流机制运行失灵。

(一)调解组织设置方面

1. 企业内部劳动争议调解委员独立性丧失

由于我国《劳动法》对于企业设立调解委员会未作强制性规定,因此在实践中,大多数企业没有设立企业调解委员会。国有企业改制,企业调解委员会逐渐被取消,大量非公有制企业又没有建立调解组织,[③]法律规定的企业调解委员会成了摆设,没有多大的实践意义。《劳动争议调解仲裁法》在调解制度设计上最大的缺陷在于弱化独立的第三方调解组织,企业内部的"调解"已经不能构成真

---

① 其他结案方式包括裁定驳回起诉、按撤诉处理、移送等。

② 以2018~2019年朝阳法院婚姻家庭、继承纠纷案件,买卖合同纠纷结案方式为例,该期间,婚姻家庭、继承纠纷案件以调解撤诉方式结案分别为4447件(占比约为64.41%)、4266件(占比约为61.99%)、2588件(占比约为56.02%)、3628件(占比约为60.58%);买卖合同纠纷案件以调解撤诉方式结案分别为2712件(占比约为48.03%)、3552件(占比约为56.65%)、1972件(占比约为51.17%)、2455件(占比约为61.79%)。由此可见,劳动纠纷案件以调解撤诉方式结案比率低于上述案件。

③ 参见褚利民:《我国现行劳动争议调解制度的缺陷与完善》,载《现代农业科技》2007年第11期。

正意义上的调解,丧失了制度优势。[①]

2. 基层调解组织难担重任

基层调解组织主要是村委会、居委会,由于受地域所限,在调解劳动争议中难以有很大的作为,对跨乡、跨街的大型企业,或矛盾纷繁复杂的劳动争议作用相对有限。[②]《劳动争议调解仲裁法》实施后,选择企业调解委员会调解劳动纠纷的很少,选择基层调解组织调解的更少,基层调解组织和乡镇街道劳动争议调解组织很难胜任劳动争议调解工作。

3. 区域性、行业性、民间性调解机构规定空白

所谓的区域性、行业性调解组织,是指在一定范围、行业内确立的调解组织。从劳动争议调解机构的设立背景来看,基本可分为政府性调解机构和社会性、群众性调解机构两类。民间性的劳动争议调解机构可归为社会性、群众性的调解机构,这类调解机构是设立于政府以外的群众性组织,具有独立于行政机关的性质。[③] 民间调解机构中吸收了律师、法律专家、法律工作者等,依靠威望、知识、技能等对争议双方居中调解。在当事人自愿的前提下,把劳动争议提交此机构调解,体现了“三方原则”,有利于劳动争议的居中、及时调解。但现行《劳动争议通解仲裁法》对此规定也属空缺。

(二)调解制度规定方面

1. 调解程序规则缺失

现代司法程序复杂、严格、烦琐,诉讼活动耗时长且成本较高,相对于诉讼程序而言,调解程序具有灵活、便捷、低廉、及时等特点,可使当事人以较低的成本获得较大的利益。因此,《劳动争议调解仲裁法》强化调解机制,将其作为与仲裁并列的纠纷解决制度,但是法律上对调解程序的规定过于原则,导致调解程序虚置。[④] 立法本意是利用调解的优势特点,不论程序如何,只要能够尽快解决纠纷即可;殊不知作为法定的劳动争议处理程序,缺乏具体的程序指引,将造成调解的混乱,不便于实践的操作。调解的申请、受理、结案,调解中的证据固定、当事人陈述、当事人救济、调解与仲裁的衔接等程序均应有所规定。

2. 政府主导力量不足

在现行的法律规定中,政府在调解中的主导作用没有体现,而如果政府参与

---

① 参见巴菱:《我国劳动争议调解制度的模式探究》,华东政法大学2007年硕士学位论文。

② 参见刘云甫、朱最新:《和谐社会视角下的劳动调解仲裁法——劳动调解仲裁法若干不足之评析》,载《行政与法》2008年第4期。

③ 参见高艳:《完善我国劳动争议调解机构的思考》,载《理论月刊》2008年第1期。

④ 参见丁虹、张雪梅:《劳动争议处理体制疑难问题研究》,载《经济论坛》2005年第19期。

调解,企业调解委员会的调解作用将会大大增强。劳动行政部门成立专门的劳动争议调解组织,将会发挥其专业、高效的调解作用,这些在《劳动争议调解仲裁法》中都未予规定。基层治理不能忽视民众对于政府权威的敬畏和信任,这种传统和行政机关拥有的权力资源使行政调解成为我国纠纷解决的特色。而《劳动争议调解仲裁法》未明确政府部门在利益争议处理中的职责与权限,未将劳动行政部门引入调解组织,未将行政解纷能力凸显。

3. 工会自治协商空白

工会是保护劳动者利益的群众性组织,它的基本职责是保护劳动者的合法权益。在劳动争议解决过程中,更应该发挥工会组织的特有作用。而我国目前的各种调解组织中,各省、市、县总工会组织集体缺位,自身很少参与劳动争议调解,也没有组织其他机构和人员参与到劳动争议调解之中,唯有企业工会和基层地方工会可以以企业劳动争议调解委员会或乡镇、街道设立的具有劳动争议调解职能组织的形式参与劳动争议调解。[①]《劳动争议调解仲裁法》依然不能改变目前工会在劳动争议调解中作用不大的现实。工会没有独立地位,人财物均依附于用人单位,多数情况下工会是企业的附庸。因此,现行劳动调解机制公信力不足,劳动调解程序形同虚设。

(三)调解法律效力方面

1. 调解地位未能凸显

我国劳动争议处理程序中历来重视调解,在《劳动争议调解仲裁法》中有所体现,但在实践中调解地位未能得到体现。《劳动争议调解仲裁法》设置的调解组织权威性不高。首先,企业劳动争议调解委员会仅由企业代表和职工代表组成,缺少独立第三方,实质上是协商;其次,基层调解组织设立层次低,未经过专业学习;再次,乡镇、街道设立的具有劳动争议调解职能的组织设立层次不高。调解组织自身缺陷加之调解组织缺少中立性、调解成功率不高、调解协议不能很好履行等因素,导致调解组织的权威难以树立。

2. 调解效力未能体现

《劳动争议调解仲裁法》没有确认调解协议的合同效力或执行的效力,一方不履行,另一方不能直接向法院起诉或者申请强制执行,确实是很大的遗憾。关于调解协议的效力,理论界有不同的观点。有学者提出,调解达成协议可以置换成仲裁调解协议书,以取得协议的法律效力;也有学者提出,应直接赋予劳动争议调解协议以强制执行效力。不论何种观点,在我国,法律没有规定调解协议履

---

① 参见刘云甫、朱最新:《和谐社会视角下的劳动调解仲裁法——劳动调解仲裁法若干不足之评析》,载《行政与法》2008年第4期。

行的配套措施，导致劳动争议调解协议不履行，没有相应的保障、惩罚措施，不利于劳动纠纷的解决。而支付令在实践中解决劳动纠纷的作用也微乎其微。

三、重构：劳动纠纷协同治理机制良性发展之探

多元化纠纷解决机制是一项解决社会矛盾、维护社会秩序、协调利益关系的系统性工程，是法治国家、法治政府、法治社会三位一体法治大格局中的基本要素。

（一）建立网格化基层劳动纠纷调解体系

1. 规范调解组织结构

首先，完善企业内部调解组织。对不同类型和性质的企业引入不同的调解组织。其次，建立行政调解组织。引入政府调解机构，主要职能是进行劳动争议咨询和调解。最后，建立区域性、行业性调解机构。在保留乡、镇街道劳动争议调解组织的基础上，增加县、市一级劳动争议调解组织，满足实质上区域性劳动争议调解组织的要求。相同或类似行业应成立同类行业组织，在行业协会内部设置独立于企业的行业性劳动争议调解组织。

2. 健全调解程序设计

首先，明确调解的申请、立案、调解规程、结案等具体程序规定，明确调解程序与仲裁、诉讼程序的衔接措施。其次，发挥政府在劳动争议调解中的主导作用，如前所述，应建立以政府调解机构为主导的多层次、全方位的调解网络。最后，发挥工会在劳动争议调解中的作用。完善企业劳动争议调解委员会的人员组成，在委员会仅由职工代表组成时，工会成员要参与到劳动争议调解中去。确立工会的独立地位，真正做到主体独立。

3. 明确调解法律效力

一方面，从立法上明确调解协议合同效力，一方不履行合同义务，无须经过仲裁程序，可直接向法院起诉。赋予劳动争议调解以法律约束力，如不履行调解协议需要承担一定的法律责任。另一方面，完善调解协议履行配套措施，保证劳动争议调解协议的履行。例如，可将协议履行情况纳入征信机制，把遵守劳动调解协议的情况作为评价企业和个人信用的要素之一。加强政策引导，让劳动纠纷尽量通过调解程序解决，并提高调解成功率。完善劳动争议调解组织，提高调解人员素质，完善"三方机制"，建立以政府调解组织为主体的多层次、全方位调解网络。建立劳动纠纷咨询、预警机制，重在预防劳动纠纷的产生与扩大。

（二）重塑具有实效性和权威性的劳动纠纷仲裁程序

《劳动争议调解仲裁法》中规定了仲裁前置、一裁两审制度，弱化了仲裁作用的发挥，导致大量劳动争议案件涌入诉讼程序，应通过解决仲裁机构实体化问

题、明确仲裁机构性质地位、真正贯彻“三方原则”等措施建立新型的劳动仲裁机构。通过完善仲裁具体程序设置，建立仲裁为主、诉讼救济的新体制等措施，最大限度地发挥仲裁在解决劳动纠纷中的作用，以此维护和谐稳定的劳动关系。

1. 落实仲裁功能发挥

按照法律规定，劳动争议仲裁委员会由代表政府的人力和社会资源行政部门、代表工人的工会、代表企业的企业代表组织共同组成。从理论上说，裁断者由三方代表组成，能够协调与平衡劳资双方利益，有利于公平。这也是劳动仲裁理论上最为突出的特点，分步做实仲裁委员会三方原则。当前，我国正在深入推进群团改革，工会、企业代表组织改革到位的地区可以先行做实仲裁委员会三方原则，工会和企业代表组织必须配备劳动仲裁员，专门从事劳动争议处理工作，按照仲裁委员会的指派参加仲裁合议庭。建立三方参与办案的规则。包含三方仲裁庭的组成、组庭后各方的职责与纪律、合议规则等。

2. 改良裁审关系定位，延伸劳动仲裁行政职能

《劳动争议调解仲裁法》制定的初衷，是想通过调解、仲裁程序来解决劳动纠纷，只有少数案件进入诉讼程序。因此，应当确立调解仲裁为主，诉讼救济的新体制。首先，程序上重调解、重仲裁。对于劳动争议案件，要通过各种调解组织，积极主动地介入调解之中去，通过调解程序分流大部分案件，没有解决的案件，通过政策引导，尽量进入仲裁程序。突出仲裁程序优势，尽早解决纠纷。[①]其次，仲裁阶段注重调解，调解贯穿在整个仲裁过程，仲裁案件要有大部分案件通过调解结案。同时，提高仲裁员素质，提升办案质量和水平，形成调解仲裁为主，诉讼救济的解决劳动纠纷新体制。

（三）推动劳动争议诉讼程序改革

1. 有条件地实现“一裁一审”制

劳动争议仲裁存在的价值和意义不应体现在作为前置程序上，更重要的是体现在劳动争议仲裁案件结案结果运用和实际效果上，劳动争议仲裁必须要独立成长并确实有效发挥其应有的劳动争议解决机制效能。建议实行法院“有限审理”制度。将仲裁程序作为“准一审”对待，如当事人在一审时再提交在劳动仲裁程序中故意不提交的证据的，法院不予采纳；仲裁裁决书确认的事实，当事人诉讼中未提出异议的，法院直接予以确认；司法审查时对仲裁自由裁量权给予应有的尊重；等等。建议建立书面审理制度。对于仲裁机构通过查阅申诉和答辩材料并经调查、组织调解或庭前会议可以查清事实的简单案件，仲裁机构可以

① 参见谢良敏：《〈劳动争议调解仲裁法〉：求新与完善》，载《人力资源》2008年第6期。

依职权决定书面审理,以体现仲裁的及时性原则。

2. 推动立法建设,规定适用裁审统一的制度规范

劳动争议制度具有独特的性质,与普通民事诉讼程序相比,其更强调非对抗性、高效性,以维持劳动关系的稳定。此外,与普通民事诉讼中当事人的平等地位相比,劳动者往往属于比较弱势的一方,在举证能力、诉讼水平等方面都不如用人单位一方。为快速、有效地解决劳动争议纠纷,有必要细化劳动诉讼特别程序规则。

四、尝试:朝阳区劳动纠纷“融调解”机制的进路刻画

近年来,最高人民法院鼓励各地区结合实际,与党政部门、行业组织通过协作的方式,推广专门性、行业性解纷机制,填补诉源治理体系空白。朝阳区劳动人事争议“融调解”机制应运而生。结合朝阳区劳动人事争议状况,同时参考北京市其他区、县及外地省市开展裁审衔接工作的经验,本着“边酝酿、边实践、边丰富”的原则,2019 年,朝阳法院与朝阳区劳动人事争议仲裁院共同研究签署了《朝阳区劳动人事争议仲裁与诉讼衔接办法》。2020 年 8 月 11 日,朝阳法院联合朝阳区人社局和朝阳区总工会建立朝阳区劳动纠纷诉源治理“融调解”机制,融合行业调解、行政调解、人民调解、专业调解、司法调解、特邀调解等调解力量,依托调解联动靠前、法制宣传靠前、司法确认靠前、分析研判靠前等工作机制,发挥平台共享、资源共享、信息共享、机制共享的集约效能,促进朝阳区劳动纠纷早发现、早介入、早处置,努力从源头上减少劳动纠纷的发生。

(一)整合资源,形成多元解纷合力

针对劳动争议案件调解组织分散、调解效率不高、统筹调配不到位、价值体现不够等问题,朝阳区依靠党委领导,有效整合解纷资源,形成解纷合力。

第一,优化调解资源对接。在朝阳区委政法委领导下,朝阳区法院联合朝阳区劳动人事争议仲裁院、朝阳区司法局、朝阳区工会,建立劳动人事争议类案件融合性、专业性纠纷化解机制。结合本地实际和案件特点,将各类非正式的、自治性或市场化调解机构解纷资源统筹起来,建立对接机制、明确责任部门和人员,实现劳动争议案件调解专业、优质、高效处理,打造劳动争议案件调解的“朝阳品牌”。

第二,统筹调解资源调配。法院、人社局、工会三方共同建立全区劳动纠纷调解员和调解组织名册,形成调解队伍资源库,入库的调解员和调解组织三方均可使用。朝阳法院优先吸纳上述名册中的调解员和调解组织加入特邀调解名册。朝阳区人社局、朝阳区总工会可以向朝阳法院推荐上述名册外的调解员和调解组织进入特邀调解名册。截至 2021 年,调解资源库内共有调解员 46 名,调

解组织1个,法院特邀调解名册共有调解员13名。调解资源库对纳入调解名册管理的调解资源,结合纠纷类型、社会影响程度、调解员能力和绩效等因素,统一分类建档管理,通过调解资源调配,实现调解资源优化组合、统筹调配、共享共融、优势互补。坚持以人为本,提高解纷的权威性、保密性。典型案例分类整理,纳入资源库,作为解纷参照,提高调解的有效性和可信度。

第三,促进解纷效能提升。"融调解"制度将诉源治理理念贯穿仲裁和诉讼的全过程,以"拓宽调解范围、提升调解权威,强化诉源治理"为工作目标,综合运用法律规则、行规习惯、善良风俗、公平正义观念推动调解的规范化、专业化、法治化,促进纠纷实质化解,充分落实调解实效。建立劳动争议纠纷示范判决机制。对于大规模群体性劳动纠纷或者类型相似的劳动纠纷,做好风险防控化解,需要法院通过司法判决宣示法律规则、统一法律适用的,朝阳法院可选取在事实认定、法律适用上具有代表性的若干个案作为示范案件,先行审理并及时作出判决,引导其他当事人通过"融调解"机制解决纠纷,提高批量化解纠纷效能,推动形成多方共赢的解纷文化,实现结果公正、效率提升。

(二)精细管理,提升特邀调解公信力

针对以往法院特邀调解或委托调解工作中组织管理精细化不够等问题,完善体系、落实责任,提高特邀调解质效和公信力。

第一,细化解纷流程。将"融调解"管理纳入法院诉源治理机制统一管理和"一站式"诉讼服务体系建设中。建立"联动平台",推动跨机关、跨部门平台互联互通、数据自动推送、资源共享共用。与仲裁委员会等机关协同配合,建立裁审联动机制,采取"定期会议、随时通气"的工作方法,妥善处置突发性、群体性、重大复杂纠纷,提高多元解纷的联动性、协同性、主动性。完善"对接渠道",完善诉调对接。重视特邀调解与繁简分流、立案登记制、诉讼服务现代化等配套改革的衔接和配合,促进多元解纷制度体系化、法治化、实质化。畅通"引导流程",加强宣传,引导群众依法自愿选择特邀调解并尊重当事人程序选择权;结合实际,根据群众反映不断调整工作细节,与时俱进、动态更新,增强纠纷化解的预见性、快捷性和实效性。搭建"分流平台"。规范特邀调解程序设置,构建全程分流程序体系,提升纠纷源头防控、源头化解质效。

朝阳区劳动人事争议仲裁院通过加强与行政监察机关的联动,在仲裁前引入行政机关参与调解,通过行政力量对相关用人单位的不规范用工、违法解除劳动关系等行为形成威慑,从而促进纠纷的调解化解。

第二,完善责任管理。建立调解员名册,细化工作细则,明确选任标准和入册条件,细化发布入册通知、续展条件、退出机制、更新时限、业绩评价、资质认证、权利义务、津贴发放等内容,将综合素质高、专业能力强、热爱调解事业的人员选到特邀调解队伍中。完善调解规则,对调解制度的地位、功能、调解方式、活动空间等划定范围和界限。规范导诉行为、分流规程、实现规则等。确保在调解程序开始前告知双方当事人权利义务、调解规则、调解程序、调解协议效力、司法确认申请等事项;调解过程中,规范调解员应当遵循的规则、方法;调解协议达成后,依法实现调解与仲裁、诉讼的衔接程序,赋予调解结果以执行力。

(三)精准指导,带动调解内生分流能力

针对过往调解工作中存在的法官指导不及时、不到位等问题,“融调解”机制强化了法院对调解工作的引导和宣传。

第一,保证全流程指导。设立法官工作站,加强劳动纠纷巡回审判。朝阳法院在朝阳区劳动人事争议仲裁院、朝阳区总工会职工服务中心分别设立法官工作站,通过劳动纠纷巡回审判、靠前调解、现场司法确认、法律讲座等多种形式,为当事人提供便捷高效的诉讼服务,努力实现“审理一案、教育一片”的效果。朝阳法院截至 2021 年通过法官工作站进行公开示范庭审 4 次,当庭宣判并维持仲裁裁决,有效提升仲裁裁决权威,促进仲裁阶段纠纷实质化解,不断降低劳动纠纷成诉率。

第二,加强针对性指导。指导调解组织建立调解员专业知识培训制度,推动特邀调解专业化发展。基于案件类型的多元性和当事人的不同需求,指导调解组织针对不同争议焦点制定调解模块,建立符合各类纠纷特点的调解突破点和证据收集指引规则。法院、人社局、工会联合开展多场调解员培训,着力提升调解员政治素养、职业道德、调解技能、劳动法律专业知识。

(四)无缝衔接,激活调裁审协调动力

针对调解对接机制缺乏系统设计、权责不够明晰、推进力度不一、程序对接实效有待提高等问题,“融调解”机制从以下三个方面优化了劳动人事争议诉调对接、诉裁对接衔接工作。

第一,优化制度衔接。结合《民事诉讼法》第 136 条第 2 项和《最高人民法院关于人民法院进一步深化多元化纠纷解决机制改革的意见》中关于“登记立案后或者在审理过程中,人民法院认为适宜调解的案件,经当事人同意,可以委托给特邀调解组织、特邀调解员或者由人民法院专职调解员进行调解”的规定,建立“融调解”专项对接制度,法院劳动争议速裁审判团队设专门人员做好调解对接工作。发挥调解员的桥梁纽带作用,建立调解未达成协议转入仲裁程序和审判程序的规则,从制度层面明确调解员不得在后续的诉讼程序中担任该案的人民陪审员、诉讼代理人、证人、鉴定人以及翻译人员,妥善解决调解员角色冲突与证据限制等问题。鉴于一些案件存在证据突袭、庭审虚化、多次开庭等问题,可通过调解会议固定有争议事实和证据,简化庭审举证和质证,并逐步探索采用无争议事实记载和无异议调解方案认可等机制，增加确定性，调动当事人参与调解积极性，力求将有待庭审程序解决的实质性问题提前到审前程序或小额速裁程序中解决。

第二，优化程序对接。规范调解与立案、审判等程序衔接，做好与诉讼服务的无缝对接，体现特邀调解制度的相对独立性，最大限度提升法院解纷效率。对于审理中的劳动争议案件，可以根据案件情况、审理需要等，委托调解队伍资源库里的调解员或调解组织进行调解。委托调解达成调解协议，调解员或调解组织应当向朝阳法院提交调解协议，由朝阳法院审查并制作调解书结案，或者当事人申请撤诉的，由朝阳法院依法作出裁定。经“融调解”机制调解达成民事调解协议的，双方当事人可以自调解协议生效之日起 30 日内共同向法院申请司法确认。调解未达成协议的，调解员应当将当事人的起诉状等材料移送法院；当事人坚持诉讼的，法院应当依法登记立案，并及时转入审判程序审理。

第三，优化效力衔接。解决调解以及其他纠纷解决程序与正式的司法程序之间的衔接问题，减少各种机制之间的冲突和重复。健全完善结案报告制度，加大调解协议司法确认力度，提高特邀调解的效力和权威性。由调解员负责协助当事人完成申请司法确认的程序管理，确定共同申请时间、拟申请司法确认法院等信息，做好后续程序衔接工作和有关材料的备案。劳动纠纷申请仲裁前，经人民调解委员会、特邀调解员或者特邀调解组织调解达成调解协议的，双方当事人可以自调解协议生效之日起 30 日内共同向朝阳法院申请司法确认。人民调解委员会、特邀调解员或者特邀调解组织可以指导双方当事人在达成调解协议的同时，一并提出司法确认申请。当事人达成调解协议后不愿意申请司法确认的，可以向朝阳区劳动人事争议仲裁院申请立案，由朝阳区劳动人事争议仲裁院出具调解书。

（五）配合保障，聚合调解机制向心力

针对激励保障不完善等问题，“融调解”机制注重全面提高保障标准和水平。

第一，科技保障。以“互联网+诉讼服务”理念为指引，2019 年 11 月，朝阳法院启动朝阳区“无讼朝阳”矛盾纠纷源头治理在线平台。“无讼朝阳”是由朝阳区委政法委牵头，朝阳法院与朝阳区司法局共同建成的一套覆盖全区的矛盾纠纷源头治理平台，具有调解资源整合管理、矛盾纠纷排查分析、在线矛盾多元调解、调解业务培训指导、一键申请法院确认等功能，为群众提供掌心上的“一站式多元解纷”服务。平台由 3 个微信小程序、2 个电脑网页应用程序组成，包括服务当事人、调解员、法官、管理员的四个端口，解决了群众遇到纠纷该找谁、到哪找，调解组织公信力不足、群众接纳度低，矛盾纠纷化解流程中的对接衔接、司法供需异步等问题。“融调解”机制运行过程中，进一步加大了对“无讼朝阳”平台的宣传和使用力度，将信息化技术优势与劳动争议诉源治理工作深度融合。朝阳法院、朝阳区人社局、朝阳区总工会共同推进“一家一站一律师”、街乡人民调解、劳动仲裁调解、特邀调解、行业调解等机制与“无讼朝阳”平台的联通，促进各类调解员和调解组织利用“无讼朝阳”平台开展在线咨询、在线协商、在线调解、在线司法确认、在线信息沟通分享等调解工作。2020 年“无讼朝阳”平台获评全国政法智能化建设智慧治理十大创新案例。

第二，组织保障。了解调解员的培训意向，采取集中轮训、庭审观摩、座谈交流等多种形式，合理安排特邀调解员技能培训，规范行为准则，进一步确保调解队伍的稳定性。积极宣传特邀调解的功能与优势，充分发挥政策导向作用和行政解纷资源优势，提高公众认知度和接受度。通过公开表彰的方式促进调解员履职尽责，提升特邀调解质量和公信力，激发这支队伍的荣誉感与尊荣感。

第三，经费保障。政府有关部门依法对劳动争议调解制度所应承担的资源投入、管理、监督、保障的职责和权限范围予以制度化。提高调解保障水平，建立财政保障机制，调解经费补贴与区域实际、纠纷难易挂钩，提高个案补贴的吸引力；依法探索建立调解收费机制，规范诉前调解程序中律师、专家等专业调解收费。

（六）深化沟通，形成区域劳争解纷凝聚力

第一，建立裁审尺度统一沟通交流机制。朝阳法院和朝阳区劳动人事争议仲裁院建立裁审尺度统一定期交流机制，就劳动争议裁审实践中的类案审理思路、政策法规适用、疑难复杂案件处理等进行研讨，形成会议纪要，统一裁审尺度，提升仲裁裁决的权威性。朝阳法院对于审理工作中发现的劳动仲裁中常见易发的问题，应及时向朝阳区劳动人事争议仲裁院通报。

第二，建立劳动纠纷预警机制。敏感、群体性、新类型、疑难复杂案件一直是法院关注和着力解决的重点。朝阳法院、朝阳区人社局积极争取朝阳区委支持，加快建立欠薪裁员预警机制。朝阳区人社局和朝阳区总工会基于会员动态、舆情、税务、社保、仲裁等大数据分析，以及从街乡等部门了解的劳动纠纷处理需求和发案态势等情况，及时向朝阳法院反馈劳动纠纷预警信息，联合朝阳法院提前研判、及时会商纠纷处置预案，必要时共同向朝阳区委申请纠纷协调处置。机制运行过程中，朝阳区总工会向属地工会提供过 86 次预警，预警内容主要为企业出现的裁员、欠薪等易引发劳动纠纷的情况。

第三，建立劳动争议分析研判机制。朝阳法院、朝阳区人社局、朝阳区总工会应密切关注经济社会形势发展，对涉民生保障、涉群体劳动权益保障、涉重要产业或新兴产业发展等案件，及时进行分析研判，通过联合发布白皮书、发布法律指引等方式协同治理纠纷,并向党委、政府等相关部门提出对策建议。

结语

如前所述,现行的调解仲裁法律已经不足以满足当下国情需要和日益增长的劳动纠纷案件,改革势在必行,有必要建立“调解在前、仲裁为主,司法在后、诉讼为辅”的劳动纠纷诉源治理、分流化解机制。对于企业、政府、工会等主体的角色定位、工作职责等有必要加以深入地分析研判。下一步,朝阳法院将进一步深入贯彻习近平总书记关于“坚持把非诉讼纠纷解决机制挺在前面,从源头上减少诉讼增量”的要求,提高政治站位,深化改革创新,全面推进多元化纠纷解决机制建设,切实增强劳动人事争议多元化解服务大局的针对性和有效性,切实履行好司法审判职能,充分发挥“融调解”机制的作用,力争把事实清楚、当事人争议不大的劳动人事纠纷化解在诉前,努力满足建设“首善之区”的司法需求。

【法律文书之窗】

北京市高级人民法院
行政判决书

(2021)京行终9805号

上诉人(一审原告):殷某,女,1981年8月1日出生,汉族,住河北省秦皇岛市

被上诉人(一审被告):中华人民共和国司法部,住所地北京市朝阳区朝阳门南大街6号

殷某因诉中华人民共和国司法部(以下简称司法部)撤销行政许可决定及行政复议一案,不服北京市第三中级人民法院(以下简称一审法院)作出的(2021)京03行初409号行政判决(以下简称一审判决),向本院提起上诉。本院受理后,依法组成合议庭对本案进行了审理。本案现已审理终结。

司法部于2021年1月21日对殷某作出《撤销行政许可决定书》(文号:2021-005号,以下简称被诉撤销决定),主要内容为:你经本机关审核决定授予法律职业资格,证书编号:C201713××××0070。现查明,你在参加2017年国家司法考试过程中,存在隐瞒被开除公职的事实、提供虚假证明材料骗取报名并获得法律职业资格的行为,属于《国家司法考试违纪行为处理办法》(2008年9月16日司法部令第114号发布,根据2016年9月14日司法部令第135号《司法部关于修改〈国家司法考试违纪行为处理办法〉的决定》修正,以下称《国家司法考试违纪行为处理办法》)第五条规定的情形。本机关认为,殷某在参加2017年国家司法考试过程中,存在隐瞒被开除公职的情况,事实清楚,证据确凿。根据《中华人民共和国行政许可法》(以下简称行政许可法)第六十九条、第七十条及《国家司法考试违纪行为处理办法》第五条规定,本机关决定撤销授予殷某法律职业资格的决定,收回、注销法律职业资格证书。殷某不服被诉撤销决定,向司法部

申请行政复议。司法部于2021年6月17日作出《行政复议决定书》[(2021)司复决52号,以下简称被诉复议决定],认为被诉撤销决定事实清楚,内容适当,程序合法,未援引适用依据的具体款项,属于执法瑕疵,应予以指正,殷某的复议请求不予支持,根据《中华人民共和国行政复议法》(以下简称行政复议法)第二十八条第一款第一项规定,决定维持被诉撤销决定。殷某仍不服,向一审法院提起行政诉讼,请求撤销被诉复议决定、被诉撤销决定,请求审查《国家司法考试违纪行为处理办法》第五条。

一审法院经审理查明,2016年6月24日,原秦皇岛市抚宁区监察局(以下简称原抚宁区监察局)作出《关于给予殷某开除公职处分的决定》(抚监发〔2016〕6号,以下简称涉案开除决定),给予殷某开除公职处分。2016年7月29日,原抚宁区监察局作出《关于殷某开除公职案的复审决定》(抚监发〔2016〕7号,以下简称涉案复审决定),决定维持涉案开除决定。殷某对涉案复审决定不服,向原秦皇岛市监察局申请复核。2016年12月15日,原秦皇岛市监察局作出《关于给予殷某同志开除公职处分的复核决定》[(2016)秦监决字第52号,以下简称涉案复核决定],维持了涉案开除决定。2017年,殷某报名参加当年国家司法考试,并填制《2017年国家司法考试报名表》,承诺无《国家司法考试实施办法》规定的不能报名参加考试的情形,所填内容属实,提供材料真实,并承担相应法律后果。2017年12月18日,殷某在填制《2017年国家司法考试法律职业资格授予申请表》时,亦承诺无《国家司法考试违纪行为处理办法》第七、八、九、十条规定情况,无被国家机关开除公职等情形。2020年1月3日,河北省司法厅向司法部报送《关于撤销殷某法律职业资格的请示》(冀司呈〔2020〕3号),建议司法部撤销殷某2017年参加国家司法考试取得的法律职业资格,收回、注销《法律职业资格证书》。2020年12月18日,司法部向殷某作出《国家司法考试违纪行为处理权利告知书》,并通过秦皇岛市司法局于12月27日向殷某送达。2021年1月5日,司法部向殷某作出《听证通知书》,并通过秦皇岛市司法局于次日送达殷某。1月15日,司法部通过视频方式举行听证会并制作听证记录。1月21日,司法部向殷某作出被诉撤销决定,决定撤销授予殷某法律职业资格的决定,收回、注销其法律职业资格证书(证书编号:C201713××××0070),并于1月27日通过秦皇岛市司法局向殷某邮寄送达。

2021年3月15日,司法部复议机构收到殷某因不服被诉撤销决定提交的《行政复议申请书》,经审查,依法予以立案并于3月19日向司法部法律职业资格管理局(以下简称资格管理局)发出行政复议答复通知。3月23日,资格管理局提交行政复议书面答复意见。因案情复杂,司法部复议机构于5月8日分别向殷某和资格管理局作出行政复议延期通知书,并于5月11日向殷某邮寄发出,向资格管理局直接送达,殷某于5月11日签收。案件审理期间,因客观原因,司法部于6月11日作出中止行政复议审理通知书,并于6月12日向殷某邮寄发出,殷某于6月13日签收。6月17日,司法部复议机构恢复案件审理并于同日作出被诉复议决定,于6月18日向殷某邮寄发出,殷某于6月20日签收。殷某不服,提起本案诉讼。

一审法院认为,根据《国家司法考试违纪行为处理办法》第五条规定,针对报名人员提供虚假证明材料或者以其他形式骗取报名,已经取得法律职业资格的,司法部具有作出本案被诉撤销决定的法定职权。同时,行政复议法第十四条规定,对国务院部门或者省、自治区、直辖市人民政府的具体行政行为不服的,向作出该具体行政行为的国务院部门或者省、自治区、直辖市人民政府申请行政复议。司法部作为国务院部门,具有接受殷某的行政复议申请并开展行政复议工作的法定职责。

根据《国家司法考试实施办法》第四章报名条件第十六条规定,有下列情形之一的人员,不能报名参加国家司法考试,已经办理报名手续的,报名无效:(一)因故意犯罪受过刑事处罚的;(二)曾被国家机关开除公职或者曾被吊销律师执业证、公证员执业证的;(三)被处以二年内不得报名参加国家司法考试期限未满或者被处以终身不得报名参加国家司法考试的。本案中,原抚宁区监察局作出的涉案开除决定、涉案复审决定以及原秦皇岛市监察局作出的涉案复核决定等在案证据材料能够证明,殷某存在曾被开除公职的情形,因此,其不符合参加2017年国家司法考试的报名条件,报名无效。

根据《行政许可法》第六十九条第二款规定,被许可人以欺骗、贿赂等不正当手段取得行政许可的,应当予以撤销。同时,根据第七十条第四项规定,行政许可依法被撤销、撤回,或者行政许可证件依法被吊销的,行政机关应当依法办理有关行政许可的注销手续。《国家司法考试违纪行为处理办法》第五条规定,报名人员提供虚假证明材料或者以其他形式骗取报名的,由其报名所在地司法行政机关作出报名无效的决定;已经参加考试的,由省、自治区、直辖市司法行政机关给予其当年考试成绩无效的处理;已经取得法律职业资格的,由司法部撤销授予法律职业资格的决定,并收回、注销其法律职业资格证书。本案中,殷某在参加2017年国家司法考试过程中,存在隐瞒曾被开除公职的情况,后于2017年12月取得法律职业资格C证,属于以欺骗、贿赂等不正当手段取得法律职业资格,司法部依据前述规定作出被诉撤销决定,决定撤销授予殷某法律职业资格的决定,收回、注销其法律职业资格证书,事实清楚,证据确凿。但在适用法律、法规方面,没有援引具体款项,虽然结合被诉撤销决定认定的事实,可明确判断所依据的款项,并无歧义,且不影响处理结果,不属于适用法律、法规错误的情形,但仍属存在瑕疵，法院予以指正。

司法部收到河北省司法厅报送的《关于撤销殷某法律职业资格的请示》（冀司呈〔2020〕3号）及附件等相关材料后，依法调查核实，履行了权利告知、举行听证会、送达等程序，保障了殷某的陈述、申辩权利，被诉撤销决定的作出程序合法。

司法部复议机构收到殷某的行政复议申请后，履行了立案、通知答复、延期、中止、送达等程序，且对被诉撤销决定未援引法律依据具体款项的执法瑕疵，在被诉复议决定中予以纠正和明确，因此，被诉复议决定事实清楚，程序合法，结论并无不当。

《中华人民共和国行政诉讼法》第五十三条规定，公民、法人或者其他组织认为行政行为所依据的国务院部门和地方人民政府及其部门制定的规范性文件不合法，在对行政行为提起诉讼时，可以一并请求对该规范性文件进行审查。前款规定的规范性文件不含规章。本案中，殷某请求审查《国家司法考试违纪行为处理办法》第五条的规定。但《国家司法考试违纪行为处理办法》系司法部制定的规章，依法不属于人民法院司法审查的范畴，对其请求，不予支持。

综上，根据《中华人民共和国行政诉讼法》第六十九条、第七十九条的规定，判决驳回殷某的全部诉讼请求。案件受理费50元，由殷某负担（已交纳）。

殷某不服一审判决，向本院提起上诉，请求撤销一审判决，依法改判或发回重审，撤销被诉复议决定、被诉撤销决定，审查《国家司法考试违纪行为处理办法》第五条，对司法部提出司法建议。其主要上诉理由为：第一，司法部在适用法律、法规时，没有援引具体条款，属于适用法律错误。第二，司法部在二年内未发现殷某的违法行为，根据《中华人民共和国行政处罚法》（以下简称行政处罚法）第三十六条第一款的规定，不应再作出被诉撤销决定。一审法院未对该事实进行认定，属于认定事实不清。第三，《中华人民共和国律师法》及《国家司法考试实施办法》《国家司法考试违纪行为处理办法》的相关规定应当根据2021年8月20日《中华人民共和国人口与计划生育法》（以下简称《人口与计划生育法》）的修改作出相应调整，因超计划生育被开除公职应作为除外情形，否则法律、法规之间相互抵触，且与国家新的计划生育政策相违背。第四，“司法考试”在2018年已经修改成“国家统一法律职业资格考试”，且《国家统一法律职业资格考试实施办法》已于2018年4月25日实施，该规章明确了法律职业资格考试的报名条件、组织实施、违纪处理、资格授予管理等内容，因此司法部不应当再适用旧的规章，司法部依据《国家司法考试违纪行为处理办法》已经不合时宜，司法部适用法律错误。第五，司法部的行政行为明显不当，应当予以撤销。殷某持证生育，不属于超计划生育的情形。第六，司法部作出的被诉撤销决定事实不清、证据不足。第七，与计划生育政策相关的《国家司法考试违纪行为处理办法》第五条滞后于国家二孩、三孩计划生育政策，请求法院向司法部提出司法建议。

司法部未提出上诉答辩意见。

一审证据材料均已随案移送本院。本院经审理认为一审法院的相关认证意见正确，予以确认。二审期间，双方当事人未向本院提交新的证据材料。本院经审理查明的事实与一审判决认定的事实一致，对此予以确认。

本院认为，《中华人民共和国行政诉讼法》第六十九条规定，行政行为证据确凿，适用法律、法规正确，符合法定程序的，人民法院应当判决驳回原告的诉讼请求。结合双方当事人的诉辩意见，本案的主要争议焦点是，被诉撤销决定认定殷某在参加2017年国家司法考试过程中，存在隐瞒被开除公职的情况，并决定撤销授予殷某法律职业资格的决定，收回、注销法律职业资格证书，上述处理认定事实是否准确，适用法律是否正确，以及行政程序是否合法。

一、关于被诉撤销决定认定事实是否准确的问题

被诉撤销决定认定殷某在参加2017年国家司法考试过程中，存在隐瞒被开除公职的事实、提供虚假证明材料骗取报名并获得法律职业资格的行为。被诉复议决定中认定2017年殷某报名参加当年国家司法考试，并填制《2017年国家司法考试报名表》，承诺无《国家司法考试实施办法》规定的不能报名参加考试的情形；后殷某在填制《2017年国家司法考试法律职业资格授予申请表》时，亦承诺其不存在被国家机关开除公职等情形。针对上述其认定的事实，司法部在一审审理过程中提交了殷某《2017年国家司法考试报名表》、《2017年国家司法考试法律职业资格授予申请表》、原抚宁区监察局作出的涉案开除决定、原秦皇岛市监察局作出的涉案复核决定。依据《最高人民法院关于适用〈中华人民共和国行政诉讼法〉的解释》第一百三十五条第二款的规定，作出原行政行为的行政机关和复议机关对原行政行为合法性共同承担举证责任，可以由其中一个机关实施举证行为。司法部提供的上述证据能够证明殷某存在曾被开除公职的情形，但殷某在参加2017年国家司法考试报名和申请授予法律职业资格过程中，隐瞒了上述事实。据此，可以认定被诉撤销决定认定事实准确。殷某关于被诉撤销决定事实不清、证据不足等相关主张不能成立。

二、关于被诉撤销决定适用法律是否正确的问题

被诉撤销决定系适用《行政许可法》第六十九条、第七十条及《国家司法考试违纪行为处理办法》第五条的规定，决定撤销授予殷某法律职业资格的决定，收回、注销法律职业资格证书。《行政许可法》第六十九条第一款规定,有下列情形之一的,作出行政许可决定的行政机关或者其上级行政机关,根据利害关系人的请求或者依据职权,可以撤销行政许可:(一)行政机关工作人员滥用职权、玩忽职守作出准予行政许可决定的;(二)超越法定职权作出准予行政许可决定的;(三)违反法定程序作出准予行政许可决定的;(四)对不具备申请资格或者不符合法定条件的申请人准予行政许可的;(五)依法可以撤销行政许可的其他情形;第二款规定,被许可人以欺骗、贿赂等不正当手段取得行政许可的,应当予以撤销;第三款规定,依照前两款的规定撤销行政许可,可能对公共利益造成重大损害的,不予撤销;第四款规定,依照本条第一款的规定撤销行政许可,被许可人的合法权益受到损害的,行政机关应当依法给予赔偿。依照本条第二款的规定撤销行政许可的,被许可人基于行政许可取得的利益不受保护;第七十条规定,有下列情形之一的,行政机关应当依法办理有关行政许可的注销手续:(一)行政许可有效期届满未延续的;(二)赋予公民特定资格的行政许可,该公民死亡或者丧失行为能力的;(三)法人或者其他组织依法终止的;(四)行政许可依法被撤销、撤回,或者行政许可证件依法被吊销的;(五)因不可抗力导致行政许可事项无法实施的;(六)法律、法规规定的应当注销行政许可的其他情形。根据2017年9月1日通过的《全国人民代表大会常务委员会关于修改〈中华人民共和国法官法〉等八部法律的决定》施行前的《中华人民共和国法官法》《中华人民共和国检察官法》《中华人民共和国律师法》等法律规范的规定,国家对初任法官、检察官和取得律师资格实行统一的司法考试制度。国务院司法行政部门会同最高人民法院、最高人民检察院共同制定司法考试实施办法,由国务院司法行政部门负责实施。最高人民法院、最高人民检察院、司法部以司发[2008]11号通知印发的《国家司法考试实施办法》第十六条第二项中规定,曾被国家机关开除公职的人员,不能报名参加国家司法考试,已经办理报名手续的,报名无效。《国家司法考试违纪行为处理办法》第五条规定,报名人员提供虚假证明材料或者以其他形式骗取报名的,由其报名所在地司法行政机关作出报名无效的决定;已经参加考试的,由省、自治区、直辖市司法行政机关给予其当年考试成绩无效的处理;已经取得法律职业资格的,由司法部撤销授予法律职业资格的决定,并收回、注销其《法律职业资格证书》。本案中,因殷某于2017年报名参加当年国家司法考试,故上述法律规范的时间效力及于殷某的报名行为。殷某请求审查《国家司法考试违纪行为处理办法》第五条,因《中华人民共和国行政诉讼法》第五十三条只授权公民、法人或者其他组织在认为行政行为所依据的国务院部门和地方人民政府及其部门制定的规范性文件不合法,在对行政行为提起诉讼时,可以一并请求对该规范性文件进行审查,但上述规范性文件不含规章，而《国家司法考试违纪行为处理办法》属于规章性质，因此，殷某无权以提出诉讼请求的方式要求人民法院对上述规章进行审查。《中华人民共和国行政诉讼法》第六十三条第三款规定，人民法院审理行政案件，参照规章。因《国家司法考试实施办法》《国家司法考试违纪行为处理办法》关于报名条件、对提供虚假证明材料或者以其他形式骗取报名行为的处理等内容不违反行政许可法、《中华人民共和国法官法》《中华人民共和国检察官法》《中华人民共和国律师法》等上位法的规定，故本案可以依据《中华人民共和国行政诉讼法》第六十三条的规定参照适用上述规章及规范性文件。

《国家司法考试违纪行为处理办法》第五条中“报名人员提供虚假证明材料或者以其他形式骗取报名的，已经取得法律职业资格的，由司法部撤销授予法律职业资格的决定，并收回、注销其《法律职业资格证书》”的内容，属于对行政许可法第六十九条、第七十条在司法考试领域对应当撤销行政许可的细化规定，因此，在被诉撤销决定并未引用行政许可法第六十九条、第七十条的具体款项而引用了《国家司法考试违纪行为处理办法》第五条的情况下，不应认定被诉撤销决定适用法律错误。被诉复议决定和一审判决认为上述情况属于瑕疵，本院不持异议。

需要指出的是，前述《国家司法考试实施办法》第十六条第二项中规定的“曾被国家机关开除公职的人员，不能报名参加国家司法考试，已经办理报名手续的，报名无效”的内容，是将殷某填制《2017 年国家司法考试报名表》《2017 年国家司法考试法律职业资格授予申请表》时未说明其存在被国家机关开除公职的行为，定性为提供虚假证明材料或者以其他形式骗取报名的行为的直接法律依据，被诉撤销决定和被诉复议决定均未将《国家司法考试实施办法》第十六条第二项作为法律依据，在法律适用方面有失周延，本院应予指出，但上述缺陷不足以认定被诉撤销决定适用法律错误。

关于殷某提出的本案应当适用行政处罚法相关规定的主张。全国人大常委会法制工作委员会于 2017 年 2 月 23 日作出的《关于公司法第一百九十八条“撤销公司登记”法律性质问题的答复意见》(法工委复〔2017〕2 号)中答复：“行政许可法第六章监督检查第六十九条第一款对行政机关违法履行职责而准予行政许可的撤销作了规定，第二款对被许可人以欺骗、贿赂等不正当手段取得行政许可的撤销作了规定。第七章法律责任第七十九条规定，被许可人以欺骗、贿赂等不正当手段取得行政许可的，行政机关应当依法给予行政处罚。依照行政许可法的上述规定，撤销被许可人以欺骗等不正当手段取得的行政许可，是对违法行为的纠正，不属于行政处罚。”本院认为可以参照上述答复确定行政许可法第六十九条中所规定的撤销行政许可行为的法律性质。据此，本案被诉撤销决定不具有行政处罚的性质。殷某认为本案应适用行政处罚法的相关规定,缺乏法律依据。

关于殷某提出的本案新旧法律规范的选择适用的相关主张。《中华人民共和国立法法》第九十三条规定,法律、行政法规、地方性法规、自治条例和单行条例、规章不溯及既往,但为了更好地保护公民、法人和其他组织的权利和利益而作的特别规定除外。据此,在行政诉讼领域,行政相对人的行为发生在新法施行以前,行政行为作出在新法施行以后,人民法院审查行政行为的合法性时,实体问题适用旧法规定,程序问题适用新法规定,但法律、法规或规章另有规定的,或者适用新法对保护行政相对人的合法权益更为有利的,或者按照行政行为的性质应当适用新法的实体规定的除外。如前所述,本案殷某存在隐瞒被开除公职的事实、提供虚假证明材料骗取报名并获得法律职业资格的行为,在《国家司法考试违纪行为处理办法》等法律规范的时间效力范围之内,应当将《国家司法考试违纪行为处理办法》等法律规范作为对被诉撤销决定的合法性进行判断的标准。殷某主张适用《国家统一法律职业资格考试实施办法》等法律规范,但并不存在后者比前者对保护殷某的合法权益更为有利等应该适用新法的情况,故殷某的上述主张不能成立,本院不予支持。

关于殷某主张的司法部作出被诉撤销决定的基础存在问题的相关主张。《最高人民法院关于审理行政许可案件若干问题的规定》第七条规定,作为被诉行政许可行为基础的其他行政决定或者文书存在以下情形之一的,人民法院不予认可:(一)明显缺乏事实根据;(二)明显缺乏法律依据;(三)超越职权;(四)其他重大明显违法情形。本院注意到,殷某在本案复议、一审、二审过程中,均强调其与计划生育主管部门之间的计划生育行政法律关系,以及与监察部门之间的行政处分法律关系对本案的影响问题。本案中,监察部门对殷某作出的涉案开除决定,可以视为被诉撤销决定的直接基础,而计划生育主管部门对殷某作出的相关处理或认定,可以视为被诉撤销决定的间接基础。现无证据证明对于殷某的涉案开除决定已被有权部门予以撤销,涉案开除决定亦不存在重大明显违法的情形。据此,司法部将涉案开除决定、涉案复核决定等作为被诉撤销决定的基础,并无不当。关于殷某所持的国家生育法制及政策变迁对本案的处理有所影响的主张。本院认为,国家在原有的提倡一对夫妻生育一个子女、符合法律、法规规定条件的可以要求安排生育第二个子女的生育制度之后,陆续于2015年出台了《中共中央　国务院关于实施全面两孩政策　改革完善计划生育服务管理的决定》、于2021年出台了《中共中央　国务院关于优化生育政策促进人口长期均衡发展的决定》,上述决定作出后,《人口与计划生育法》也随之进行了调整,国务院卫生健康部门也分别出台了相关配套通知,其中对人口和计划生育相关法律、法规的新旧法衔接问题等事项作了相应规定，如《国家卫生计生委办公厅关于印发中共中央　国务院关于实施全面两孩政策改革完善计划生育服务管理的决定学习宣传提纲的通知》（国卫办指导函〔2016〕38号）第七条“改革生育服务管理制度”中规定，“依法依规处理政策外生育行为。对政策外多孩生育的，依法征收社会抚养费，是国家工作人员的，依法给予行政处分，其他人员还应当由其所在单位或者组织给予纪律处分。对政策实施前已征收社会抚养费的，维持原处理决定；对尚未处理或已作出处理决定但尚未征收到位的，依法依规妥善处理。加强和规范社会抚养费征收管理，严格落实‘收支两条线’”；又如，《国家卫生健康委员会办公厅关于印发中共中央　国务院关于优化生育政策促进人口长期均衡发展的决定学习宣传提纲的通知》（国卫办人口函〔2021〕421号）第三条“贯彻落实《决定》的主要任务”中规定，“对之前违反法律法规规定生育三孩的，对社会抚养费的征收，已经依法作出征收决定并执行完毕的，应当予以维持；已经作出征收决定但尚未执行完毕的，已经征收部分不予退还，未征收部分不再继续征收；尚未调查或作出征收决定的，不再进行受理、处理。要做好政策衔接，加强宣传解读，稳妥有序地推动工作落实”。上述内容体现了国家主管部门对于因生育法制、政策变迁带来的相关衔接问题的基本对策。本案中，殷某于2012年12月11日生育第二个子女，于2016年6月24日因违反规定超计划生育行为被开除公职。结合上述有关政策及相关事实，本案中亦不存在因计划生育法制、政策变迁导致被诉撤销决定的基础存在重大明显违法的情形。据此，殷某主张的被诉撤销决定作出的基础存在相关问题的主张不能成立，本院不予支持。

三、关于被诉撤销决定行政程序是否合法的问题

在作出被诉撤销决定的过程中，司法部履行了调查核实、权利告知、举行听证、送达等程序，其中充分保障了殷某陈述与申辩的权利，一审庭审过程中殷某对于作出被诉撤销决定的行政程序亦未提出异议。一审法院确认司法部作出被诉撤销决定的行政程序合法，并无不当，本院亦予以确认。

综上，因殷某存在隐瞒被开除公职的事实、提供虚假证明材料骗取报名并获得法律职业资格的行为，司法部通过作出被诉撤销决定，撤销授予殷某法律职业资格的决定，收回、注销法律职业资格证书，认定事实清楚、证据确凿，适用法律正确，符合法定程序。司法部作出被诉复议决定维持被诉撤销决定，亦无不当。殷某要求撤销被诉撤销决定和被诉复议决定的理由不能成立，一审法院判决驳回殷某的诉讼请求正确，本院应予维持。殷某的上诉请求和理由没有相应事实根据和法律依据，本院不予支持。依照《中华人民共和国行政诉讼法》第八十九

条第一款第一项的规定,判决如下:

驳回上诉,维持一审判决。

二审案件受理费人民币50元,由上诉人殷某负担(已交纳)。

本判决为终审判决。

审　判　长　霍振宇
审　判　员　赵世奎
审　判　员　周凯贺
二〇二二年二月二十一日
法官助理　毕婷婷
书　记　员　李　晴

北京市大兴区人民法院
民事判决书

（2021）京 0115 民初 2819 号

原告：黄某某，女，汉族，北京某商贸有限公司法定代表人，住北京市东城区

委托诉讼代理人：张海霞，北京勤永律师事务所律师

委托诉讼代理人：任媛媛，北京勤永律师事务所律师

被告：胡某某，男，汉族，北京某建筑工程有限公司职员，住北京市大兴区

原告黄某某与被告胡某某合同纠纷一案，本院立案后，依照《全国人民代表大会常务委员会关于授权最高人民法院在部分地区开展民事诉讼程序繁简分流改革试点工作的决定》，依法适用普通程序独任制，公开开庭进行了审理。原告黄某某及委托诉讼代理人张海霞，被告胡某某到庭参加诉讼。本案现已审理终结。

黄某某向本院提出诉讼请求：1. 请求法院判令解除原、被告之间的口头借名买房协议；2. 判令被告偿还原告已经支付的购房款 1 464 298 元；3. 判令被告偿还原告已经支付房屋贷款 49 920 元；4. 判令本案全部诉讼费用由被告承担。事实与理由：原告与被告系多年朋友关系，由于原告在北京没有相应购房资质，而被告享有相应资质，故 2019 年 10 月中旬，原告与被告口头协商一致，由原告借被告名义购买北京市大兴区魏善庄镇云熙佳苑×号楼×单元×××室房屋，房屋登记在被告名下，待原告享有相应资质后再过户给原告。2019 年 10 月 22 日，原、被告一起到北京中海兴盛房地产开发有限公司在大兴区魏善庄镇的云熙佳苑项目看房，并向北京中海兴盛房地产开发有限公司直接支付定金 8 万元。2019 年 11 月中旬，被告胡某某与北京中海兴盛房地产开发有限公司签订《北京市商品房预售合同》。2019 年 10 月 22 日—2019 年 11 月 8 日，原告黄某某及父亲黄某父向被告胡某某通过银行、微信等方式转账购房款 1 384 298 元，2020 年 6 月中旬，被告申请办理银行贷款成功，每月 21 日为还款日，原告黄某某每月提前向被

告胡某某银行卡转账相应的房贷还款数额,房贷实际亦由原告黄某某偿还。2020 年 6 月 19 日,原告黄某某提出就双方协商借名购房事宜补充签订书面合同,被告胡某某同意签署,但事后并未实际签署。2020 年 6 月 21 日后被告胡某某不再回复原告黄某某微信,拒绝任何沟通,原告只能向法院提起诉讼。根据《中华人民共和国合同法》第六条、第十条、第九十四条之规定,原、被告双方约定原告以被告名义购买房屋,将房屋登记在被告名下,原告实际享有房屋权益,现被告拒绝与原告沟通,导致原告不能达到过户的合同目的,并且原告现在尚无购房资质,故原告请求法院判令解除双方借名买房协议,并要求被告偿还为购房支付的全款。综上,为维护原告合法权益,请贵院判如所请。

胡某某辩称,不同意原告的诉讼请求,不认可双方是借名购房关系,被告购买房屋是事实,被告是自己要购买的房屋,被告和原告是朋友关系,从 2018 年 3 月开始到 2019 年 10 月被告给原告微信转账和银行转账 237 万多元,2019 年 10 月被告买房的时候原告还过一些,大概有 140 多万元,没有借名购房关系,所以没有解除的依据,没有返还购房款的依据。

当事人围绕诉讼请求提交了证据,本院组织当事人进行了证据交换和质证。对当事人无异议的证据,本院予以确认并在卷佐证。根据当事人的陈述和审查确认的证据,本院认定事实如下:

2019 年 11 月 17 日,胡某某(买受人)与北京中海兴盛房地产开发有限公司(出卖人)签订《北京市商品房预售合同》,载明:项目名称云熙佳苑,房屋坐落大兴区魏善庄镇 DX07-0102-6015 地块 R2 二类居住用地×#住宅楼×层×单元-×××,销售人员姬某,预测建筑面积 88. 74 平方米,单价(套内建筑面积)51 199. 24 元/平方米,总价款 3 633 098 元,付款方式首付 1463 098 元,剩余价款采用贷款方式解决。

2020 年 5 月 18 日,胡某某与农业银行签订《个人购房担保借款合同》,载明:借款金额 2 170 000 元,借款用途购买住房,购买房产位于大兴区魏善庄镇 DX07-0102-6015 地块 R2 二类居住用地×#住宅楼×层×单元-×××,购房总价 3 633 098 元,借款期限 300 个月,借款人的还款账户×××,还款方式为等本递减还款,还款日为每期末月的借款发放日对应日。

胡某某与黄某某之间存在多笔资金转账,且均提交了转账单据。本院按转账时间、转账方式、转账金额逐笔列出。胡某某向黄某某转账:2018 年 3 月 30 日,微信转账 10 000 元、8000 元、1500 元;2018 年 7 月 18 日,银行转账 450 000 元;2018 年 7 月 11 日,银行转账 94 162 元;2018 年 8 月 3 日,银行转账 12 300 元;2018 年 8 月 27 日,银行转账 70 000 元;2018 年 9 月 10 日,微信转账 10 000 元、10 000 元、1150 元;2018 年 9 月 8 日,银行转账 70 000 元;2018 年 9 月 10 日,微信转账 500 元;2018 年 9 月 13 日,微信转账 10 000 元、10 000 元、1600 元;2018 年 9 月 19 日,银行转账 50 000 元、41 520 元;2018 年 9 月 21 日,微信转账 6000 元;2018 年 9 月 26 日,银行转账 4 笔 50 000 元、1 笔 200 000 元;2018 年 9 月 27 日,银行转账 10 060 元;2018 年 11 月 15 日,银行转账 150 000 元;2018 年 11 月 26 日,银行转账 200 000 元;2018 年 11 月 30 日,银行转账 70 000 元;2018 年 12 月 9 日,银行转账 2 笔 50 000 元;2018 年 12 月 25 日,微信转账 20 000 元;2019 年 1 月 19 日,银行转账 200 000 元;2019 年 1 月 20 日,银行转账 4 笔 50 000 元;2019 年 1 月 24 日,银行转账 50 000 元;2019 年 8 月 6 日,银行转账 70 000 元;2019 年 8 月 10 日,微信转账 2500 元。

胡某某主张以上转账支付给黄某某的款项均为借款,但未提交证据予以证明。黄某某认可收到上述款项,但称系受胡某某委托代为操作,上述收到的款项已投资一个名为普顿外汇 PTFX 理财平台,并非借款。对款项流向,黄某某均一一予以说明,本院逐笔核对无误。为证明非借款关系,黄某某提交其与胡某某的微信聊天记录,本院摘录部分如下:2018 年 10 月 1 日,黄某某:“佣金+盈利分享+利润,后台太慢了,提一个要半个小时”,胡某某:“这是我的吗?”黄某某:“对,佣金是 500 美元、盈利分享是 630 美元、盈利分享是一个月的、今天出金 6.86”;2018 年 9 月 24 日,黄某某:“你这周佣金是 490 美元,刚加金的那几个都没什么利润”;胡某某:“哦!”2018 年 9 月 27 日,黄某某:“这是他到账的,正好加一万进去第二天就赔了,所以没有钱赔”,胡某某:“唉!”2018 年 9 月 27 日,胡某某:“我给说一下哦”,黄某某:“好的”,胡某某:“强某一 6000 美元　强某二 1500 美元　张某人 1500 美元　蔡某人 1500 美元　赵某人 1500 美元”;2018 年 11 月 2 日,黄某某:“投资就存在风险,比如做实体,做工程……当然我们的投资也存在风险,一个操盘手做单怕爆仓……”2018 年 11 月 5 日,黄某某:“还有他们 3000 户的就赚 50 美金左右他们账上只有 38 美金提吗,还要 10 元的手续费”,胡某某:“好的”,黄某某:“还有开户的吗,前面 11 个都开好了”,胡某某:“有,准备中”;2019 年 12 月 26 日,胡某某发来微博页面截屏“外汇骗局,PTFX 普顿外汇全部崩盘,目前国内有上百万会员受害,全国爆发维权,望有关部门重视解决一下……”胡某某:“西安发给我的,现在是四面楚歌,黄某某:你多关注群里有消息吧,给点时间会水落石出的……还有一个最坏的一步就是登记报案,可能以后会发放一些”。

黄某某向胡某某转账:2019 年 10 月 22 日,银行转账 80 000 元、微信转账 3000 元、银行转账 497 000 元(该笔系黄某父所转);2019 年 10 月 23 日,银行转账 500 000 元(该笔系黄某父所转);2019 年 11 月 6 日,银行转账 200 000 元;2019 年 11 月 8 日,银行转账 124 298 元;2019 年 10 月 14 日,银行转账 95 000

元;2020 年 6 月 20 日、2020 年 7 月 21 日、2020 年 8 月 20 日,银行转账各 16 640 元。经询问,黄某某称黄某父系其父亲;以上转账款项中包含 1200 元代办费。

黄某某主张以上转账支付给胡某某的款项为借名买房首付款及银行还贷款,胡某某不予认可。为证明其与胡某某之间存在口头借名买房协议和购房款给付事实,黄某某提交与胡某某的微信聊天和电话录音记录,本院摘录部分如下:2020 年 6 月 19 日,黄某某:"每个月的房贷是多少",胡某某:"16640,16636.66",黄某某:"好的,我汇 16640 可以吗?"胡某某:"可以"。黄某某:"看到你的朋友圈为了我的房子贷款把你心爱的车都卖了"。胡某某:"无奈之下"。黄某某:"要不房子给你吧!我心里挺过意不去的"。胡某某:"捂脸(表情)……"黄某某:"房子你指标借给我用,我们要签份协议你不会有想法吧!"胡某某:"有什么想法啊"。黄某某:"我就担心你误会我不相信你"。胡某某:"你想多了";2020 年 8 月 31 日,胡某某:"……也就是说你现在买房也就是 140 多万块钱,然后您说,跟我说你愿意拿多少钱出来?让我渡过难关,别说赔不赔的问题……"2020 年 9 月 9 日,黄某某:"……那胡某某,我打给你 140 多万购买房子,这是事实吧?是事实吧?"胡某某:"我打给你一百七八十万的钱,事实吧?"黄某某:"我跟你说一百七八十万是你要我帮你带入金,都代入到每个人的账户后台的吧,他们都产生盈利的吧,这个账是有据可查的,你说是不是?我给你打的 150 多万这个是买房子的钱……"黄某某:"那你让我给你拿 100 万来拿回这套房子是吗?"胡某某:"对呀",黄某某:"行吧,那你房子的钱,你就占为己有,好不好?我这 150 万,我打到你账上,这是买房子的钱,跟外汇没有任何关系的,你如果说……"胡某某:"你要是没有关系的话,您收了一百七八十万块钱吧。"黄某某:"一百七八十万是我帮你带入金的,是每一笔资金都入到每个人账户,每个人下面的你如果说有多少会员,每个下面的都有,那他们收益的钱呢……"

黄某某提交与涉案房产销售人员姬某的微信聊天记录,本院摘录部分如下:2019 年 10 月 22 日,黄某某:"买房的总价算一下清单给我……总价 370 万一套,折扣是一个两个折扣是多少,折扣点你一会有空再给我一下……中间折扣点怎么算给我一下……"姬某:"我给您列一个计算过程,发给您……当时应该给您列出来精准的计算方法,给您带来不舒服的感受……"黄某某:"我在你这边买房消息先封锁一下,那边不给我退",姬某:"好的,不会不给退的,告诉他们购房资格不具备,或者借用指标的人不同意了,肯定是没办法买了……"黄某某:"370 万第一次折是多少,0.95 吗",姬某:"不是,正常我们是七天内付首付,0.995 折,当天付齐首付,0.99……"2019 年 11 月 6 日,黄某某:"我那套房子还差多少钱,那个给了 100 万了",姬某:"黄姐,还差 734 298 元",黄某某:"我们交了多少了",姬某:"加定金一共 73 万元……黄姐您好,今明两天,您和胡先生约一下时间哈，咱们的剩余房款约定时间，最晚是11月10日……我这边提前准备一下草签合同”；2020年2月15日，黄某某：“……就想问问你我买的那套房子，我把指标腾出来可以过弄到我名下吗？”姬某：“这没法弄啊，已经在胡先生的名下了啊……”黄某某：“开发商付款信息你有吗”，姬某：“付款信息就是收据啊，每次交钱都有收据，在胡先生手里……”

另查，2020年11月17日，福建省三明市中级人民法院作出（2020）闽04刑终277号刑事裁定书，载明：……福建省三明市梅列区人民检察院指挥被告人刘铁、周严、徐蕾……犯组织、领导传销活动罪一案……原判查明，网络上有一“PTFX外汇投资交易平台”。该平台动作模式及程序是：（1）参与人员以上线介绍登入PTFX平台网页，输入姓名、上线人员账号等相关信息，绑定银行账户注册成为普顿平台会员。（2）人员把投资款转入PTFX平台指定的银行账户，而该银行账户是经常更换不确定，甚至冒用他人的银行账户，用于接收会员投入款；后台人员（或系统自动）将会员投入款兑换为美元，按1∶1的比值显示在会员所在的PTFX平台页面“积分钱包”中。

再查，截至2021年11月1日，涉案房屋尚有2 047 033.39元银行贷款本金未偿还，尚未办理不动产权登记。

经询问，胡某某自述于2021年9月与涉案房屋开发商办理了收房手续。

审理过程中，黄某某向本院申请财产保全，交纳保全申请费5000元。

本院认为，根据《最高人民法院关于适用〈中华人民共和国民法典〉时间效力的若干规定》第一条第二款的规定：“民法典施行前的法律事实引起的民事纠纷案件，适用当时的法律、司法解释的规定，但是法律、司法解释另有规定的除外。”本案中，借名购房协议形成于2019年10月，在2021年1月1日《民法典》施行前，故应适用《中华人民共和国合同法》及相关法律规定。

本案当事人争议焦点问题有二：一是黄某某与胡某某之间是否存在口头借名买房协议；二是黄某某与胡某某之间多笔钱款往来的性质认定，也即黄某某转给胡某某的钱款是买房款还是胡某某出借款项的还款，胡某某转给黄某某的钱款是委托黄某某代为投资理财款，还是胡某某借给黄某某的借款。分析如下：

关于黄某某与胡某某之间是否存在口头借名买房协议的情况。据黄某某提交其与胡某某的电话录音和微信聊天记录，虽没有直接涉及胡某某出名、黄某某借名买房的相关协议内容，但从字里行间，可以看出胡某某对黄某某借名买房一事是认可的。只是区别于早先胡某某欣然自认，后因投资理财失败与黄某某商讨如何承担损失未果关系紧张未予正面回应。再从黄某某与房产销售人员姬某的微信聊天记录中，关于选房、付款折扣、购房价款及约胡先生签约等细节，涉案房屋预售合同载明销售人员姓名、购房价款，首付款等，均可印证，故本院对黄某某与胡某某之间存在口头借名买房关系的事实予以认定。

关于黄某某与胡某某之间相互多笔钱款往来的性质认定。首先考察黄某某转账给胡某某的钱款,转账时间集中于2019年10月底至2019年11月初,而胡某某与北京中海兴盛房地产开发有限公司签订涉案房屋《北京市商品房预售合同》的时间正是2019年11月17日,付款时间与合同签订时间高度契合。黄某某基本上均通过银行进行大额转账,只有一笔微信转账3000元,但与其父黄某父同日一笔银行转账497 000元相加正好凑成整数500 000元,符合购房等大额款项的凑整支付习惯。在2020年10月13日,有一笔转账95 000元,黄某某主张其中60 000元系房款,剩余35 000元系二人之间因胡某某女友买房的借款,并未就35 000元在本案主张权利。上述期间转款总额为1 464 298元(含产权代办费1200元),与涉案房屋首付款金额相符。另,2020年的6月20日、7月21日、8月20日,黄某某向胡某某三次各转账支付16 640元,对于此项支付,黄某某解释系用于还贷。因《个人购房担保借款合同》签订时间是2020年5月18日,此日期与还贷款起始时间相吻合。当然,黄某某并未提交转账给胡某某的钱款实际汇入涉案房产开发商账户和签约贷款银行账户的证据,但因胡某某与房产开发商顺利签约,后又与农业银行签订房产抵押贷款合同的事实,此节应可合理推定。故,本院认定黄某某转账给胡某某的钱款,共计1 514 218元,系黄某某借胡某某之名购置涉案房屋所支付的首付款及银行还贷款。

关于胡某某转账支付给黄某某的多笔钱款的性质认定。先考察款项支付情况,从2018年3月至2019年8月,时间跨度长达一年半,支付方式除银行转账支付外,还有16笔系通过微信支付,单笔支付金额低至500元,仅有少数几笔是大额支付,其余大多数只有几千元、几万元,支付金额零散,还有几笔金额如12 300元、1150元、41 520元、94 162元等,有零有整,与日常借款资金给付行为迥异。再者,考察黄某某提交与胡某某之间涉钱款往来的微信聊天记录,从中未见有关借款还款的内容,反而呈现大量有关投资收益的沟通内容。故本院对胡某某主张其转账给黄某某的钱款系借款的主张不予采信。

综上,从黄某某与房产销售人员沟通选房,到支付首付款,再到胡某某与涉案房产开发商签订商品房预售合同及与贷款银行签订房产抵押贷款合同后黄某某如期支付3期房贷款,黄某某借胡某某之名买房的证据可以印证,故本院认定黄某某与胡某某之间存在借名买房的法律关系。

但是,黄某某在本案诉讼中并非诉请确认其与胡某某之间存在借名买房协议,而是诉请解除该借名买房协议,并返还已支付的购房款及银行还贷款,上述诉请应否得到支持,本院有以下考虑:

解除借名买房协议是否符合双方意愿,是否有利于纠纷的妥善处理。对于黄某某来说,自不待言,正是其诉讼请求。对于胡某某,鉴于其答辩时,并不认可存在借名购房协议,而陈述是自己购房,结合黄某某仅偿还了三期房贷,其后至今的房贷均是由胡某某偿还,且胡某某已于2021年9月与开发商办理收房手续的事实,解除借名买房协议的直接法律后果,即涉案房屋真正归属于胡某某应不违背其意愿。再者,借名购房法律关系的产生及存续,有赖于借名方与出名方之间良好关系的维系。否则,以登记作为权属判断标准的不动产,在借名买房的情况下,实际出资人与登记名义人相分离,其中蕴含的风险不言而喻,对借名人在将来实际取得房产的预期产生重大影响。据本案查明事实,原、被告在借名购房之初的良好关系现已不复存在,对于黄某某来说,将来能否取得房产的不确定性及长期还贷风险,实属巨大的心理负担,从根本上已经不能实现其所欲实现的合同目的。故解除借名买房协议,有利于从根本上修复不稳定的社会关系。

黄某某已支付的钱款如何返还。合同解除后,尚未履行的,终止履行;已经履行的,根据履行情况和合同性质,当事人可以请求恢复原状或者采取其他补救措施,并有权请求赔偿损失。本案借名买房协议如解除,直接法律效果就是出名人胡某某实际取得了涉案房产,享有房产的价值,同时,黄某某投入的首付款及还贷款应当返还,但如何返还,要考虑以下几点:一、导致借名买房协议解除双方存在的过错因素。黄某某借用胡某某名义购房实现自身在京房产权益,应是受益者。出名人胡某某,其将具有一定稀缺性的北京市购房资质(购房指标)让与黄某某行使,其自身利益受损。黄某某本不具有北京市购房资质,此情形在借名购房之初即已存在,其后并未有变化,至今尚未取得。黄某某起诉请求解除借名买房协议,是导致协议解除的主要过错方。胡某某否认借名买房这一法律事实,违反了借名买房协议的约定,亦对借名买房协议的解除具有一定的过错。二、涉案房屋现值如何。涉案房屋暂无法作价值评估,原、被告双方对房屋现值亦未达成一致意见,但均未提供房价存在大幅涨跌的确切证据。本院认为,因国家坚持房住不炒的基本政策,加之北京市执行的限购、限贷政策,北京楼市仍是长期向好,房价总体水平在较长时期内呈现温和平稳态势。涉案房屋系2021年新交付的楼盘,不同于周边二手房,其现值相较于原购置价应无大的波动。三、胡某某返还首付款将要承担的经济压力。对于一般人来说,购置房产需要有稳定乐观的心理预期和较充足的资金准备,用于支付首付款及承担较长年限内持续还贷的压力和风险。本案纠纷发生前,胡某某本无购房之意愿,因借名购房协议解除而被动承受涉案房产,因之须返还黄某某钱款的给付期限要有适当宽限。

综合考虑以上因素,就黄某某为涉案房屋已支付的购房款1 464 298元和已还贷款49 920元,本院酌定胡某某于六个月内全额返还黄某某。

综上所述,对黄某某诉讼请求的返还金额,本院予以支持。依照《中华人民共和国合同法》第九十四条、第九十七条,《最高人民法院关于适用〈中华人民共和国民法典〉时间效力的若干规定》第一条之规定,判决如下:

一、解除黄某某与胡某某达成的关于北京市大兴区魏善庄镇云熙佳苑九号楼四单元一〇一房屋的口头借名买房协议,剩余银行贷款余额由胡某某负责偿还;

二、胡某某于本判决生效后六个月内返还黄某某购房款 1 464 298 元;

三、胡某某于本判决生效后六个月内返还黄某某还贷款 49 920 元;

四、驳回黄某某的其他诉讼请求。

如果未按本判决指定的期间履行给付金钱义务,应当依照《中华人民共和国民事诉讼法》第二百五十三条之规定,加倍支付迟延履行期间的债务利息。

案件受理费 9214 元,由黄某某负担 4607 元(已交纳),由胡某某负担 4607 元(于本判决生效后七日内交纳),保全费 5000 元由胡某某负担。

如不服本判决,可在本判决书送达之日起十五日内,向本院递交上诉状,并按对方当事人的人数提出副本,交纳上诉案件受理费,上诉于北京市第二中级人民法院。如在上诉期满后七日内未交纳上诉案件受理费的,按自动撤回上诉处理。

审 判 员 焦 岗

二〇二一年十一月二十四日

法官助理 印 鹏

书 记 员 陈鹏廷

【征稿启事】

《审判前沿》是北京市高级人民法院与法律出版社联合推出的以北京市法院系统审判案例为基础面向全国的,具有权威性和指导性的综合性学术出版物。《审判前沿》针对审判实践中存在的“疑、难、新”问题,采取个案或一类案件分析的方法,力图加强案件审判工作中法律适用的深层次理论和实务研究,旨在及时反映全市法院新类型案件审判法律适用中存在的新情况和新问题,及时传递全市法院新类型案例审判信息,增大广大审判人员的案件审判信息量,开阔视野,为审判人员办案提供有益的借鉴和参考,也为法学研究提供新鲜的案例。

本出版物设有以下栏目:

【案例研究】以个案为基础,针对个案审判中存在的法律适用问题,进行深层次的理论和实务研究,研究评述部分字数一般在5000字以上,多写不限,研究中力求理论联系实际。

【疑案探讨】以个案为基础,针对个案审判中的疑难问题进行探讨或者对争议问题进行研究。

【案例分析】以个案为基础,针对审判中已终审的裁判,对案件审判中法律适用中的关键问题把握或者理解进行总结。

【观点争鸣】针对个案审判中出现的争论比较大的不同意见进行分析归纳,并表明作者的观点,以期引起争鸣。

【参阅案例】编发审判实践中比较典型的案例,供全市法院在审判实践中进行参考,稿件来源主要是北京市高级人民法院研究室编发的《北京法院指导案例》。

【热点问题聚焦】主要是登载当前北京市法院审判工作热点问题及对策思路,如会议纪要、调研报告、决策参考等。